教育部人文社会科学研究规划基金项目资助
（项目名称：网上信访的协同治理研究，项目批准号：17YJA810005）

中国模式
现代化中的信访蜕变与协同治理研究

刘振勇◎著

光明日报出版社

图书在版编目（CIP）数据

现代化中的信访蜕变与协同治理研究 / 刘振勇著
. -- 北京：光明日报出版社，2022.5
ISBN 978-7-5194-6611-4

Ⅰ.①现… Ⅱ.①刘… Ⅲ.①信访工作—研究—中国 Ⅳ.①D632.8

中国版本图书馆 CIP 数据核字（2022）第 087437 号

现代化中的信访蜕变与协同治理研究
XIANDAIHUA ZHONG DE XINFANG TUIBIAN YU XIETONG ZHILI YANJIU

著　　者：刘振勇	
责任编辑：许　怡	责任校对：王　娟　贾　丹
封面设计：中联华文	责任印制：曹　净

出版发行：光明日报出版社
地　　址：北京市西城区永安路 106 号，100050
电　　话：010-63169890（咨询），010-63131930（邮购）
传　　真：010-63131930
网　　址：http://book.gmw.cn
E - mail：gmrbcbs@gmw.cn
法律顾问：北京市兰台律师事务所龚柳方律师
印　　刷：三河市华东印刷有限公司
装　　订：三河市华东印刷有限公司
本书如有破损、缺页、装订错误，请与本社联系调换，电话：010-63131930

开　　本：	170mm×240mm		
字　　数：	235 千字	印　　张：	13.5
版　　次：	2025 年 1 月第 1 版	印　　次：	2025 年 1 月第 1 次印刷
书　　号：	ISBN 978-7-5194-6611-4		
定　　价：	85.00 元		

版权所有　　翻印必究

序　言

　　信访制度是基于人民当家做主、群众路线以及中国传统政治文化而创立的本土性民主制度,是"了解民情、集中民智、维护民利、凝聚民心"的重要机制,是中国特色多元纠纷解决机制的重要组成。党的十七大报告明确提出,要妥善处理人民内部矛盾,完善信访制度,建立健全党和政府主导的维护群众权益机制。党的十八届三中全会明确提出,要改革信访工作制度,实行网上受理信访制度,健全及时就地解决群众合理诉求机制。把涉法涉诉信访纳入法治轨道解决,建立涉法涉诉信访依法终结制度。党的十九届四中全会提出,畅通和规范群众诉求表达,完善信访制度,促进群众利益的实现与保障。中共中央办公厅、国务院办公厅印发的《关于加强社会主义法治文化建设的意见》中强调,完善社会矛盾纠纷多元预防调处化解综合机制,把非诉讼纠纷解决机制挺在前面,引导人们理性平和地协商解决矛盾纠纷。

　　本课题研究以波澜壮阔的现代化为起点,以群众理性的网上信访为切入点,以政府的积极回应与救济为重点,以问题的线上线下融合式治理为着力点,将多部门多系统的协同治理作为破解方向。信访本是人民群众来信来访的简称,指公民、法人或者其他组织采用书信、电子邮件、传真、电话、走访等形式,向各级人民政府、县级以上人民政府工作部门反映情况,提出建议、意见或者投诉请求,由有关行政机关依法进行处理的活动。本课题研究认为,群众出于信任,有选择地通过信访程序对政府进行批评、建议或投诉,上至治国理政,下至邻里往来,从权力的蜕化,到权利的受伤,大道无痕,行者无疆,大到不至于提起司法诉讼,小到心有不甘地忍气吞声,向党和政府进行表达和提出诉求,避免了轻微问题或一般行政争议的诉讼化,避免了对簿公堂下对党群、政群、干群关系的不良影响。自从"网络信访平台"出现之后,群众对政府的批评、建议、意见或者投诉又多了一个新的传达渠道,而这个渠道的创新是以计算机和网络技术作为支持,以现代化为恢宏而壮阔的时代背景，因此本课题研究不得不溯及现代化进程中的矛盾耦合与纠结不安。本课题研究有助于深化信访制度、畅通信访机制，密切党群、政群、干群关系，增强党和政府的向心力、凝聚力和合法性；有利于防范或消解民间显现的或潜在的风险与不安，为全面深化体制改革与稳定发展提供良好的条件与基础；有利于发挥民众24小时不懈照耀探查的"天眼"作用，推动和促进廉价政府、效能政府、阳光政府、法治政府的建设；推动和促进网上信访的高效疏解与协同治理，及时化解行政争议，及时调处诉求与冲突，增强群众对改革的认同，密切党群、政群关系，助力和谐社会的建设。

现代化是一种世界现象和国际潮流，现代化大致起步于18世纪，扩散于19世纪，流行于20世纪和21世纪。现代化是以新技术的发明和应用为标志，以新的发展动能取代或赋力传统动能，以新兴产业取代或赋能传统产业，以新的社会运行机制取代或改造传统社会运行机制与架构的发展过程，也是经济、政治、社会、文化甚至人的心态、价值、理念等多方面发生蜕变与进化的过程。截至目前，人们总体上认为存在两种现代化的发展模式，一种是资本主义现代化，另一种是社会主义现代化。另外，从现代化发展受干预程度来看，一种是看似自发的现代化，另一种是政府主导型的现代化。政府主导型的现代化，多属于后发追赶型的现代化。后发追赶型的现代化国家主要指的是20世纪50年代后期开始推进现代化的国家，多是基于外部挑战而做出的反应，政府若再不有计划、有组织、有步骤、大规模地推进现代化，加速现代化的发展与实现，将可能面临生存与发展的严重危机。现代化的过程可能面临中央集权化、国家整合、社会动员、经济发展、政治参与以及社会福利等诸多问题，不是一个时期出现的一两个问题，然后一个接一个地有条不紊地解决，而是系列问题蜂拥而至，甚至爆炸式地凸显。这决定了后发追赶型的现代化国家不得不采取"一揽子解决"方案，处理过程中不免有惊慌、过失、迟滞、疏忽、疏漏之处。

现代化毕竟是在现代国家、市场和社会层面上的发展，以及微观上的个人、家庭与群体按照不同逻辑进行演绎，谋新、谋变、谋求发展的现代化对已有的传统发展模式或格局深有影响，必然形成对国家、社会、市场以及个体既有利益结构平衡的严重冲击。这使得整个社会充满了生机、活力与希望，同时也伴生着既得利益者的不满足、利益受损者的不平以及利益相对受损者的不甘。生产力与生产关系、经济基础与上层建筑的矛盾运动推动着社会不断向前发展，社会的分化与整合、断裂与传承、分层与流动、效率与公平、发展速度与质量、民主与威权，以及现代化过程中国家或政府的敢想、敢干、敢作、敢当，以及在某些领域的一时无为或心有余而力不足等都在挑逗着人们的神经，甚至将内在的不解与郁闷的不甘，外化为诉求公平与正义的呼吁与行动。无论过去、现在或将来，任何政权无不希望自己的政权长久存在，无不把巩固和深化政权的合法性作为持之以恒的奋斗目标。任何统治或管理无不期望唤起并维持民众对政权合法性的信仰，这种合法性就是民众对统治者或管理者的存在、延续、相继的认可，从而铸就了统治者或管理者的被拥护、被支持、被赞成的深厚民意。正如亚里士多德指出的那样："一种政体如果要达到长治久安的目的，必须使全邦各部分（各阶级）的人民都能参加而怀抱着让它存在和延续的意愿。"① 显然，以政府的合法性为核心的公信力建构，不能仅仅为了承袭有据、选举票决或者强力压服，更为重要的是为了谁、代表谁、依靠谁，为谁鞠躬尽瘁，为谁荣誉加身。众所周知，在现代民主社会中，人民或人心向背才是权力力量的源泉。正如人民对政权的存在与发展有着关键的影响和作用，决定了不同政权必须对人民的需求和关切高度重视，而中国共产党对此有着更为刻骨铭心的理解与认识。中国共产党从弱到强、从小到大的发展，形成了与人民群众须臾不可分离的鱼水关系、血肉联系，中国共产党把自己执政的基础深深地扎根于人民群众之中，并把为人民服务作为自己永远的旗帜与根本遵循，而且为了防止脱离群众、疏离群众，还制定和构建了倾听民声、回应民意、维护民利、监督政治的人民信访制度。

早在中华人民共和国成立之初，中央书记处就指定政治秘书室负责处理寄给毛主席和其他中央领导的群众来信，毛主席要求中央各部委、省（市、区）党委处理好群众的来信来访。1951年6月7日，政务院颁布了《关于处理人民来信和接见人民工作的决定》，规定县以上人民委员会要有"专职人员"及"专职机构"处理人民来信和接待群众来访。1971年，《红旗》杂志刊登《必须重视人民来信来访》一文，第一次把人民来信来访称为"信访"，从此"信访"成为有着确切内涵的政治参与符号。"文化大革命"结束之后的很长一段时期内，信访制度和机制发挥了极其重要的作用。改革开放后，经济体制的变革，利益格局的调整，社会结构的变动，思想观念的变化，社会中转型问题、变迁问题、越轨问题的接踵而至，刺激和挑逗着民情民意反映和诉求出现倍增现象，民意表达与综合机制承受着前所未有的沉重压力，联系群众、维护民利的信访渠道出现民情民意的喷涌，甚至司法机制承接的涉法诉求与诉讼居然倒流至信访渠道，这促使国家加快推进信访工作制度的

---

① 亚里士多德. 政治学［M］. 吴寿彭，译. 北京：商务印书馆，2009：89.

规范和完善，推进信访制度走向法制化的轨道。在1995年以及其后的2005年，国务院制定和修订了《信访条例》（现已废止），对群众信访以及政府相关部门的接访工作进行了规制。国务院有领导和管理全国经济、社会事务的职权，有受国家立法机关委托立法的职能，即当某些问题需要由有法律效力的文件加以指导，而制定法律的条件还不成熟时，国务院可以根据全国人民代表大会及其常务委员会的决定，制定具有法律效力的暂行规定或条例。也就是说，国务院制定的《信访条例》（现已废止）具有在全国通行的法律效力，信访关涉各方都有遵守与执行的责任和义务。另外，当代中国正在从计划经济体制向市场经济体制转变，中国社会正在从传统社会向现代社会、从农业社会向工业社会、从乡村社会向城市社会、从封闭性社会向开放性社会、从伦理社会向法治社会、从熟人社会向契约社会转变，各种矛盾、纠纷、冲突不断发生，并呈现出复杂性、多样性、专业性和面广量大的特点。在这一历史过程中，虽然司法制度和机制也化解了很多涉法涉诉诉求，但是由于诉讼周期长、费用高等因素，致使信访制度原本专注于接纳影响公共决策和公共产品制定的群众对政府的批评和建议，以及不足以进入提起行政诉讼的一般行政争议的处理机制，却不得不承担起教育群众以及引导涉法涉诉回流至司法诉讼机制的功能，甚至从某种程度上来说，信访制度几乎承担了改革开放中群众反映和诉求的全部之重。生活中信访除了表扬、批评和建议之外，求决、举报和投诉是目前信访的主要内容，问题的化解大多涉及信访工作系统、行政系统甚至司法系统。问题的交织性、复杂性、历史性，致使问题化解的一元主义者对当代中国的信访制度和机制倍加质疑、批评和指责。

当然，伴随着2005年新《信访条例》（现已废止）的实施，"属地管理，分级负责"的信访治理原则得到切实贯彻和执行，重复信访、越级信访等已经极大减少，信访喷涌的现象得到很大程度的化解。在此期间，全国各地信访部门除了积极疏通信访工作机制，推进信访联席会议制度，以及带访下乡外，及时回应和解决群众关心关切的反映和诉求。另外加强了利用电脑网络、移动终端接受信访反映和诉求的尝试，特别是推出信访APP、信访电子邮箱甚至公开相关负责人的手机号码等举措，年轻人的信访反映和诉求纷纷改道信访网络平台。更为重要的是网上信访还有一个巨大的优势，那就是群众反映和诉求的成本相对较低，真正实现了"数据多跑路、群众少跑腿、低成本、高效益"的初衷设计，以技术创新、机制创新、渠道创新等方面推动信访问题的尽快解决，分流了信访传统机制不堪重负的压力。然而，尽管网上信访显示出了便利、快捷、透明、高效等优势，却也暴露出技术门槛高、多头反映、形式主义、网帖风暴等问题，甚至网上信访回流信访实体渠道与机制，导致群众的反映和表达形式猛于平常。显然，在体制转轨、社会转型、矛盾多发的形势下，网上信访问题不过是全部体制问题的集中表现，需要本着增添经济发展动力、促进社会公平正义、增进人民群众获得感、调动广大干部群众积极性的原则，积极进行体制机制的综合治理、系统治理、协同治理。因此，网上信访的治理不排斥"头痛医头，脚痛医脚"的治标，更不排斥"内病外治"的源头治理、协同治理、法治治理。基于20世纪90年代以来，治理理论对统治理论的取代，更加强调个人或机构、公共或私营，在利益主体多元化时代对公共事务的相关参与，本课题研究认为当代中国网上信访问题是改革中问题的集中反应，化解综合问题自然需要相关要素的共同作用，形成和衷共济的合力。

2013年，习近平总书记在党的十八届三中全会上将全面深化改革总目标定位为"推进国家治理体系和治理能力现代化"。这被外媒称之为是从上层建筑的层面来减少"四个现代化"进一步发展的障碍，是促进"四个现代化"的新的现代化。这不仅是国家机构、公务员素质的现代化，也是执政党的现代化，是中国政治发展的重要里程碑，是实现中国梦的关键。为了贯彻落实党中央、国务院关于深入推进"放管服"改革的重大部署，加快推动实现政务服务在全国范围内的一网通办、异地可办，电子政务系统在全国范围全面开花、走向全网、纵横联通。群众通过中国政府网首页设置的入口，进入全国一体化平台，可联通31个省市及新疆生产建设兵团、40余个国务院部门政务服务平台，接入地方部门500余万项政务服务事项和一大批高频热点公共服务，企业和群众可直接接受全国各地区、各部门的政务服务。自2019年5月31日全国一体化政务服务平台上线试运行以来，平台统一身份认证、统一证照服务、统一事项服务、统一政务服务投诉建议、统一好差评、统一用户服务、统一搜索服务的"七个统一"主体功能建设初步完成，实现了国家平台与地方平台部门的互联互通，实现个人办事、法人办事、公共服务的基本涵盖，为各地推进一体化在线政务服务提供了强有力的示范作用。

全国一体化政务服务平台以最大化利企便民为出发点，是加快推动数字政府建设、全面提升政务服务能力水平的重大举措，对于推进政府治理现代化、不断提升政务服务水平、持续激发市场活力和社会创造力具有重要意义。这有效破解了纵向政务服务平台"断裂"、横向信息资源"分割"的困境，推动信息系统从分散走向集中、信息资源从碎片化走向整合、政务服务从局部走向整体，为建设人民满意的服务型政府奠定了坚实的基础，改善了当前政务服务的整体格局，为提高行政效能、降低行政成本开辟了新路径。伴随着顶层设计的持续完善，发展环境的日渐改善，通过构建"数据+业务"驱动的管理新机制，与转变政府职能、深化"放管服"改革紧密结合，基本实现了网上政务服务模式由分散向整体转变、由管理向服务转变、由单部门办理向多部门协同转变，全国一体化政务服务平台初步实现了政务服务的"多层纵向贯通、多面横向联通"，推动了全国一体化政务服务平台从分头建设向集中管理、从信息孤岛向协同共享的转变，以"智能化、移动化、一体化、便利化"为标志的政务服务新模式不断涌现。

根据《2020联合国电子政务调查报告》，我国电子政务发展指数从2018年的0.6811提高到2020年的0.7948，排名比2018年提升了20位，取得历史新高，达到全球电子政务发展"非常高"的水平。其中，作为衡量国家电子政务发展水平核心指标的在线服务指数上升为0.9059，指数排名大幅提升至全球第9位，国家排名位居第12位，在线服务达到全球"非常高"的水平。伴随国家电子政务体系一体化的完善，电子政务标准规范体系的优化完善，全国一体化政务服务平台的数据共享服务应提供更丰富的数据共享清单，提供覆盖更多部门、更多字段和更广地域的政务服务数据。更主要是随着国家治理能力与治理体系现代化的发展，尤其是政治系统内整"四风"祛"四气"，坚守"三条底线"，践行"三严三实"，守初心明法纪讲规矩勇担当的建设，中国政务线上线下的服务效率与水平越来越高，那些行政体制内的官僚主义、形式主义等将越来越失去生存的空间，招致群众对政府的批评、意见、投诉以及不足以进入诉讼的一般行政争议等将越来越少。虽然这并不意味着群众原信访量的绝对下降，但是群众输入政治系统的信访原问题在诉求解决过程中的信访次生问题，以及违规违章甚至违法的信访衍生问题大幅下降，虽然难以保证将这些问题彻底消灭，但是一定会达到几近于无的低水平状态。当然，如果我们建议的网上信访平台能够实现全国联网，实现横到边、纵到底的覆盖，这将和全国一体化政务服务平台一样，真正能够让群众在信访反映和诉求中少跑腿少跑路，线上线下群众反映和诉求更为畅达与有效，使群众有更多的获得感、幸福感、安全感，推动涉事群众尽快恢复平静生活，促进政治通达、社会和谐、中国梦的尽快实现。

刘振勇

2021年5月1日

目 录
CONTENTS

第一章 绪 论 1
    第一节 问题的提出 2
    第二节 研究的理论价值与实践价值 4
    第三节 国内外相关文献研究 10
    第四节 研究目标、重点难点、创新之处 22
    第五节 研究思路与方法 24

第二章 现代化进程中的矛盾耦合与纠结不安 26
    第一节 现代化的内涵之辩 27
    第二节 现代化过程中的矛盾耦合 30
    第三节 现代化中的欣喜与纠结 40

第三章 现代化中的社会动员与政治参与 51
    第一节 现代化中设计与改革的主导不同 51
    第二节 现代化中的多元主义文化悖论 58
    第三节 "敬天保民"人民至上的群众路线 67

第四章 渠道创新前当代中国的信访及不足 89
    第一节 当代中国信访的发展态势 92
    第二节 信访问题的错综复杂 104
    第三节 信访权利的实现不易 109
    第四节 关于信访的深度思考 115

第五章　渠道创新后网上信访及其发展状况 ……………… 121
第一节　网上信访的发展现状 …………………………… 122
第二节　网上信访发展的态势 …………………………… 129
第三节　网上信访存在的不足 …………………………… 133

第六章　信访回应与协同治理的综合策略 ………………… 140
第一节　利益反映诉求治理的联动与平衡 ……………… 145
第二节　网络技术支持信访的协同治理 ………………… 150
第三节　新时期信访治理的原则 ………………………… 155
第四节　网上信访制度的跟进与协同 …………………… 159
第五节　利益相对均衡，减少信访元输入 ……………… 169
第六节　以信访体制变革回应信访协同治理 …………… 173
第七节　以行政体制改革协同信访治理 ………………… 180
第八节　以法治中国建设协同信访治理 ………………… 186

结语与展望 …………………………………………………… 192

参考文献 ……………………………………………………… 196

出版后记 ……………………………………………………… 200

第一章 绪 论

任何国家都将建立或必然建立民情民意的反映和反馈机制，这是民情民意释然的需要，是国家稳定发展的需要，也是现实社会发展的期盼。鲁迅先生曾说过，"多数的力量是伟大的、要紧的，有志于改革者倘不深知民众的心，设法利导，改进，则无论怎样的高文宏议，浪漫古典，都和他们无干"[1]，古今中外概莫能外。当代中国的信访制度是倾听社情、维护民利、监督政治生态的机制，也是及时、就地、迅捷回应群众诉求，依法维护群众合法权益的渠道。当代中国，正在只争朝夕地建设社会主义现代化，社会嬗变过程中的转型问题、变迁问题、越轨问题等越发演变成为民众信访反映和诉求的原初问题。利益受伤、受损或相对受损的民众寄希望于政府能够依法履职、回应解决，而信访渠道机制不畅或回应不力则导致在原问题的基础上出现次生问题，甚至问题迭代相加后出现衍生性的浸润变化。这种现象有辱于邓小平"让群众有出气、说话和申诉的地方"[2] 的政治告诫，有悖于习近平总书记指出的"各级党委、政府和领导干部要坚持把信访工作作为了解民情、集中民智、维护民利、凝聚民心的一项重要工作，千方百计为群众排忧解难"[3] 的初衷，当然也违背了大家较为认同的政治学上社会冲突与安全的学理。为了分解传统信访渠道及其机制不堪承受的沉重压力，把信访问题化解在第一时间、第一地点、第一态势，各地借用互联网及移动互联信息技术纷纷推出电子信箱、网上信访以及视频接访等，期望通过技术嫁接、渠道创新、机制创新来开创群众工作的新局面。已有实践经验表明，网上信访的反映和诉求以及政府的回应和处理机制在现实生活中确实发挥了不俗的影响与作用。不过，就目前观察而言，网上信访压力分解的设计逻辑与信访诉求的实践逻辑依然存

---

[1] 人民日报评论部. 别让热点成痛点（人民观点）：深化改革必须解决突出问题 [N]. 人民日报，2014-04-11（5）.
[2] 邓小平. 邓小平文选：第一卷 [M]. 北京：人民出版社，1994：273.
[3] 习近平. 千方百计为群众排忧解难 不断开创信访工作新局面 [EB/OL]. 中国共产党新闻网，2017-07-19.

在摩擦与冲突,"属地管理、分级负责"的信访治理原则与逐级上传、层层转达的矛盾时有发生,机制衔接、回应迅捷、降低成本的网上信访制度设计受到了风蚀与流变,这就使得网上信访的学理探究与理论论证、制度反思与机制探索显得分外迫切与至关重要。

第一节 问题的提出

世界是沸腾的世界,运动变化和发展是世界发展的根本态势;社会是变化着的世界的一部分,运动、变化和发展也是社会的根本趋势。无论社会实行怎样的制度,"天不变,道亦不变"显然是难以成立的,变化是常态。毕竟社会生产力与生产关系、经济基础与上层建筑之间都是相互联系、相互影响、相互制约、相互作用的,受社会主体对更高级别生活的向往和对更多、更好利益追求的影响,必然撬动生产力水平或原有利益格局的变化,从而引发生产关系、社会关系乃至上层建筑的适应性变化与联动。因此,恩格斯指出,"社会主义社会不是一成不变的,而应当和任何其他社会制度一样把它看成经常变化和改革的社会"[①]。

当代中国,正在夙兴夜寐地拼搏奋斗,致力于推进现代化的后发赶超。毕竟中国在清朝自视甚高,闭关锁国,无意对外交流,无视先进技术,错过了当时活力涌动的第一次工业革命。近代以来又屡遭外敌入侵,封建统治摇摇欲坠,中国面临内忧外患,风雨飘摇,又错失了第二次工业革命的契机。好在当代中国赶上了第三次科技革命的末班车,正在只争朝夕地致力于社会主义现代化的发展,致力于中华民族的崛起与复兴。伴随着改革开放的推进,我们正处在一个经济体制深刻变革、社会结构深刻变动、利益格局深刻调整、思想观念深刻变化的时代,我国的经济社会发展呈现出一系列新的阶段性特征。当代中国已进入现代化发展的关键时期、改革的攻坚时期和社会矛盾的凸显时期,随着全面深化体制改革的进行,经济领域、政治领域、社会领域、文化领域甚至生态领域都将发生深刻的嬗变,各种矛盾、冲突、纠纷、摩擦纷至沓来。人们在深刻感受与分享改革发展带来的红利与喜悦的同时,又不得不为改革伴生的转型问题、变迁问题、越轨问题而困惑、纠结。深受各种

[①] 中共中央马克思恩格斯列宁斯大林著作编译局. 马克思恩格斯选集:第4卷[M]. 北京:人民出版社,2012:601.

矛盾与冲突困惑的群众在私力救济无济于事之后，纷纷转向公力救济。在司法诉讼与救济门槛过高而且受理有限的现实面前，人们转而涌向门槛低、费用少、受理广的信访渠道。经本课题研究认为，信访就是通过简易程序回应民情、救济民意，避免将影响决策或公共产品制定的批评、建议、投诉及不足以进入诉讼的一般行政争议纳入诉讼程序。无奈现实中信访机制错位，信访渠道内拥堵不畅甚至淤积堰塞，重复信访、缠访、闹访、集体访不一而足，信访诉求向上涌动和转移，"属地管理、分级负责"的信访治理原则被消解或扭曲，基层信访部门在积极纾解信访诉求的同时，又违规甚至违法地截访、压访群众诉求。这不仅使得群众诉求反映的依法回应和救济难以得到保障，更严重的后果是侵蚀和消解了党和政府的形象与公信力，有关信访制度的存废之争曾一时鼎沸。伴随2005年《信访条例》（现已废止）的颁布，信访联席会议制度的推出，表明党和政府以及学界在信访制度问题上的认识已经基本达成一致，那就是通过信访体制改革本身，即通过治理模式的创新来化解社会生活中突出的信访问题。正如信访与社会治理中心主任、南京大学法学院教授吴英姿指出的那样，信访不能仅仅停留在"法制化"的表面，而应该通过治理模式的创新来寻求解决问题的出路。[①] 这里的"信访问题"既包括信访人所反映的具体问题，也包括信访过程中发酵或激化出来的问题。[②]

随着电脑和互联网技术的发展与普及，电子政府以及网络大众化的发展，电话、电子邮箱、网络信访平台、微信、微博、腾讯QQ、信访APP等的出现，为民情反映和民意诉求提供了新的技术支持和相应机制。《中国互联网络发展状况统计报告2020》显示，截至2020年3月，我国网民规模为9.04亿，互联网普及率达64.5%。全国近3000个县除极个别县外都建立了县域网站，在线政务在着力解决群众日常办事的堵点、痛点和难点中发挥了日趋重要的作用。为了分解传统信访机制的压力，上海市在传统的来信来访基础上增加了电话、电子邮件和传真等形式，2002年5月还开通了"市长信箱"，直接回应或转办群众的反映和诉求。2003年，云南省德宏傣族景颇族自治州设立网上"书记州长信箱"，随后转为信访部门负责，州信访局制定和出台了相应的制度进行规范管理，同时建立了督办机制，确保每份来信都能得以妥善办理和回复。德宏的"网上信访"模式拓宽了信访渠道，超越了传统模式，

[①] 江苏智库眼. "国家治理与信访改革"论坛在南京举行[EB/OL]. 江苏智库网，2016-11-23.

[②] 宋协娜. 社会主义和谐信访问题研究[J]. 当代世界与社会主义，2009（3）：163-167.

2007年3月，胡锦涛总书记等中央领导批示将"德宏经验"向全国推广。随后，全国各地纷纷建立网上信访中心或平台，希望借此打开信访工作的新局面。

目前，在全国各省市中，信息技术较为发达的地区，网络反映和诉求的总量是全部信访总量的50%~90%，纵然是网络基础较差的地区，网上信访也很大程度上分流了原有信访渠道的沉重压力。如安徽省信访信息化智能化的广泛应用，使群众通过网络反映诉求更加便捷，2019年全省网上信访占比高达79.1%，居全国第一。① 基于网上信访的快捷、便利、低成本，以及非直接接触对诉求事宜的化解等特点，我国政府把网上受理信访制度和机制的构建作为对大众新型诉求的积极回应，并且将其视为社会治理的创新之举。不可否认，计算机和网络信息技术为电子政府建设提供了强力支持，很大程度上破除了传统信访工作效率相对不高的现象。然而，残存于政治系统尤其是行政体制内的一些不良因素，如官僚主义、形式主义等，致使群众线上的反映和诉求再度受到影响，宪法和法律赋予群众的正当权利流于形式。显然，在互联网带来的数字森林中，如果立法跟不上、执法总迟疑、协同治理不够，将会让整个社会陷入极大的混乱。因此，构建怎样的网上信访救济制度和机制，怎样实现网上信访救济的规制或法治化，以回应群众反映和诉求的内容、途径甚至方式的多样化，现实状况迫切需要理论的分析、阐释和论证。

第二节　研究的理论价值与实践价值

在人类社会发展过程中，科学技术的重大创新与发明，势必引起人类生产方式、工作方式、生活方式、思维方式的诸多变化，在经济、政治、社会、文化等方面留下深深的印迹。计算机网络信息技术以及移动互联网技术的广泛使用，特别是与信访反映和诉求的结合，对国家的治理能力与治理体系现代化以及群众的政治参与活动本身都产生了重要而深刻的影响。"网络改变着人们的政治观、民主观，改变着政治参与的模式和方法，改变着政府决策的行为，为国家的政治文明、政治发展创设了新的环境。"②

---

① 李东标.2019年全省网上信访占比高达79.1%，居全国第一［EB/OL］.新华网，2020-04-25.

② 李斌.网络政治学导论［M］.北京：中国社会科学出版社，2006：3.

一、理论价值

（一）网上信访以中国式的信访话语体系述说了沟通、协商、宽容、合作不仅是民主社会的一种生活理念，更是民主社会政府与民众共同遵守和践行的一种政治准则

以政治沟通与政治参与为基础的网上信访，以中国式的话语体系述说了无论是多数人还是个人或少数人的利益在中国政治生活中受到充分关切、尊重和保护。我们知道，民主不仅仅是多数人对少数人的统治，还是在尊重多数人意愿的同时，实现对个人与少数群体基本权利的同样保护。也就是说，民主社会中公民不仅享有权利，而且在参与政治中可以实现对自身权利和自由的保护。信访制度是指公民个人或群体以书信、走访、电话、传真等形式向政党、政府、社团、人大、司法、政协、社区、企事业单位负责联系群众的机构或人员反映情况、表达意见、呼吁解决问题的制度，是中国共产党人创建的联系群众、参与政治、监督政治、救济权利的国家制度和机制。从诉讼归诉讼、信访归信访或诉访分离的角度来说，信访就是通过简易程序回应民情、救济民意，避免将影响决策或公共产品制定的批评、建议、投诉及不足以进入诉讼的一般行政争议纳入诉讼程序。无论是在国民经济的恢复时期、社会主义改造时期，还是在社会主义建设道路的探索时期，乃至在改革开放的中国特色社会主义建设中，信访制度对我国的政治社会生活发挥了重要的影响和作用。同时，群众通过信访机制反映意见、表达诉求，政府在沟通与协商的基础上予以积极的回应、调解、救济和解决，彰显了社会主义制度以人民为中心的宗旨，个人或少数人的意见或诉求在政治生活中同样能够得到充分尊重和保护。在信息技术时代，计算机、互联网、移动互联网技术的普及以及电子政府的建设，为群众反映意见、表达诉求提供了可能可行的新途径。网上信访正是践行了政治沟通与参与，凸显了协商与合作的精神理念，述说着国家、党和人民政府对个人或少数人权利的尊重与关怀。

（二）网上信访以民意表达、权利维护、政治监督、官民互动、协商民主为基础，以宏大叙事生动地叙述了中国式民主的发展，为政治学理论的书写增添了新的内容

任何国家的现代化过程，必然伴随着政治的制度化和社会化，否则无序的政治参与不免大量涌现，势必导致政治的不稳定和发展的受阻。任何国家的现代化过程，其最突出的特征是一定时期内经济的快速或高速增长，与经济的增长相伴而行的是人们对经济社会发展的期许和愿望，当人们强烈的需求遭遇社会供给不足时，就会不可避免地形成相应的心理落差，由此导致了相应的社会挫折感。如果纵横交错的社会流动机制和充足的流动机会能够恰到好处地缓解、稀释或淡化人们的社会挫折感，就能极大地舒缓或释放人们的身心压力。否则，人们可能在利益的驱动下，诉诸民主选举或信访等政治参与渠道对政治体系施加压力或影响。中国的网上信访救济，通过线上线下虚实衔接、结合和渗透的民意表达与综合机制，推动了现实社会中民意反映和诉求问题的依法、就地、及时化解，维护与保障了民众的权利实现，丰富了人民民主的内涵，促进了当代中国民主政治的发展，为政治学理论的研究增添了新的内容与篇章。

（三）网上信访以技术创新和机制创新撬动了虚实机制的合作、联动、协同，促进了网络政治与现实政治的联动发展、合作发展、有机融合、全面发展

对任何国家和民族而言，主观能动性能够促使人们发现问题、破解问题、控制问题，然而，一旦制度或规范出笼之后，能否自觉而坚定地执行，适用于制度、规章或法律，却成为长期困扰治政理事的难题。在社会主义社会，人民当家做主的前提之下，民主在总体上破除了"一人，一家，一团体，一地方，乃至一国，不少单位都没有能跳出这周期率的支配力……一部历史，'政怠宦成'的也有，'人亡政息'的也有，'求荣取辱'的也有。总之没有能跳出这其兴也勃焉其亡也迅乎"的历史周期律[1]，在具体事务的决策、管理、执行、推进上彰显作用，从而最大限度地减少或消灭了决策失误、行政失误、执法不良等问题。而涵盖国家生活的政治、经济、文化、社会、环境等各个方面，无论是在法理层面还是在实践层次上，不仅需要有法可依、有法必依、执法必严、违法必究，而且需要治理得掷地有声、名副其实。网络政治与现实政治的结合，特别是网络的阳光、透明有助于普照与渗透体制机制的各个角落，起到一些规章制度起不到的影响和作用，有助于促使政治人的知行合一、依法履职、积极担当，从而推动网络政治与现实政治的联动发展、合作发展、有机融合、全面发展。

---

[1] 柴志光. 浦东古旧书经眼录［M］. 上海：上海远东出版社，2009：308.

二、实践价值

（一）有助于深化信访制度、畅通信访机制，密切党群、政群、干群关系，增强党和政府的向心力、凝聚力和合法性

众所周知，信访就是联系群众、倾听民声、了解民意、监督政府、启动救济的渠道和机制，自然也是增强党和政府向心力与合法性，以及打造和重塑党和政府形象与权威的重要途径之一。自古以来，政府合法性的获得途径无非有三：一是世袭继承；二是通过暴力夺取；三是通过票决民主获得。但是，无论哪种途径哪种情形，没有人民的赞成或认可，必然存在合法性的危机，这就是所谓"民乃诸侯之本""庶人尚不安政，君子岂能安位？"众所周知，"人民"就是孟子"诸侯三宝"之说中唯一的主体因素，人民不安何来政事通达，人民不存土地将毫无价值。所谓"民贵君轻"不就是说人民群众是社会的主体，因为赞成、肯定或拥护而拥戴、推举或票决党和政府，同样也可能因心有不满、不平而离弃或抛弃党和政府。所谓民为邦本、本固邦宁，得天下者必先赢得民心，失天下者必然尽失民心。显然，古今为政之道，以顺民心为本，以厚民生为本，以安而不扰为本。在现代化进程中的转型发展时期，以经济建设为中心，不免存在党和政府注意与关切的均衡不足，不免在政策、制度或法律上覆盖有限，在执法上也难免存在急躁、疏忽或过失的问题，这些极有可能致使一些民众的利益遭受不同程度的损伤或相对受损。这就需要党和政府本着"权为民所用，情为民所系，利为民所谋"的精神，做到勇于批评和自我批评、勇于发现和纠正错误、勇于从善如流和从谏如流，及时地疏浚反映和诉求渠道，及时回应和启动矫正及救济程序，并且做到公开、公平、公正地解决问题。民众对党和政府充满了信任，奋起进行反映和诉求，使党和政府对政策或制度的适宜程度有了更深的了解，积极地建立健全规章制度和法律，并且依法履职，对民众合情、合理、合法的利益诉求进行回应或救济，从而赢得有错必纠、有错勇于纠正之誉，由此也就赢得了群众的肯定与支持。凭借信访制度与群众的联系，在了解群众、造福群众、维护民利、救济群众的过程中，也就使得党和政府的合法性得以深化和加强，自然也就不必过虑于民心向背或票面民意，正所谓"天下有道，则庶人不议"。

（二）有利于防范或消解民间显现的或潜在的风险与不安，为改革开放和稳定发展奠定良好的条件与基础

人们对利益最为敏感，人们奋斗的动因就是为了利益，所谓"天下熙熙皆为利来，天下攘攘皆为利往"，人们为了利益不辞劳苦、四处奔波，则不免出现矛盾与摩擦、纷争与冲突。荀子《礼仪》曰："人生而有欲，欲而不得，则不能不求，求而无度量分界，则不能不争，争则乱，乱则穷。先王恶其乱也，故制礼义以分之，以养人之欲，给人之求。使欲必不穷于物，物必不屈于欲，两者相持而长。"① 先贤圣哲荀子认为，人欲不可灭，欲使天下安，必先礼仪天下，规制物流名分，以求物欲相持相长。也就是说，要法制天下，发展生产，平衡物欲，国泰民安。但是法制天下、平衡物欲谈何容易？古往今来，天下之事不难于立法而难于法之必行，不难于生产而难于供需平衡，不难于分配而难于兼顾公平。以利益均衡的制度框架规范人们对利益的追求，兴天下之利，除天下之弊，主持公平、正义，便成为当代中国共产党和中国人民政府治国理政的神圣责任和历史使命。实践表明，"群众在一定条件下、一段时间内可能会无能为力，显得风平浪静，但在特定条件下，就有可能掀起巨浪，翻江倒海"②。尤其当自身利益受损，外加民情反映和诉求渠道的拥堵不畅之时，民情就很容易发酵、膨胀、产生大范围共鸣，局面会很容易出现失控与失序。尤其是在社会转型时期，社会成员在社会规范遵从不足以及价值判断失常的情况下，极易发生突发性的社会冲突与矛盾。那么，遍置社会各个行业与领域的信访部门，在察觉和获得民情民意的同时，及时地对社会矛盾进行排查、纾解以及对正当合法的利益进行救济，让群众的不满、不平、不甘得到及时而充分的发泄，这不就是大家认定的学理上的社会安全阀吗？显然，信访制度及其机制的构建不是止于"春听鸟声，夏听蝉声，秋听虫声，冬听雪声"以及聆听民声、察觉民情，更为重要的在于化解明显或不明显的社会风险与不安，为社会的稳定与发展提供保障条件，为全面深化体制改革提供坚实的基础。

（三）有利于发挥信访探照的"天眼"作用，推动廉价政府、阳光政府、法治政府的建设，促进社会主义现代化建设更好更快的发展

在中国，政治权力系统存在强大的内部监督，自上而下的垂直监督是强

---

① 冯友兰. 中国哲学小史 [M]. 北京：新世界出版社，2021：76.
② 李慎明. 苏共亡党亡国的历史教训 [J]. 人民论坛，2011（35）：6-9.

大的，但公职人员的失职、渎职、违法甚至犯罪时有发生。领导干部或公职人员的失职、渎职或违法犯罪难以逃出群众的法眼，而健全的制度和畅通的机制以方便群众的反映、举报和申诉，将极大促进国家公检法机关对公职人员违法犯罪的稽查和打击。自然，这就需要党和政府为"天眼"监督政治体系创造条件、提供方便，网络及传统信访机制的建立和健全有利于民众天然监督力量的充分发挥与实现。现实生活中，"只有织密群众监督之网，开启全天候探照灯，才能让'隐身人'无处藏身"[1]。在信访批评、信访监督、信访举报、信访投诉的作用之下，廉洁、高效、公开、透明、公平、公正的政治体系就比较容易建成，进而有效推动社会主义现代化又好又快的发展。

（四）促进网上信访高效纾解机制的建设，及时化解官民矛盾，及时调处民间冲突，增强群众对改革的认同，推动和谐社会的构建与发展，促进中国梦的尽快实现

信访制度在民间的理解就是国家预设的听民声、察民情、接地气、护民利的利益反映和诉求的渠道，就是通过简易程序回应民情、救济民意，避免将影响决策或公共产品制定的批评、意见、建议、投诉及不足以进入诉讼的一般行政争议纳入诉讼程序。换句话说，相对于司法回应和救济，为了防治一般行政争议被诉讼化，为了防治非诉讼问题被司法诉讼化，导致社会治理成本的居高不下，党群、政群对簿公堂，致使党和政府公信力的流失。信访原本是群众满怀对党和政府的信任之情，要求党和政府主持公平、伸张正义的反映和诉求。利益得到满足，诉求得以化解，矛盾得以解决，人际冲突得以中止或改善，人们的信任感、满足感得以复位，对党和政府的认同、拥护、支持必然提升，党和政府的凝聚力、向心力得以增强。显而易见，信访的积极而正面的影响是值得肯定的。当然，信访渠道拥堵失畅时，信访权利实现得"惊天动地"，造成的负面影响绝对是不容乐观的，党和政府被人认同的合法性极其容易流失，党和政府的感召力和凝聚力极其容易消解。可见，不管百姓的事情怎样渺小，对他们来说可能关系生存发展的质量；积极妥善地解决群众的诉求，从整个社会发展格局的角度来看是必不可少的。在社会生活中，当人们的利益受损，人们的生活满足感不高，或人际信任感相对下降时，就很容易出现郁闷、气愤、不平甚至偏执倾向，冲动不满的非理性情绪往往对自己以及他人造成不良影响，乃至对现有的政治体系、司法体系以及社会

---

[1] 潘婧瑶. 习近平谈群众路线教育实践活动98次：强调"严"[EB/OL]. 人民网，2014-10-09.

治理体系造成负面影响。毫无疑问，建立与健全社会矛盾与冲突的多元的民意表达与综合机制，疏浚和畅通现有的网上信访以及传统的信访机制，加强信访有关部门的密切配合与协同治理，无论是从改善与发展党群政群关系来看，还是从实现社会的平等、公平、正义来看，无疑都有着至关重要的影响和作用，对构建社会主义和谐社会以及实现中华民族崛起与复兴的中国梦来说都有重要的价值和意义。

第三节　国内外相关文献研究

每个国家在历史与文化发展上的个性，决定了在民意反映与诉求制度上各国必定存在一定差异，与中国的网络信访对应的海外文献很难获得，这里我们暂且以国外的监察专员制度与中国传统的信访制度以及网上信访方式进行比较，以期能够从文献的梳理与研究中有所发现，促进中国网上信访制度的优化和发展。

一、国外文献研究

（一）强调监督的监察专员制度，以及民情反映、苦情制度等，其价值与功能与中国的信访制度基本相同

在承袭古希腊"良善"政治思想及古罗马法制传统的基础上，西方社会出于对权力的制约和对权利的保护，通过制定和推出监察专员制度，以维护公民的权利和权益。1809年，瑞典议会任命议员来调查民众对法院、政府甚至军队的投诉，开创了"监察专员制度"。监察专员具有独立的地位，其经费预算、人员编制等均由议会单独审批，不受行政机关的制约和影响，不受党派力量、权力集团或其他组织的干涉；行政监察专员可以向行政机关首长或立法机关汇报，甚至可以向"第四权力"机关新闻媒体公开调查结果，直至问题得到妥善解决；监察专员具有调查权、检查权、建议权、起诉权，可以申请专家配合甚至命令警察参与调查。在丹麦，监察专员除了不管辖军队，没有起诉权之外，其他方面与瑞典相同。在德国，联邦议院请愿委员会受理和处理公民提出的请愿事项，开通网络在线服务，设立申诉电话、咨询服务，以方便公民申诉。目前，世界上已有80多个国家和地区建立了议会体制下的监督专员制度，或者在行政机关内部设立相对独立的行政监督专员机制，甚至连欧盟也施行了申诉专员制度。

在美国，"从乔治·华盛顿时代起就建立了受理公众投诉制度"[①]。为了了解民情民意，一些城市设立了市民服务办公室和"311"市民服务热线，市民服务网站接受市民的来信来访和电话投诉等。"各级美国官员对公民投诉颇为重视，时任美国总统奥巴马平均每天收到4万封公众来信，除周末外，他每天必读10封来信，有时还会挑一两封亲笔回复，以回应公众的关切和诉求。"[②]

在法国，总统府办公厅下设有总统府通信局，专门负责处理公民给总统的来信来电。1973年，法国颁布了《行政调解专员法》，行政调解专员制度法律化。20世纪80年代后，法国确立了法律上的听证权原则，公民成为公共服务的使用者，而不再是"被管理者"，公民与行政机关之间的关系发生了实质性的变化。

在新加坡则通过法规要求公共政策的制定必须事先与民众协商，而且公共机构必须向民众提供非涉密的资料以保证公民的知情权、监督权。韩国也是通过工作守则和行为守则等行政法规，要求善待投诉的公民，处理民愿及其苦衷；韩国建立了政府统一的诉求中心和全国性公民诉求在线门户系统——"民愿处理在线公开系统"，尤其是后者极大"提高了公民诉求的便捷性"[③]。在日本，先是建立了苦情制度，后来又建立了行政不服审查制度，就行政处分或者其他事实行为违法或不当行政，国民可以提出请求，要求改变或撤销行政行为。

在今天的国际社会中，大多数国家都建立了监察专员或民愿处理制度，就是通过这种机制实现对公共管理权力的监督，以及对民众的诉求进行相应的救济，通过所谓的仲裁、调处，把社会矛盾尤其是行政矛盾及时在当时当地解决。这种制度在根本上与中国的信访制度没有什么不同，有一些将这种机制建立在议会体系之下，有一些建立在行政体制之下，与中国的信访制度完全一致。监察专员制度源于瑞典，流传到其他国家之后，往往根据国情做了相应的变革，在电子政府时代也建立了相应的投诉网站，以方便接收民众的反映和诉求，防止权力对民众利益的伤害或侵害。

---

① 李慕洁. 应用信访学 [M]. 北京：华龄出版社，1991：13.
② 李正明. 美国白宫也有个"信访办" [J]. 政府法制，2010（27）：18-19.
③ 梁川，朴顺景. 参与式政府的构筑：韩国卢武铉政府行政改革综述 [J]. 东北亚论坛，2008（5）：92-98.

（二）纠纷非诉讼多元解决机制

在西方社会，虽然大部分国家已经进入所谓的现代或后现代化社会时期，似乎社会矛盾与冲突缓和并平静很多，可实际上，西方的福利制度掩饰了很多矛盾，在一定机缘的条件下特别是在经济危机的情况下，所有的矛盾与冲突呈现白热化发展态势，出现了诉讼的喷涌和爆炸，西方的诉讼机制应接不暇甚至不堪重负，各国开始纷纷探索诉讼之外纠纷的多元解决机制。

任何社会，纠纷的解决无非是通过社会的自发调整化解机制、诉讼机制或规范的非诉讼机制来进行，有的社会不排斥非诉讼机制，但是更侧重于通过司法程序解决纠纷；有的社会不排斥诉讼机制，但是更侧重于规范的非诉讼形式解决纠纷；有的社会诉讼机制与非诉讼机制解决纠纷同时并重。在西方法治文化传统影响之下，即便是诉讼喷涌或爆炸时以及司法力量疲于奔命都难以应对的情况下，居然仍有不少国家对非诉讼纠纷多元解决机制不屑或抵制。但是，受社会矛盾解决成效不俗的影响，一些曾经抵制非诉讼解决机制的国家，纷纷改弦更张加入替代诉讼的纠纷多元解决机制的探索行列中来。

替代诉讼的纠纷多元解决机制，根据其性质分为法院设置的非诉讼程序、行政设置的非诉讼程序、民间团体设置的非诉讼程序。这些非诉讼程序的设置，与中国政府建构的以简易程序回应民情、救济民意，避免将影响决策或公共产品制定的批评、建议、投诉及不足以进入诉讼的一般行政争议纳入诉讼程序一致，都是为了防治一般行政争议被诉讼化，为了防治非诉讼问题被诉讼化，导致社会治理成本的居高不下。这些非诉讼程序的设置，无论对于纠纷的及时化解，还是对于利益受损公民的救济，都起到了积极的作用和影响。在西方，法院以及民间设置的非诉讼纠纷解决机制广为人知，行政非诉讼纠纷解决机制的影响较弱，但是其在行政调解、裁决、申诉等方面，尤其是在劳动争议、工商管理、交通事故理赔、环保责任落实等方面的调和与救济作用是不容低估的。实际上其与中国的信访制度别无二致。正是由于这种多元解决机制的不俗影响和作用，使得原来抵制这种机制的国家纷纷加入探索，以至于法国竟然将主要发挥监督作用的监察专员制度改名为协调专员制度，强调其协调、解决、救济的价值和功能。不过，非诉讼解决机制不是一种替代制度，绝不是要取代诉讼机制，也就避免了所谓干扰或取代司法的罪名。

（三）韩国的网上民政在线

就政府网站的设计及建设、政府官员利用网络了解社情民意，以及确保民众的网络知情权而言，海外不乏此类的公开研究文献。但是，借助网络的快捷、便民，建立相应的制度和机制对民众的诉愿进行回应和救济，最为突出的当数韩国的网上民政在线。

在线机制出现之前，韩国公民为了使自己的诉求尽快得到解决，不得不向政府官员行贿。为了增加市政的透明度以及加强反腐倡廉建设，1999年1月25日汉城市（今首尔市）正式推出"民政处理在线公开系统"。让每个市民足不出户就能通过网络了解诉愿处理的情况。在公开系统的业务目录中，民众只要选择查看的业务，提交诉愿申请即可，不熟悉电脑网络的人可获得政府公务人员的帮助。所有输入程序的诉愿信息都将自动标明预定的处理时间，以便申请人届时能够查看处理的情况。如若系统预定处理时间已过却尚未处理，电脑将自动提示相关部门解释延迟的缘由。每个处理阶段都有主管、组长、科长进行处理并标明确切的时间，逾期会自动标明，正在处理也会自动显示，从程序上规避了不合理的拖延。并且系统将"详细公开处理单位、承办人、电子邮件、电话号码和相关业务内容、所需文件、业务处理顺序及有关法规"[1]。在线系统本身促进了行政业务的透明化，满足了市民的知情权，解答了市民的疑惑，消除了市民对政府公务人员的不信任。该系统得到了国际透明组织的肯定，以及联合国的表彰。

（四）网络政治参与及其治理

以电脑与网络为基础的信息社会的形成，为网络政治的发展提供了条件。伴随着第一台电脑的问世给人们带来的震撼与方便，人们预感到继农业社会、工业革命两次浪潮之后的第三次浪潮——信息时代的到来。美国未来学家阿尔温·托夫勒（Alvin Toffler）在《预测与前提》中预言，信息和权力的相伴行将对政治产生深刻的影响，"为了了解将来的民主，我们必须懂得在我们的政治生活中信息将发挥怎样的作用"[2]。这常被视为研究网络政治的先声。

20世纪90年代以来，随着互联网技术的出现以及其对社会生活的巨大影

---

[1] 李源炯. 信息技术助力城市政务改革：记韩国汉城市政府"民政申请处理在线公开系统"[J]. 中国电子商务杂志, 2003（13）：74-75.
[2] 辽宁社会科学院新技术革命课题组. 托夫勒著作选[M]. 沈阳：辽宁科学技术出版社, 1984：304.

响，美国学者开始思考互联网对社会结构的深层渗透影响。尼古拉斯·尼葛洛庞帝（Nicholas Negroponte）认为，"计算不再只和计算机有关，它决定我们的生存"①。曼纽尔·卡斯特（Manuel Castells）在其《网络社会的崛起》《认同的力量》和《千年终结》中就网络对经济、政治、社会的深层影响进行了哲学思考，揭示了当代社会文明与网络信息技术之间的关系。此后，西方学者围绕网络政治哲学、虚拟政治、现实政治、现实权力、现行体制、公民参与、行政管理、政治文化、国际关系和学科发展等纷纷发声、各抒己见。马克·斯劳卡（Mark Slouka）提出了虚拟现实的概念，并认为其核心与权力相关；怀纳·拉什（W. Rash）、凯文·希尔（K. Hill）、约翰·休斯（J. Hughes）等，在研究网络对政治制度、政治过程的影响中，认为"信息学领域的高速度创新保持着强劲的势头，改变着我们的知识基础、政治制度和过程，以及地方的和国际的经济等诸多方面"②；劳伦斯·克罗斯曼（L. Crossman）在《电子共和国：重塑信息时代的民主》中，分析了网络民主的直接性、平等性、快捷性等特点；英国的布莱恩·洛德（B. loader）、蒂姆·乔丹（T. Jordan）等，则对网络时代的政治权力与政府治理进行了分析论证③；在《互联网政治学：国家、公民与新传播技术》中，安德鲁·查德威克（Andrew Chadwick）专门研究了政党与选举、压力集团、公共机构所受的互联网影响，分析了数字鸿沟、网络治理、隐私安全等问题，揭示了互联网对政治的影响以及怎样参与网络政治④。

二、国内文献研究

（一）信访制度研究

在中国，信访具有反映社情民意、深化政权合法性、监督与管控官僚体制、调解矛盾与冲突，以及进行政治动员、贯彻落实政策等功能，行政界或学术界人士对此都有比较一致的认同。信访制度就是我国政府在中华人民共和国成立之初构建的倾听社情民意、监督官僚体制、调处矛盾纠纷、救济群

---

① 尼葛洛庞帝. 数字化生存［M］. 胡泳，范海燕，译. 海口：海南出版社，1997：15.
② 李斌. 网络政治学导论［M］. 北京：中国社会科学出版社，2006：50-51.
③ 张雷. 虚拟技术的政治价值论［M］. 沈阳：东北大学出版社，2004：15-16.
④ 查德威克. 互联网政治学：国家、公民与新传播技术［M］. 任孟山，译. 北京：华夏出版社，2010：443.

众权益的制度与机制。"信访权利就是宪法第四十一条赋予公民的权利，是对批评、建议、申诉、控告和检举的公民监督权利的具体体现与落实。"① 目前，信访制度被行政法学界视为一项正式的行政法规，发挥着行政救济的重要作用。而官方和信访界则偏重于信访的政治参与、政治沟通的功能；学术界和民间认同信访制度的救济功能。胡元梓认为，信访是民意表达的一种途径，也是冲突解决途径多元化的一种替代形式。② 本课题研究认为，信访就是通过简易程序回应民情、救济民意，避免将影响决策或公共产品制定的批评、建议、投诉及不足以进入诉讼的一般行政争议纳入诉讼程序。

在2005年前后，学界和政界就信访制度及其功能展开了激烈的大讨论，学界与政界一些人士，出于对信访的成本、干预司法、信访乱政问题的困惑与不解，提出了建设法治国家非废除信访制度不可的言论。杜钢建、姜明安等人则认为，在公民权利救济途径严重不足的情况下，在依法治国的大前提下，多元的矛盾和纠纷化解机制非常的必要，这也是世界各国在处理诉讼喷涌和诉讼爆炸下形成的共识和普遍的行为实践。③ 本课题研究认为，如果政治人和学者能够注意到信访是通过简易程序回应民情、救济民意，避免将影响决策或公共产品制定的批评、建议、投诉，以及不足以进入诉讼的一般行政争议纳入诉讼程序，那么存废之争就不会兴起，促进制度的完善就可能成为探究的主攻方向。伴随国务院在2005年新颁布的《信访条例》（现已废止），关于信访制度存废的激烈之争告一段落，学界自此更多从体制改革、路径、方法、治理创新、技术手段等方面展开探讨与分析，网上信访也就成为网络信息时代破译民意表达与综合困境的重要渠道与机制。而且，随着中共中央、国务院于2022年发布的《信访工作条例》生效，国家便已为信访制度的激烈争议彻底画上了句号，无论是民间，还是学界，抑或政界都对贯彻和落实党的群众路线的信访制度的认知更加敏锐，感受更加深刻。同期，放眼世界，在西方社会中，社会矛盾和冲突加剧的情况下，诉讼喷涌与诉讼爆炸致使司法机制不堪重负、疲于应对，竟至于在推崇法律和诉讼的西方出现了息诉、和解、无讼的呼吁，规劝家人或邻友莫要在纠纷上浪费财力和时间，对诉讼要慎之又慎（Michael D. Bayles，1996）。诉讼的不可自我降解，迫使西方各国

---

① 余军. 宪法学 [M]. 厦门：厦门大学出版社，2007：203.
② 胡元梓. 中国民众何以偏好信访：以冲突解决理论为视角 [J]. 华中师范大学学报，2011，50（2）：12-22.
③ 姜明安. 改革信访制度创新我国解纷和救济机制 [J]. 中国党政干部论坛，2005（5）：14-16.

纷纷探索诉讼外的纠纷解决机制（ADR），其中不乏调解、同行评价、事实认证、早期中立评价、和解会议、仲裁、协商等，这种官方主持的 ADR 制度与中国的信访制度简直别无二致（范瑜，2003）。就此而言，信访制度"了解民情、集中民智、维护民利、凝聚民心"的实现价值是毋庸置疑的，其以非诉讼方法解决纠纷的功能与国际社会流行的 ADR 制度（非诉讼纠纷解决制度或机制）几乎相同，我们对本土的信访制度应当满怀信心，决不能因为运行稍有不畅，就妄自菲薄，甚至因噎废食。

无论是我国的信访制度，还是西方的诉讼之外的纠纷多元解决机制，都存在问题发生的前提，这就是现代化带来了社会矛盾与冲突的加剧。需要深化"现代性带来稳定，现代化带来不稳定"的认同，毕竟现代化中的分化与整合、断裂与传承、分层与流动、效率与公平、速度与质量、民主与威权，以及在现代化过程中国家或政府的敢想、敢干、敢作、敢当，以及在某些领域的一时无为或心有余而力不足无处不在。因此我们需要：

第一，在加强现代化研究和把握现代化节奏的过程中，面对现代化可能出现的风险，要未雨绸缪，尤其是做好群众利益的保障工作。现代化固然是我们的重要战略目标，但是现代化是为人服务的，人民群众是现代化建设的主力军，也是现代化的享有者。本着民为邦本、本固邦宁的精神，以及国以民为本、民安则国安的原则，在现代化建设中我们必须做到情为民所系、权为民所用、利为民所谋，深入地了解民情，充分地反映民意，广泛地集中民智，切实珍惜民力，坚持尊重人民群众的主体地位，发扬人民的首创精神，保障好人民群众的各项权益。致力于现代化的国家确实面临着中央集权化、国家整合、社会动员、经济发展、政治参与以及社会福利等诸多问题，一系列问题纷纭而至，甚至爆炸性发散式地突现。在直面问题、化解问题的过程中，我们必须坚持政为民政、政以为民、政由民出的初衷，或许社会转型的阵痛是不可避免的，要保持群众的获得感、信任感，维护好人民群众的根本利益。

第二，任何国家都需要法律规制，因为社会成员是复杂的，需求是多种多样的，国家公务人员以及司法人员的素质不可能是整齐划一的，国家机器运行中也存在着这样那样的问题。但是，仅仅以法律和司法诉讼作为规制社会、化解社会问题的仅有通道，显然是机械而狭隘的，毕竟"徒善不足以为政，徒法不足以自行，制而用之存乎法，推而行之存乎人"。法律不过是工具，而人才是社会的主体。

第三，在国家和社会生活中，社会成员的行为除了合乎道德的良善和违背法律的违法犯罪之外，还存在诸多的种类，如"法无禁止皆可为、法无授权不可为、法定职责必须为"，以及轻微违法、严重违法、合法而不合理、合理而不合法、合情而不合理、合理而不合情，这决定了社会管理的工具除了法律之外，还需要法规、法令、条例、命令、倡议等，规范交往行为和化解社会问题，需要纠纷的多元解决制度和机制。

第四，信访是人民群众来信来访的简称，指公民、法人或者其他组织采用书信、电子邮件、传真、电话、走访等形式，向各级人民政府、县级以上人民政府工作部门反映情况，提出建议、意见或者投诉请求，依法由有关行政机关处理的活动。群众出于信任有选择地通过信访的简易程序对政府进行批评、建议和投诉，以及不足以进行诉讼的一般行政争议向党和政府进行表达和诉求，避免了轻微问题的对簿公堂。面对群众利益受伤受损或一般行政争议，大的不至于提起法律诉讼，小的不表达诉求又不甘心，有信访这样的渠道和途径，向政府及其相关部门提出诉求，由政府及相关部门依法合情合理处理，规避了轻易发起司法诉讼、增加诉讼机制负重、浪费诉讼的官民成本。

（二）信访问题研究

信访问题包括信访原问题、信访次生问题、信访衍生问题，这与《社会主义和谐信访问题研究》[①]中信访问题的全息定位基本相同，就掌握的现有资料看，以宏大视角观察信访问题及其治理的学者委实很少，其实主要在于问题的复杂和敏感。若是问题的外延能够缩小，研究的负担就可能减轻不少，而涉法涉诉信访问题就符合这种情况，因为涉法涉诉信访的外延限定在诉讼程序和实体自身，在性质上属于涉诉争议事项，因此有别于行政信访和其他信访活动。[②] 不过，由于司法体制自身的原因常常导致涉诉信访流入行政信访机制，导致行政信访机制拥堵不堪，因此研究也就难以回避涉诉问题以及与此相关的司法体制。在信访问题的性质上，学者认为，信访问题的性质多为非政治性的反映和诉求，多为弱势群体为寻求公民权利和权益的维护，总体上属于非对抗性质的人民内部矛盾。信访问题的直接责任方是政府及其社会政策；信访问题的实质是领导干部问题。信访问题的困难是信访体制和制度

---

① 宋协娜. 社会主义和谐信访问题研究［J］. 当代世界与社会主义，2009（3）：163-167.
② 应勇. "涉诉信访"不等于信访：关于涉诉信访问题的若干思考［J］. 中国干部论坛，2011（6）：9-12.

改革问题。① 有政府部门研究认为信访问题的成因在于：一是政策因素；二是工作因素；三是上访人自身因素；四是信访体制因素。② 有司法工作者发出了"信访的小雪花何以演变成了大雪球"的感慨（林徽，崔同彦，2011），他们认为，"推诿矛盾"使矛盾升级；不当接访使简单信访更为复杂；主管部门不当处理拖延了问题的解决。信访问题直指基层政府官员的官僚主义、形式主义，以权谋私、执法犯法以及处理群体性事件中的失职、渎职引发公众的不满甚至冲突。

　　信访问题就是社会生活中利益受伤受损的民众要求政府解答或解决的问题，然而在反映和诉求中却遭遇了权利或利益的实现不易，甚至激化、滋生出了另样性质的信访问题乃至恶性信访问题。因此，信访问题的分析或化解，不应单纯地从信访主体、工作主体、制度机制、工作机构等出发进行所谓分析，而应从问题肇因、信访体制、行政体制、司法体制或者说政治体系的回应和解决着手。当然，信访问题与访民不无关系，尽管访民是利益受损受伤的弱势群体，理应受到同情和帮助，但是在信访问题的化解中也必须依法遏制访民的冲动和非理性的欲求。因为利益是盲目的、无止境的、片面的，它只考虑自己，具有不法的本能。③ 由此我们绝不能把问题处理的主要方面定位于治民，毕竟千百年之"为政之道"在于"以厚民为本"，而治国者必先治官然后治民。

　　群众输入信访系统的反映和诉求，大都事出有因、情有可原。这些肇因从源头上来说，可能源自转型问题、变迁问题中的政府设计与筹谋，这可以上溯到现代化的设计与追求中，毕竟现代化中存在分化与整合、断裂与传承、分层与流动、效率与公平、速度与质量、民主与威权的矛盾。现代化中的政府虽然拥有敢想、敢干、敢做、敢当的精神，但在某些领域仍处于心有余而力不足的窘境，就此而言，转型问题、变迁问题的形成是客观的，也是极尽其能难以避免的。毕竟中国的现代化是后发后起的追赶型现代化，面临着国家整合、社会动员、经济发展、政治参与以及社会福利等诸多问题。问题不是一个时期出现一个，然后一个接一个地有序解决，而是接地连天的蜂拥而至，甚至爆炸式地凸显，这使得国家不得不采取"一揽子解决方案"，在处理

---

① 宋协娜，周念群. 社会转型期的信访问题与信访预警 [J]. 学习论坛，2007（3）：59-62.
② 当前信访问题的现状、成因及对策 [J]. 秘书之友，2006（8）：33-34.
③ 中共中央马克思恩格斯列宁斯大林著作编译局. 马克思恩格斯全集：第1卷 [M]. 北京：人民出版社，1956：163.

过程中也不免有过失、迟滞、疏忽、疏漏之处，就此而言，群众也是能够理解的，因此出于对党和政府的信任而选择了信访的形式进行表达和诉求。不过，现代化中的越轨问题及政府行政和管理中的失误，尤其是在信访处理中的误判、推诿、迟滞等现象，这可能使群众不满和愤懑，这就需要政府及其相关部门在社会生活中依法行政、民主行政、科学行政、高效行政，继续保持密切联系群众、全心全意为人民服务的优良作风，把为中国人民谋幸福、为中华民族谋复兴落实到位。当然，至于群众向政府表达诉求过程中出现的重复信访、越级等问题，以及地方政府拦访截访中的违规违法，都要本着实事求是的精神进行甄别和追究。既要解决问题，也要追究责任，对群众信访不能尽快解决到位，要倒查行政效能低下的原因，至于对群众信访中的违法甚至犯罪行为，以及一些部门的违规和严重违法行为，都要无例外地倒查原因。正像毛泽东同志指出的那样，"我们是不赞成闹事的，因为人民内部的矛盾可以用'团结—批评—团结'的方法去解决，而闹事总会要造成一些损失，不利于社会主义事业的发展。我们相信，我国广大的人民群众是拥护社会主义的，他们很守纪律，很讲道理，绝不会无故闹事。但是这并不是说，在我国已经没有了发生群众闹事的可能性。在这个问题上，我们应当注意的是：1. 为了从根本上消灭发生闹事的原因，必须坚决地克服官僚主义，很好地加强思想政治教育，恰当地处理各种矛盾。只要做到这一条，一般地就不会发生闹事的问题。2. 如果由于我们的工作做得不好，闹了事，那就应当把闹事的群众引向正确的道路，利用闹事来作为改善工作、教育干部和群众的一种特殊手段，解决平日所没有解决的问题"[①]。

（三）网上信访研究

当代中国，网上信访研究尚属初级阶段，除了公开的新闻报道之外，研究成果委实不多，更不用说所谓的论著。关于网上信访只能是在有限的文献资料的基础上进行相应的分析。

1. 关于网上信访的界定。对网上信访的界定，目前为止主要有两种，一种网上信访是指公民、法人或者其他组织通过党委、政府及其工作部门设立的网站反映情况、提出意见建议或者投诉请求的活动，是新时期拓宽信访渠道的一种重要形式[②]；另一种网上信访是运用现代信息网络技术，通过网上注

[①] 毛泽东. 毛泽东选集：第五卷 [M]. 北京：人民出版社，1977：396.
[②] 王巨新. 加强新时期网上信访工作 [J]. 经济与社会发展，2010，8（5）：90-92.

册、网上提交诉求、网上转办处理、网上回复和网上查询等程序来替代传统信访的一种新型信访方式[①]。根据《信访条例》（现已废止）第二条第一款规定，"信访，是指公民、法人或者其他组织采用书信、电子邮件、传真、电话、走访等形式，向各级人民政府、县级以上人民政府工作部门反映情况，提出建议、意见或者投诉请求，依法由有关行政机关处理的活动"。两种界定，前者将网上信访视为一种单边的行为活动，显然有悖事实，而后者则隐去了信访中的两个主体，甚至以过早的替代性判断取代并行不悖的事实，显然，两者都存在一定的不足。

2. 关于网上信访的作用。从已有文献看，学界大都认为，在原来来信来访的基础上，开辟网上信访的新形式，既是信访工作发展的需要，也是网络社会发展的需要。在这里网上信访已经成为传统信访的有益补充，深化与拓展了传统信访，使得信访工作体系得到了一定程度的完善，开拓了信访工作的新局面。目前网上信访的功能在于，网上反映、网上受理、网上转办、网上交办、网上接触、网上答复、网上查询、网上反馈、网上评价等。群众足不出户就可以通过电脑和网络进行反映和诉求，既方便又快捷还少花钱，省去了走访的长途跋涉、舟车劳顿、住宿饮食。通过键盘和鼠标、电脑和网络，群众足不出户就可以查询办理进程和办理结果，数据跑路不仅降低了群众的信访成本，还减少了截访、拦访等问题。[②]

3. 关于网上信访的现状。学人们认为，网上信访的作用是显而易见、有目共睹的，但是，同样也存在一些需要改进与提高之处。如"外网受理、内网办理、外网回复"的领导信箱模式，与"外网受理、内网办理、外网回复"的网上信访平台模式，以及网上"三级"视频接访模式等，由于网络路由上的差异，决定了很有可能出现多种途径的同时反映，既可能造成网络资源、公共资源的浪费，又可能导致行政管理乱象；只要得到受理单位信件"处理完毕"的网上回复，网上信访事项就算宣告结束，对责任单位的事项办理过程因难以监督，也就很难保证事项办理的质量；网上信访的考核考评机制有待健全，对受理单位以及办事单位的办理质量缺乏明确而具体的要求。因此，网上信访仅是小荷才露尖尖角，与网上信访相伴而行，还需要更多的规章、制度、纪律等跟进和保障。

---

① 石佑启，黄喆. 论网上信访及其制度保障 [J]. 中南民族大学学报（人文社会科学版），2014，34（5）：96-100.

② 杨小军. 网上信访便民更需跟进落实 [J]. 中国党和政府干部论坛，2013（8）：38.

4. 网上信访的制度建构。化解问题的方法总是与问题的产生相伴而行，网上信访有方便、快捷、低成本、减少正面冲突的优势，决定了对网上信访机制健全与完善的必要性。在网上信访制度的建立健全上，主要有如下观点：建立健全网上信访与传统信访的衔接制度与机制，促进网上信访与传统信访的优势互补；完善关于信访的法律与法规，杜绝网上信访虚拟性和无纸化的虚无；发挥社会力量的参与和协同作用，消解与减少技术门槛的负面影响等。在网上信访制度的建构中，必须注意网络技术只是一种工具、一种解决问题的手段，其价值和作用除了技术本身自我赋有的优势外，更为关键的是平台和工具的创建者与操作者，最具有主动性、积极性、方向性和创造性。作为物化的技术或工具铸就了其分化、老化、衰变、退化，或随时代发展而大浪淘沙，毕竟"技术的发展是一个社会斗争的舞台，它是由技术标准和社会标准共同决定的，可以沿着不同的方向发展"[①]。而网上信访平台对传统信访渠道压力的分流，停留在电脑和网络对输入信息的接受、获得或摄取阶段，对民情民意的反映和诉求实际上并无太大裨益，因为问题的关键是信访工作者以及相关部门对群众反映和诉求问题的依法合情合理的处置和回复。而且在技术上必须保持谨慎的超前意识，否则会因为技术失灵而被动惶恐；必须充分考虑技术生态以及技术系统工作环境，否则可能因为"不可控制性"误入歧途。换句话说，在网络技术上人类必须理智而清醒，技术不能完全替代人的主体功能，技术只是对人的工作进行辅助，特别是在主体评价、判断和决策方面，错误指令或评价、判断和决策的失误不能甩锅于技术的机械或智慧不够。在利用互联网平台进行信访的受理与接触中，还不得不防范来自互联网"黑客"的挑衅与侵害，否则由此而造成反映诉求与回应救济的不畅与困顿，可能导致群众对网上信访平台的失信与差评，甚至导致党和政府与群众关系的疏离。

当然，学界和政界对网上信访这一新生事物颇为关切。党的十八届三中全会决定指出，改革信访工作制度，实行网上受理信访制度，健全及时就地解决群众合理诉求机制。国家行政学院法学教授杨小军指出，网上信访便民，更需落实跟进；国家行政学院教授竹立家担心一些地方政府平台的"样子工程"，不解决实际问题必流失群众的满意度和获得感；中国政法大学行政法学教授马怀德对网上信访的回复率、透明度、考评机制不无忧虑；南京大学法学院教授吴英姿认为，信访不能仅满足于表面上的"法制化"，而应该通过治

[①] 芬伯格. 技术批判理论 [M]. 韩连庆, 曹观法, 译. 北京：北京大学出版社, 2005.

理模式的创新来寻求出路。信访工作人员徐忠和指出，网上信访要谨防层层转办、谨防流于形式、谨防暗箱作业。① 事实上，按照党的十八大、十九大、二十大的精神以及习近平总书记关于及时处理群众信访诉求的指示，全国各地相应机关将群众通过写信、走访、网上投诉等方式提出的所有信访事项全部纳入信访信息系统，实行网上受理、加强落地办理，全程公开透明、接受群众评价监督，并且要求对群众来信、来访、网上信访提出的信访事项均需客观、准确、及时登记录入，紧紧围绕信访"五率"（录入率、受理率、办结率、参评率、满意率），进一步规范网上信访办理工作流程，促进信访事项网上办理的各项工作规范、便民、快捷、高效。

第四节 研究目标、重点难点、创新之处

一、研究目标

本书以波澜壮阔的现代化为研究起点，以群众理性的网上信访为切入点，以政府的积极回应与救济为重点，以问题的线上线下融合式治理为着力点，以多部门多系统的协同治理作为破解方向。本课题研究有助于促进我国民意表达与综合多元机制的构建，推动民众的信访权利依法得到保障、维护和实现，避免无序网上信访引发的舆论瀑布等问题；通过网上信访救济研究，推动电子政府和现实政府在回应和解决民众反映和诉求上真正实现依法、就地、及时，彻底消除政治体系中残存的官僚主义、形式主义等消极因素，促进我国廉价政府、阳光政府、法治政府、效能政府的构建、发展和完善。

二、研究重点难点

1. 围绕网上信访救济制度和机制的畅通无阻，促进反映和诉求与回应和救济实现的依法、就地、及时解决，谨防层层转办、谨防流于形式、谨防暗箱作业，谨防数字鸿沟、谨防更新不动、谨防不联不通。通过相应的技术创新、机制创新、制度创新，在协作协同的基础上促使民意表达与综合的顺畅

---

① 郭冲辰. 技术异化论 [M]. 沈阳：东北大学出版社，2004：65-68.

实现是本课题研究的重点。

2. 网络无政府主义和无序信访心理瀑布效应的防治，以及官僚主义、形式主义等在网上信访救济中的防治，推动信访实体机制与网上救济高效的匹配与协调，批判技术依赖主义对网上信访解决不力的甩锅与迁怒，醒示相关主体发挥主观能动性、积极性、创造性，依法合情合理回应与救济网上信访反映和诉求，促进廉价政府、阳光政府、高效政府、法治政府的建设，将是本课题研究不容回避的难点。

三、研究创新之处

（一）新颖研究方法的采用

网上信访协同治理研究，在政界与学界的成果不多，研究方法多为设定前提的论证举措，尚存学理性不足之嫌。本课题研究引入连续多年基尼系数、行政诉讼受理案件数与信访发生之间的相关性研究，增强了研究的学理性，丰富了网上信访研究的范式，也为网上信访的"内病外治"以及减少元信访输入提供了宽广的视野。

（二）提出破解网上多头反映以及民间信访的新路径

网上信访协同治理研究，针对由于技术缺陷造成的多头反映，率先提出了利用语音搜索、语音识别、语音转换文字，防止了技术门槛对相关人群的排斥，杜绝了不同电子路径进行的多头反映，规避了数字鸿沟，化解了资源的浪费，破除了多头管理的通病；针对网上民间信访的"风暴眼"，研究认为其既是机遇也是挑战，提出借用"大数据""云计算"、信访 AI 机器人等对点击率指数颇高的网上民间信访进行相应的甄别与"打捞"。

（三）提出指定名分的各级机关党政兼任信访长制度

一兔走衢，万人逐之；物无所主，人必夺之；一人获之，贪者悉止，分定故也。由于信访制度是党和政府密切联系群众的渠道，也是维护群众利益、监督政治的重要机制。在化解信访诉求问题上，党和政府都负有神圣的责任。实行各级机关党政兼任信访长制度，将有助于地方党和人民政府在维护群众信访权利上的知行合一，积极推进信访问题的党和政府联席会议、送访下乡等。当然，也就实现了信访问责与行政问责制度的贯通。

（四）提出网上信访"线上治理"与"线下治理"的协作协同

本课题研究借鉴我国中医标本兼治的方法，在重视网上信访"网上治理"的同时，提出了网上信访的"内病外治"，线上问题的线下治理，外网问题的内网治理，实现线上线下、外网内网的治理同步。在信访发生及其次生或衍生问题上，高度相关或强相关因素的协同治理、同步治理、优化治理。

（五）提出技术理性、主体担当

本课题研究从科技哲学的视角出发，对网上信访治理中的技术依赖主义提出批评，因为即便是 AI 技术也主要集中在重复性劳动、有固定台本和对白内容的各种互动、不需与人进行大量面对面交流的工作等领域，因此指令错误、判断失误和庸政懒政等必须追究相关主体的责任，不能简单地甩锅或迁怒于技术的主动不足、智慧不够。

第五节　研究思路与方法

一、研究的基本思路

本课题研究将以现代化必然带来断裂与传承、分化与整合等为起点，以社会改革和结构调整中利益失衡或利益损益为视角，从人们的敏感神经与奋斗动因都在于利益出发，以民众利益反映和诉求以及政府回应和救济为切入点，以民众不忍利益受损或相对受损诉求公力救济以及政府的依法、就地、及时回应、救济解决为主线，剖析当代中国信访和网上信访救济制度与机制的困窘及成因，挖掘网上信访受理助推下信访实体制度和机制中不良现象的消解和化释，促进密切联系党群政群关系的信访制度更好地满足群众正当合理合法反映和诉求的价值回归。

二、具体研究方法

（一）文献研究与调查研究相结合

本课题研究将对国内外关于民意表达与综合的相关文献进行大量搜集、分析和整理，展开对民众信访反映和诉求的实际社会调查和网上调查，在充分梳理文献和调查研究的基础上，提出健全和完善的网上信访救济制度和机制。

（二）比较分析法

本课题研究将对网上信访与传统信访机制在回应和救济民众反映和诉求的成本上进行比较研究，为畅达的网上信访救济机制的建构、发展和完善提供必要的可行性分析。

（三）辩证分析法

本课题研究将对传统的信访制度和机制进行辩证分析，肯定其积极的功能和作用，批判和否定其机制中存在政治不作为、慢作为和乱作为的消极因素，为网上信访和实体信访的分工、合作、协调和跟进做出充分的论证。

（四）定性定量以及回归分析

本课题研究通过定性和定量分析，展开对网上信访发生及其裂变的相关因素研究，并在回归分析的基础上，对网上信访及其异化问题进行相应的预判，借此提出积极而可行的精准防治建议。

（五）逻辑与历史相一致的方法

在研究论文与专著的撰写上，将本着概念、原理、学理、机制的分析与网上信访和实际信访发展的历程和内在逻辑相一致的原则，进行积极的铺陈、叙事、展开、演绎以及归纳。

第二章　现代化进程中的矛盾耦合与纠结不安

　　现代化毕竟是以现代性代替传统性，以现代思维方式取代或升级传统思维方式的过程，无论其表现是工业化的过程，还是现代社会的转型，抑或人的思想意识、价值观念、行为方式的综合变化过程，宏观上是在现代国家、市场和社会的层面上进行发展，微观上是在个人、家庭与群体按照不同的逻辑演变，谋新谋变的现代化对传统格局的影响必然形成对国家、社会、市场既有利益平衡及其相应机制的冲击。

　　在现代化的影响之下，社会生产力和生产关系与经济基础和上层建筑之间的矛盾更加凸显。社会要生存与发展就需要物质资料，就不得不诉诸生产劳动，对物质资料的欲望及改变生产方式的欲求，推动了生产力与生产关系的发展，生产力和生产关系之间的相互作用，特别是生产力是社会发展的最终决定力量。生产力的变化要求与之相适应的生产关系必须进行相应的改变，生产关系的变革必然带来经济基础的适应性变化，而经济基础的变化必然要求其上层建筑进行相应的改革。上层建筑对经济基础具有反作用，生产关系对生产力具有反作用。生产力和生产关系的矛盾、经济基础和上层建筑的矛盾，及其交互作用构成了社会的基本矛盾运动。社会基本矛盾运动总是从生产力的发展到生产关系的解放循环往复地进行，是生产关系对生产力、上层建筑对经济基础的基本适合到基本不适合，又从基本不适合到基本适合的过程，是矛盾不断产生又不断解决的无限发展过程。正是在这一发展过程中，社会不断地进行发展能量的集聚，从量变到质变、再从质变到量变的不断催化与递进，形成了社会形态的微调甚至彻底更替，进而实现社会从低级到高级的不断发展。

　　现代化的发展过程似乎是风平浪静、云淡风轻，实际上绝非如此，尤其是现代化对社会的影响绝不是一首田园诗，而是一方面赋予社会以生机、活力与希望，另一方面又伴生着难以规避的风险与忧患，社会的分化与整合、断裂与传承、分层与流动、效率与公平、发展速度与质量、民主与威权，以及现代化过程中国家或政府的敢想、敢干、敢作、敢当，以及在某些领域的无所作为或心有余而力不足等，都在挑逗与搅动着人们的神经，甚至集结为无奈的不解与郁闷的不甘，外化为诉求公平与正义的呼吁与行动。其中既有既得利益者的贪得无厌，也有利益受损者的不满与愤懑，还有利益相对受损者的不平与不甘，都汇集成浩浩荡荡的表达与诉求的力量，在推动经济利益与政治关系的变革，促进生产力与生产关系、经济基础与上层建筑的自适性发展，在发展中释放着不安、压抑的情绪，诉求现代化更快、更好、更稳地实现。

第一节　现代化的内涵之辩

在汉语词典中，"现"有显露、现时之意，"代"有替代、历史分期、世系辈分之意，"化"指性质或形态的变化。当三个字组合为"现代化"时，其寓意众说纷纭，基于不同的视角、学科、形态，人们在对现代化的界定或阐释上，迄今未达成一致。尽管如此，这并没有影响世界各个国家或民族对"现代化"的向往、追求和选择。

一、现代化的时间维度与价值维度

在英美社会，现代化一词的英文是 modernization，它是从英语单词 modernize 和 modern 衍生出来的。英语单词 modernize 产生于 1748 年，"现代化"一词产生于 1770 年。而美国韦氏辞典认为，英语单词 modern 产生于 1585 年，现代化作为一个时间概念，指从公元 1500 年以后至今很长的历史时期。斯塔夫里阿诺斯的《全球通史》指出，从 1500 年至 1763 年的近代初期是人类历史上一个较关键的时期……从而预示了世界历史的全球性阶段的来临，验证了西方社会尤其是美国学界对现代化初始时间窗口的认同。

"现代化"作为价值概念，它是指区别于 medieval（中世纪的）的新时代精神与特征，即把文艺复兴看成是一个否定中世纪的神学权威，崇尚古典文化，开拓近代新文化的新时代。[1] 现代化发端于技术的进步，伴生着经济政治社会各个方面的持续进步、合目的性与目标性、不可逆转的发展过程，促进了民族国家的现代实践与历史实践，形成了民族国家的政治观念与法治观念，

---

[1] 罗荣渠. 现代化新论 [M]. 上海：华东师范大学出版社，2006：10.

促成了高效率社会组织机制的建设，创建了一整套以自由、民主、平等、法治为核心的价值理念。在这个时代，作为生产的主体与社会主体的人致力于应有的尊崇与地位，以人的价值为本位的自由、民主、平等、正义等观念逐渐深入人心，人的价值在现代化过程中得到了充分的彰显与释放，与人的创新、创造密切相关的自由、民主、平等等观念在现代化的过程中薪火相传、绵延不绝，推动着现代化的蜕变、更新与迭代发展。

二、现代化就是社会的转型

早期的现代化研究者，无论出身怎样的学科背景，都习惯以现实社会为研究起点，对社会发展的过往进行追溯及进行社会发展的横向比较，这就容易形成现代化就是从传统社会向现代社会转型，从不发达社会向发达社会转变的判断。社会学家丹尼尔·勒纳（Daniel Lerner）在《国际社会科学百科全书》中讲道：现代化是一个旧的社会变革过程的流行术语，而这个过程就是"欠发达社会"获得"较发达社会"共有特征的社会变革……它是由国际或社会之间的交流触发的。[①] 勒纳的观点与《全球通史》的作者斯塔夫里阿诺斯的观点一样，认为1500年前人类社会的发展主要囿于区域条件的限制，发展具有典型的区域文化特征，而与新航路的开辟相伴而生的是区域发展的禁锢被打破，全球通与全球化时代的到来。[②] 现代化就是发端于西欧和北美的一种生产和发展的范式，一种不同于中世纪的制度和价值，自17世纪开始就持续不断地向欧洲其他地区扩张与蔓延开来，而在18—20世纪则向欧洲以外的世界其他区域传播开来。我们无意于评论这种观点在时间节点上的狭隘与否，值得注意的是我国部分现代化研究的学者也偏好于历史的追溯与比较，关于现代化的主张与观点有着与勒纳、斯塔夫里阿诺斯的相似之处。如《中国大百科全书》中说到传统社会和现代社会是具有相互排斥特征的社会，由传统向现代演进的过程就是现代化。当然，中国的大部分学者则主张以先进科学技术的应用为标志，社会从不发展状态逐渐走向相对发达或发达的过程称为现代化。一句话，现代化就是从不发达社会向发达社会的转变。

[①] 许门友，等. 新时代现代化强国建设路径研究 [M]. 西安：陕西人民出版社，2019：1.
[②] 斯塔夫里阿诺斯. 全球通史 [M]. 吴象婴，梁赤民，董书慧，等译. 北京：北京大学出版社，2006：10.

三、现代化的实质就是工业化

在学界,有一种较为普遍的观点,其认为工业化是现代化的肇始,现代化是工业化的伴生现象,或者说现代化是工业化带来的普遍效应。这种观点所指的工业化,不仅仅包括 18 世纪后期在欧洲出现的以蒸汽机、水力纺纱机、汽轮、蒸汽动力机车等为代表的大机器生产工业革命,以欧洲为中心向全世界的蔓延和传播,极大地促进了经济政治社会的发展;也包括发生于 19 世纪中叶,以电机的发明和应用为起点,以电力及其远程输送方式的广泛应用为标志,推动生产技术由一般的机械化到电气化的第二次产业革命;还包括第二次世界大战之后,以原子能、电子计算机、空间技术和生物工程的发明和应用为主要标志的新科技革命带来的工业自动化、信息化。实际上,这里的工业化已经不再局限于第二产业领域的迅猛发展,而且已经广泛地传播和渗透到第一产业、第三产业领域,甚至渗透和蔓延至生产实践、社会政治实践与教育科学文化生活的各个方面。

中国现代化研究专家,北京大学教授罗荣渠先生在《现代化新论》一书中概括和总结了世界各国学者关于现代化的解释之后,他认为:"从历史的角度来透视,广义而言,现代化作为一个世界性的历史过程,是指人类社会从工业革命以来所经历的一场急剧变革,这一变革以工业化为推动力,导致传统的农业社会向现代工业社会的全球性的大转变过程,它使工业主义渗透到经济、政治、文化、思想各个领域,引起深刻的相应变化;……作为人类近期历史发展的特定过程,把高度发达的工业社会的实现作为现代化完成的一个主要标志也许是合适的。"[1] 严英龙研究员也认为,现代化就是以市场原则为取向,以工业化为主要表现形式的现代生产力对传统生产力的替代,并引起经济、政治、社会、文化发生适应性变革的过程。[2]

四、现代化就是综合转变的过程

"现代化"就是在技术革命或产业革命的影响之下,社会传统性状逐渐蜕变,从而获得现代质态的革命性变化过程,涉及经济、政治、社会、文化、

---

[1] 罗荣渠. 现代化新论[M]. 上海:华东师范大学出版社,2013:5.
[2] 严英龙,邹农俭. 苏南地区实现现代化的初步探讨[J]. 学海,1996(6):61-65.

思想、心理等多方面全方位的综合与系统变迁过程，而且具有持续性、不懈性、新陈代谢性的特征。

在社会学和文化学学者的视域里，现代化是一种社会变革，更是一种文明的变迁。这种变革和变迁首先作用于社会主体，促使其思想观念、人生观、价值观和世界观发生嬗变，进而影响其行为取向，甚至深刻地改变社会的制度和目标。西方社会现代化的制度和目标明确表达为：个性化，都市化，民众教育，具有代表性的政府，增加国民生产总值，增加各阶层收入，向伤残贫困者提供福利。从事人类学研究的曼宁·纳什（Manning Nash）认为，"现代性"是一种社会的心理结构，它促进科学运用于生产过程。①"现代化"是使社会、文化和个人各自获得经过检验的知识，并把它运用于日常生活的一种过程。② 伊曼努尔·华勒斯坦（Immanuel Wallerstein）在《自由主义的终结》中曾介绍了不同见解的两种现代化：一种含义具有积极性、前瞻性，指最先进的技术，通常表现在有形的物质上，如飞机、轿车、空调设备、电视和计算机。另一种具有较多意识形态性而较少物质性，现代意味着反对中世纪。③ K.道易治（Karl Deutsch）的定义是："人们所承担的绝大多数旧的社会、经济、心理义务受到侵蚀而崩溃的过程；人们获得新的社会化模式的过程。"④

无论学者们从哪一个角度对现代化进行阐释，都离不开肇因研究、过程研究、结果研究、系统研究、主体研究，或者再从自己的学科出发赋予现代化以更丰富的含义，实际上都包含了相近的内容和特征。事实上，现代化就是第一次产业革命以来，随着科学技术在生产力中的更为广泛的应用与普及，人类创造的生产力，比过去一切时代创造的生产力还要多，还要大，致使经济、社会和政治结构发生了根本的变化。

第二节 现代化过程中的矛盾耦合

现代化是一个目标，现代化是一种追求。现代化既可以表现为一种变革，

---

① 林红.民粹主义概念、理论与实证［M］.北京：中央编译出版社，2007：126.
② 周忠德，严炬新.现代化问题探索［M］.北京：知识出版社，1983：6-9.
③ 华勒斯坦.自由主义的终结［M］.郝名伟，张凡，译.北京：社会科学文献出版社，2002：126.
④ 艾森斯塔德.现代化：抗拒与变迁［M］.张旅平，沈原，陈育国，等译.北京：中国人民大学出版社，1988：2.

也可展现为一种既成的现代化。事实上，实现现代化实际上是对传统的扬弃和对现代性的追寻与形塑，这就必然存在割裂、创新和重塑，势必产生不舍的阵痛、创造的艰难和重构的不易。在学界，人们习惯用经济上的工业化和市场化、政治上的民主化和法治化等来概括现代化的内涵。而现代性就蕴含在现代化的过程中，是在克服一系列矛盾的过程中形成的，并在致力于实现现代性的努力中发展的，二者交织在现代社会生活的各个领域。总之，现代性既是现代化的产物，又是现代化的本质，进而规定和影响着未来的现代化。

一、现代化中的分化与整合

在生物学或医学上，分化与整合多指细胞的分化和有机体组织或功能的演化。现代化理论家认为，现代化过程是社会有机体的分化与裂变过程，同时也是社会不断整合与重构的过程，分化与整合既矛盾又统一，统一于现代化的发展过程中。

（一）分化

伴随现代化的发展与进程，现代性使得社会发生分化，分化过程则有可能产生大量的社会子系统，使得社会的结构与功能更加系统、更加延伸、更加丰富。"分化是一个社会系统中的一个单位或结构分成两个以上的单位或结构，其特点和功能意义与原来有所不同。"[1] 实际上，现代化过程中不只存在分化，还存有大量的分化与裂变现象。在分化裂变过程中，既有事物结构变化的变迁，也存在事物结构不变的简单复制、迁移或衍化。显然，分化不是对事物原初功能的简单复制，而是有着更多的拓展与包容，可能带来社会的发展与进步。"分化是一个具有多种功能的角色结构转变为几个功能更专一的结构"，"从一个社会角色或组织……分化为两个或两个以上能充分有效地在新的历史条件下发挥功能的角色和组织"[2]。很显然，尼尔·J. 斯梅尔塞（Neil J. Smelser）对帕森斯的观点非常认同，在主张上与帕森斯具有一致性。基于对分化的价值和功能的研究，基于对社会分化的价值与功能的认识，整体思想和系统思想的不足者可能会激进地认为，在社会发展过程中，一个社

---

[1] PARSONS T. The systme of modem Societies [J]. Contemporany Sociology, 1972, 51 (1): 104-105.
[2] 斯梅尔塞. 经济社会学 [M]. 方明, 折晓叶, 译. 北京: 华夏出版社, 1989: 169.

会的结构保持传统的性状，而没有发生分化或分化严重不足，则可能成为社会发展的重要障碍。

（二）整合

整合就是将分化的同质结构和功能进行相应的协调、对接与整饬，以期形成新的更为强大的结构，以及实现功能叠加、更新或覆盖的过程。

在现代化进程中，任何国家、社会或组织都会出于对社会发展的需要，或者出于对现代化的自适应性，就一些领域、机构及其功能进行协调和整顿，而且这种整合极有可能是经常发生的。就社会的进化与发展而言，高度分化的不足恰恰意味着现代化的影响有限，以及结构和功能离析和再生的不足，分化不够也就很难引发后续的整饬，自然影响社会的进一步发展，由此可知分化与整合、整饬与发展具有强相关性。艾森斯塔德认为，现代化就是分化与整合的过程，"首先是形成一种社会结构，它既包含各种结构的分化和变形，又包含着持续变化的结构形式、活动和问题，以及持续变迁和制度变革的倾向……因此，随着现代化而产生的关键问题，乃是行程中的新社会结构处理这种持续变迁问题的能力；换言之，也就是持续发展问题，即形成一种能够容纳持续变迁问题与要求的制度结构。正是这一点，构成现代化的中心课题和挑战"[1]。在艾森斯塔德看来，一个社会只有形成了高度的"弹性结构"，才能容纳持续的变迁，才能容纳多样化的意见，才能在创新之中不断得到发展。

现有历史表明，任何国家或民族的现代化绝不是一蹴而就的，也绝不是千里坦途或一帆风顺的，毕竟分化与整合都与现代化相伴而生，而且经常是分化先于整合发生，整合针对分化而推进，这就必然存在分化的速度高于整合速度，或者对整合予以过高期望，而实际上整合常常滞后于分化甚至严重落后于分化。这种落差的存在极有可能造成相关社会成员的心理矛盾与挫折，外化为寻求救济的行为或活动时就可能发生变异，情况严重时极有可能影响现代化的发展与规划。

二、现代化中的断裂与传承

现代化是一个复杂的过程，总体上是注入新的发展动力、新的风尚、新

---

[1] 艾森斯塔德. 现代化：抗拒与变迁[M]. 张旅平，沈原，陈育国，等译. 北京：中国人民大学出版社，1988：49.

的元素，这就使得社会原有的动能、精神、信念、风尚等发生蜕化性演变，有些甚至可能发生完全彻底的断裂或错位，当然也绝不能否认其中必须进行的一些薪火相传或发扬光大。

（一）断裂

断裂，一般指断开、开裂、错开。在地质学中，断裂常常指岩层错位或裂开，而且将岩石断层分为正断层、逆断层和平推断层。这三类岩石断层的发生与构造应力存在强相关性，正断层由拉张应力引起，逆断层是挤压应力的结果（故常造成地壳的缩短），平推断层则与剪切应力有关。很显然，现代化是一场极其复杂的运动，将对社会的各种结构与功能发生强烈的影响和作用，既存在发展中的牵引力、拉张力，也存在对社会传统的结构与功能的挤压力，既存的结构和功能难免存在对现代化的排斥与抵制的现象，而现代化的趋势无疑形成对抵制与排斥的直接剪切，这就可能形成社会既有动能、精神、信念、风尚等发生蜕变、塌缩、开裂，甚至出现错位、移位、漂流、越位等。如传统技艺、非物质文化遗产等在现代化洪流中可能出现塌方、崩解、错位、断裂、漂流等，从流体力学的角度看都是再正常不过的事情，从社会学的角度看则存在价值、功能的被疏忽、看轻或错斩，就可能使得实践主体备受煎熬与苦痛，甚至可能引起一代或几代人精神上的悔恨与懊恼，这也是现代化世界中少数人群厌恶现代化甚至直接反对或变相抵制现代化的原因。例如，在现代纺织业与服装业的发展中，在水力纺织机与电动缝纫机出现之时，由于对手工纺织、裁剪和缝纫的冲击，曾经出现成衣制作者打砸毁坏水力纺织机与电动缝纫机的现象。尽管随着现代化的发展，客观上现存的一切，都将成为历史博物馆中的展品，但是其背后却饱含着多少人的利益，关涉着多少人的痛苦与欢乐。这就需要社会管理者直面断裂造成的痛楚，采取有效的举措缓解当事者的苦痛，或者使得当事者能够成功地升级或流动，从而尽可能多地分享现代化带来的惠益。

（二）传承

在汉语词汇学中，传承指对学问、技艺、教义、文化、思想等的承袭，是师徒之间进行经验、智慧、技巧的口耳相传和悉心教诲的过程，也泛指代际之间对技艺、思想、文化等的薪火相继甚至发扬光大。

人类的智慧或文化具有一定的同构性，纵然泛着历史的沧桑和凝重，但是一旦和现代的技术结合，可能会再次熠熠生辉、光彩夺目，甚至带来一些宝贵的战略机遇。实际上，由于后代对前辈的智慧与文化有所感悟与共鸣，在内心深处产生高度的肯定与认同，特别是绕过了前行中存在的陷阱或无限循环，从而踏上了发展的通衢大道。这促使人类积极选择对技艺、思想、文化的保护，一改过去主要依靠贸易、人口迁徙、教育等交流与传播的套路，现代化中的改革主要依托语言、文字、印刷、电子和网络载体，以语音、文献、图片、短视频、纪录片等介质展开有规模、有速度、有广度、有深度的传播和传承。这不排除对个别趋于衰末的技能等的不当保护，妨碍了市场的正常淘汰与驱逐，呈现出现代化中的逆淘汰现象。不过不用惊诧，因为加以保护的东西有可能是为了对冲现代化中急功近利下的误判与错斩，防止人类的物质文化遗产或非物质文化遗产被无端遗弃。随着现代化过程中人类认知广度与深度的拓展，在人类的技能、文化保护上不应有的武断与误判都将不得不接受市场和历史的严肃考量，凡是要退出现代舞台的历史绝不会留半点情面，凡是对人类的生存与发展有相应价值和意义的，必定作为物质或非物质文化遗产为人类薪火相继、世代相传。

在复杂的现代化过程中，"断裂"与"传承"、"断层"与"衔接"等现象是主观与客观相互作用的结果，从利益角度看这将引发涉事主体的痛苦与纠结，从历史大势看这是发展中不可避免的痛楚，而从社会学的角度看一切国家和民族都应高度重视，积极采取分解与化简的举措，以减少在现代化过程中推陈出新的阵痛，帮助涉事主体消除抑郁、怨愤与苦痛。

三、现代化中的社会分层与社会流动

现代化是一个综合的发展过程，社会中的普通成员或组织对现代化的适应存在差异，必然引发社会成员在经济和社会地位上的相应变化，出现适应不足导致的差异性分层社会现象，如果不及时给予社会成员"上下"振幅、左右摆动的跃迁空间，必然引发社会流动的危机与恐慌。

（一）社会分层

伴随现代化的发展，同一系统或结构分化裂变的趋势越来越明显，社会成员或群体在社会资源与地位上的分化更加突出，社会分化呈现的层次性更加明显。社会分层指社会成员、社会群体因社会资源占有不同而产生的层级化或差异化现象，尤其指建立在法律、法规基础上的制度化的社会差异体系。① 社会学家有感于社会主体贫富差异的状况，突出表现在人与人、集团与集团之间，居然类似地层构造那样呈现层次分明的若干层级，于是将地质学中的概念迁移到社会结构的分析之中，开创了"社会分层"的社会学范畴。

在社会生活中，由于个人禀赋、健康状况、自身素养、适应能力等存在差异性，致使社会成员即便在同一个角色或岗位上，表现的优异程度也有所不同。然而，个体好逸恶劳的天性以及异想天开的禀赋形成的自我蜕变或自我驱动，使得社会成员对角色主次优劣一方面有自怨自艾、墨守成规的无奈，另一方面又存在千磨万击仍坚忍不拔改变现状的倾向，这决定了在社会分化过程中的社会分层既是一种自然选择，同时又是实践中主体不屈不挠斗争的结果。社会中的个体发展如此，即便是社会中有机的组织或机构发展中的实际也大抵如此。

社会分化有层级化的倾向，也有自我破壁的趋势，本身就是一个自我调适和被动调整的矛盾，这种矛盾在社会发展波澜不惊的平和时期，有着自我裂变、自我降解、自我吸收的内在机制，它促使了社会发展的平和安顺，又赋予社会以内隐的活力。但是，一旦与这种机制相适应的外在环境发生改变，或者这种机制被强制性破除，社会分层自我调适、自我吸收的不良矛盾就可能升级为严重的社会问题。现代化就是对原有社会发展机制及其自然分化的否定，更是对已有的社会分层机制及其自适环境形成催化与分解，这将促使社会分化的裂变加速进行，也将打破社会层级僵化、固化的倾向，必然刺激和引发社会中个体的不安与不适，也会激发和刺激社会组织和机构的骚动、不休与不甘。

我们无意讨论社会分层依据的合理性，财富（经济标准）、地位（社会标准）、权力（政治标准）三重标准是否具有普适性。不同国家的学者可能会根据本国的国情来讨论社会分层，中国学者则依据劳动分工、权威等级、生产关系以及制度分割，将当代中国社会划分成十大社会阶层：1. 国家与社会管理者阶层（拥有组织资源）；2. 经理人员阶层（拥有文化资源和组织资源）；3. 私营企业主阶层（拥有经济资源）；4. 专业技术人员阶层（拥有文化资源）；5. 办事人员阶层（拥有少量文化资源和组织资源）；6. 个体工商户阶层（拥有少量经济资源）；7. 商业服务员工阶层（拥有很少量三种资源）；8. 产业工人阶层（拥有很少量三种资源）；9. 农业劳动者阶层（拥有很少量三

---

① 李强. 当代中国社会分层［M］. 北京：生活·读书·新知三联书店，2019：1.

资源）；10. 城乡无业、失业、半失业者阶层（基本没有三种资源）。① 中国社科院社会学研究者又对十大社会阶层的内部进行细化，总共分成了 32 个分工层级。当然，生活中的实际分化远比这种划分更为详细、更为纷繁芜杂。刘成斌、卢福营（2005）对农民进行划分就分成了 9 个层级，再对十大社会阶层层级进行详细划分必然是令人眼花缭乱的。社会分层既有自我安适的稳定化倾向，又有自我否定变化更新的趋势。正像普利高津指出的那样，"在我们的世界里，我们在所有的层次上都发现了涨落、分流和不稳定性，导致确定性的稳定系统仅仅与理想化、与近似性相对应"②。正是由于现代化的相干性或迭代发展的不断刺激，决定了社会需要提供一种破除层级固化与封闭的上升机制，否则社会层级的外壳或框架必然被社会涌动的活力及其分化的内在动力所爆裂和肢解。

（二）社会流动

社会成员或群体从一个社会阶级或阶层转变为另一个社会阶级或阶层，从一种社会地位向另一种社会地位，从一种职业向另一种职业转变的过程，称为社会流动。根据社会流动的方向，人们"将"向上向下的流动变化称为垂直流动，将在同一层级之间的流动变化称为水平流动；将一个人一生中社会地位的变化称为代内流动，将同一家庭中上下两代人之间地位的变化称为代际流动；将在社会某些结构层面上的流动变化称为结构性流动，将对社会影响较小的个人努力的自由流动称为非结构性流动。

对于缓和或消除不同社会阶层之间的隔阂和冲突，对于维护社会的正常秩序，社会流动具有非常重要的价值和作用。因此，在社会消灭分工消灭差异性之前，社会流动是不可避免的，也是必要的。就社会角度而言，社会流动的价值在于：1. 使不同阶层的社会成员相互交往，彼此沟通，在一定程度上消除误解和偏见，缓和社会各阶层之间的冲突。2. 为社会成员提供了改变自己社会地位状况的资格、资历和机遇，为加强社会的整合与调整创造了积极有利的条件。3. 从社会分工来看，社会生产力的发展造成了社会分化，不同社会阶层只有通过有效的分工合作，才能维护社会的正常秩序。4. 促进社会分层体系的量变，形成合理的社会结构，适应经济、政治和社会发展的客观要求。从社会成员和社会群体的角度来看，社会流动有利于：1. 改变社

---

① 陆学艺. 当代中国社会流动 [M]. 北京：社会科学出版社，2004：8.
② 普利高津. 确定性的终结 [M]. 湛敏，译. 上海：上海科技出版社，1998：4.

成员的社会地位，激发社会成员改变自我的积极性，汇成社会发展的驱动力量。2. 形成开放的社会结构，打破阶层的固化趋势，建立社会成员之间的平等关系。3. 社会流动能够破除社会阶层之间的隔阂，减少社会成员与社会地位之间的固有联系，使不同社会地位的社会成员的资格与机会越发趋于平等。

社会流动无论是对社会还是对社会成员或社会群体都有着积极的价值和作用，但是社会流动的发生绝不是无缘无故的。导致社会流动的成因大体可以归纳为经济、政治、自然、人口、社会五方面：1. 经济方面：一般来说，经济发展水平较高之地，赋予人们的福利回报较多，受利益的影响成为人口熙熙攘攘趋向的中心，而经济发展水平相对较低之地，社会福利收益较少，一般成为人口蜂拥而出的输出之地。2. 政治方面：基于对国家经济社会发展的适应性需要，政府对相关制度或机制进行调整，或者进行导向性的制度安排，从而引发社会成员对导向的遵从与响应，进而发生结构性流动或非结构性流动。3. 自然方面：突发的难以抗拒的或短时间内难以化解的自然灾害，如地震、火山爆发、洪水、干旱以及其他自然灾害等，都会因为人口生存发展空间的恶化或狭窄化，使一定地域的人口短期内大量外流。4. 人口方面：人口是生活在自然环境之中并依靠自然资源（包括土地、动物、植物、矿物和淡水）而生存的。若人口密度超过资源的承载力，或者人口流动的管理松动，或者外在利益的诱惑，势必引起人口的季节性或永远流动。5. 社会方面：因为政治动荡、战乱、民族压迫、国家面临外来入侵等原因，由于生存与发展境遇的恶变，势必引发人口的大量逃逸或迁徙。

在现代化进程中，人口输出、向上流动、平行流动、代内流动以及结构性流动，将对社会产生积极的影响，但是这种流动的背后除了成员的积极努力之外，最重要的是为成员提供社会流动的相应制度和机制，接应社会成员致力地位和身份的改变，而不是限制或禁锢这种主观努力本身，重要的是社会敞开胸怀，拥抱这些不甘命运摆布的成员，而不是淹没他们流动的心声和呐喊，限制他们流动的脚步。由于区域利益的存在，或者多重顾虑，社会管理可能对这种分层与流动进行设限，有可能引发相关利益者的不满与不平。

四、现代化中的无为与有为

面对现代化的发展，尤其是在市场体制建构的过程中，政府是任由市场自我发育、自我调节，还是根据市场发展的规律进行适度的调整与干预，不同的选择必然产生不同的结果，而群众在两种选择中的感受与体验不同。

（一）无为

无为就是不加约束，不加过问或干涉，任凭自然的发生，听任自然的发展。无为就是在某些方面或领域的无所作为，当用于经济建设模式时，人称自由市场经济，当用于家国治理时，人称"无为之治"的休养生息。

市场就是商品、技术、资本或劳务交换的场所。市场经济就是由市场对社会资源进行配置的经济形式。自由市场经济就是商品的贸易和劳务的交换完全交付市场进行配置或调整的经济形式，也就是充分地发挥市场无形之手的作用：1. 由市场调节生产资料和劳动力在各生产部门之间的分配；2. 刺激商品生产者改进生产工具，提高劳动生产率，加强经营管理，降低资源消耗和劳动力成本，以降低个别劳动时间；3. 促使产业结构进行调整，促进整个社会生产力的发展。这种任凭市场进行配置资源，坐视市场自由发展的做法是资本主义社会早期经济发展的主要方式。

无为之治，本是中国古代道家的入世思想。道家创始人老子认为，世界的本原是无，只有无才符合道的原则，"圣人处无为之事，行不言之教"。无为而治是道家基本的政治主张，无为，即"不为物先，不为物后"，顺乎自然以为治。无为是实现无不为、无不治的前提和条件，"以无事取天下"，"不贵难得之货，使民不为盗"。老子哲学的无为思想并非系统的知识文化体系，而是一种生命的智慧。对个体生命而言，它提供了安身立命的基础，以及入世出世的哲学思想和理念；对一个国家而言，则是一种达至善治的智慧，以及政通人和的政治哲学。"无为"，在老子那里意味着"道法自然"，即所谓"人法地，地法天，天法道，道法自然"。"无为即自然"，是老子哲学的基本观点。老子将"道"视为宇宙之本，而道之本性则是"常无为而无不为"，即"道"对于宇宙万物是"恃之以生而不辞，功成而不有，衣养万物而不为主"。就道生成万物、成就万物而言，道就是"无不为"；就道对于万物"不辞""不有"而言，道又是"无为"的。从本质上讲，这是"无为"与"无不为"的有机统一。天地万物的生成与存在，皆是"无为也而无不为"。老子正是从这一思想出发，认为治国安民，要反对"有为而治"，而主张"无为而治"。在他看来，"为无为，则无不治"，"圣人无为故无败，无执故无失"，圣人"无为而无不为，取天下常以无事；及其有事，不足以取天下"。老子把"无为"看作圣人"取天下"和"治天下"的手段，并且认为"我无为，而民自化；我好静，而民自正；我无事，而民自富；我无欲，而民自朴"。中国西汉王朝、盛世大唐等封建王朝建立之初，大多选择"无为而治，休养生息"，从而奠定了中国封建社会历史上的汉唐盛世。

现代化过程中，无论是在产业技术雏形初现时管理上的放任发展，还是家国缔造与繁荣时治理上的无所作为，尽可能减少市场、社会发展的束缚与羁绊，为经济、社会、家国发展留足拓展的空间，可能促使国家经济社会得以充分发展。但是，我们不能无限耐心地坐等市场缓慢的发育与成熟，坐等城市乡村漫无天日的自由发展与完善。

（二）有为

在中国古代道家哲学中，有为指目标锁定，有所作为，拼搏有为。实践中的主体无不依赖于条件，随条件的变化而判断与选择，巧借因缘时运集聚和合而顺利成功。在这里，道家强调顺其自然，在合适的时间、合适的地点，以适合的方式做合适的事，遵循因果相连的自然定律。但是，当今国际社会中的现代化，是一个极其复杂的发展过程，一些国家已经完成了现代化的发展过程，甚至已经完全步入后现代化社会，但是还有大量的国家与民族仍在夙兴夜寐、只争朝夕地致力于现代化的实现。国际社会中风行一个定律——落后就要挨打，这似乎是亘古不变的定律，即便现代社会中定律不再那么必然，但是国际竞争的丛林法则不可否认。这对大多数国家和民族来说，就需要思考怎样缩短与发达国家的差距，更快实现现代化的路径和方法，考量本民族现代化的优势与劣势，以及怎样巧借东风更快发展。很显然，在尊重客观规律的基础上，发挥实践主体的主观能动性，弘扬所长、规避所短、趋吉避凶、规避风险，也就成为自然而然的选择。

任何事物都存在积极与消极、吉泰与凶险两方面，选择以无为的方式对待和处理，就可能是收获损益各半，如果选择尊重规律、奋发有为，就可能有更多的收获。因为这里有为既不是蛮干，也不是盲目地出手，而是趋吉避凶、化险为机的行动与活动。正像上文提到的现代化中自由市场经济建设一样，虽然我们明确市场配置资源的积极能量，但是也必须清楚市场的消极和负面影响：1. 妨碍先进技术的推广，阻碍社会生产的发展。因为首先采用先进生产技术和经营管理办法，提高劳动生产率的商品生产者，为了保持技术优势和竞争优势，往往会限制技术的传播与扩散，绝不慷慨地外授经营的诀窍，这就在一定程度上阻碍了生产的发展。2. 导致商品生产者的两极分化，一部分具有有利条件的生产者可能积累大量的财富，而一部分处于不利地位的生产者可能亏损甚至破产。3. 自发调节社会资源在社会生产各个部门的配置，可能出现比例失调的状况，造成社会资源浪费。市场的负面影响既然如此，还有谁能视而不见、听而不闻、听之任之？弘扬市场作用的积极方面，规避或化解市场作用的不良方面，也就成为自然而然的事情。

当然，在提升国家治理体系和治理能力现代化的过程中，选择积极面对问题而不是简单回避，选择积极化解问题而不是坐等时光流逝，决定了在"无为"与"有为"之间的平衡，这更多是对纵横四海、执掌乾坤之生命智慧的考量。当然，这样的智慧却直接决定了受众获得惠益的程度，主体的获得感、幸福感、安全感、满足感，以及可能的郁闷、幽怨、不平、不公，甚至直抒胸臆的诉求、抵制或反抗。

第三节 现代化中的欣喜与纠结

在现代化发展过程中，无论是新兴工业对原来主导性的产业农业的代位，还是社会从乡村社会向城市社会的发展，抑或法治社会对人治社会的替代，或者社会结构上多点多层面的变化，总之，现代化是一个快速的连续的系统的否定与发展的过程，是一种新的生产方式、生活方式、治理方式、思维方式替代与建构的过程。正是由于现代化的唯快不破，使得现代化与传统进行了快速的诀别，在较短的时间内就赢得了人们对现代化的肯定。当然，也正是因为现代化的快速推进，也就难免泥沙俱下，伴生不少实际问题，而且往往纷纭而出、接踵而至，令人目不暇接、眼花缭乱，令人欣喜不已、感慨不已、纠结不已、不安不已。

一、效率与公平

在新技术的影响之下，现代化发展势如破竹，让人们对现代化寄予更多期待与希望。现代化总是机遇与风险并存，机遇固然令人惊喜，而高风险却又不期而遇，增加了社会的治理成本，成为制约社会分配的关键，这必然引发效率与公平的内在纠结。

（一）效率与公平的内涵及其关系

1. 效率与成本

效率就是人们在实践活动中的投入与产出的比值或比例，体现的是生产成本与产出收益之间的内在关系。如果比值或比例较大，意味着效率与产出或收益成正比，而与成本或投入成反比。也就是说要提高效率，必须降低成本投入，提高效益和产出。在生产生活学习实践中，人们把投入少收益高称为事半功倍，相反把投入多而回报低称为事倍功半。无论怎样的效益性活动，一定的资源投入方能有一定的回报或收益，低投入低回报，高投入高回报，没投入则没回报。当然实践中也存在有投入没回报、高投入低回报的情况，这就意味着资源的损耗或有效利用率低的问题。

2. 公平与分配

公平是指处事中正平和，不偏不倚，也指按社会标准（法律、道德、政策等）、正当程序待人接物。公平内含公民参与经济、政治和社会其他生活的机会公平、过程公平和分配公平。由于机会公平要靠法律保障，也就是护卫资格平等，而过程公平更为复杂，既要靠参与者主观努力，又要靠裁决者中正平和，还要防止其他因素导致不公，因此这里将公平主要定位于分配公平。合理的收入分配制度是社会公平的重要体现，能够确保社会成员之间的收入差距不至于过分悬殊，使人们的基本生活需要得到保障。这就需要保证居民收入在国民收入分配中的合理比重，劳动报酬在初次分配中占合理比重，着力提高低收入者的收入，逐步提高最低工资标准，建立企业职工工资正常增长机制和支付保障机制。同时，在再分配中更加注重公平，是实现社会公平的另一重要举措。政府要调节收入分配，保护合法收入，调节过高收入，取缔非法收入，通过强化税收调节，把收入差距控制在一定范围之内，防止严重的两极分化，努力实现公平分配。

3. 效率与公平的辩证关系

效率是公平的前提和基础。不以效率为基础的公平，或者没有效率为基础的公平，不是褒奖勤奋，而是助长懒汉，必然导致平均主义，招致生产效率低下。相反，公平是提高经济效率的保证。这表现为相对公平的利益分配，使得劳动者能够产生充分的获得感，激发劳动者发展生产的积极性，提高生产和发展的效率。这种效率经过集聚荟萃，形成社会发展的整体效能。正像恩格斯指出的那样，社会效能就是这样创造的："最终的结果总是从许多单个的意志的相互冲突中产生出来的，而其中每一个意志，又是由于许多特殊的生活条件才成为它所成为的那样。这样就有无数互相交错的力量，有无数个力的平行四边形，由此就产生出一个合力，即历史结果。而这个结果又可以看作一个作为整体、不自觉和不自主起着作用的力量的产物。因为任何一个人的愿望都会受到任何另一个人的妨碍，而最后出现的结果就是谁都没有希望过的事物。所以截至目前的历史总是像一种自然过程一样地进行，而且实质上也是服从于同一运动规律的。但是，各个人的意志——其中的每一个都希望得到他的体质和外部的、归根到底是经济的情况（或是他个人的或是一般社会性的）使他向往的东西——虽然都达不到自己的愿望，而是融合为一个总的平均数，一个总的合力。然而，从这一事实中绝不应得出结论说：这些意志等于零，相反地，每个意志都对合力有所贡献，因而是包括在这个合力里面的。"① 社会效能本身就是个体在社会的整体中实现公平权利的具体表现。公平激发的一个个单个效能，形成意志力量的四边形，集聚成为社会的整体效能，这是公平作用的彰显，也是社会公平的现实。

（二）效率与公平的平衡不易

由于效率和公平在社会实践中具有强相关性，两者相互联系、相互制约、相互影响，决定了处理好两者之间的内在张力有着重大的价值和意义。然而，两者的内涵、指向以及导向有着很大不同，两者的协调与平衡考验着治国理政的经验和智慧。

1. 效率与公平的平衡

（1）低效率低公平

这种情形主要表现为社会财政收入不足，缺乏资金进行投入，生产大受影响，物质财富创造水平较低。生产创造水平不高，自然入不敷出，社会很难提供丰富的生活资料满足社会成员对高水平物质生活的追求。这种低效率对民生造成的影响是整体工资收入水平不高，收入差距较大。在这种状态下，衡量一个国家或地区居民收入差距的基尼系数就会高居不下，收入分配极不公平。与此同时，在家庭和个人收入的整体消费方面，食品方面的支出多，其他方面的消费很弱，表明国家和社会整体贫困。如果生产与消费模式不变，国家和社会整体贫困的形势仍将持续。

（2）高效率高公平

这种情形表现为社会财政收入充盈，投入资金充足，生产开足马力，物质财富创造水平高。生产创造水平高，收益源源不断，社会可以提供丰富的生活资料满足社会成员对高水平物质生活的追求。这种高效率对民生社会的影响，塑造了这样一种生活模式，高工资高消费，谁也不比谁生活水平差。

---

① 中共中央马克思恩格斯列宁斯大林著作编译局. 马克思恩格斯选集：第4卷 [M]. 北京：人民出版社，1995：697.

在这种状态下,衡量一个国家或地区居民收入差距的基尼系数趋于平衡,收入分配比较公平。在家庭和个人收入的消费方面,用于食品方面的支出少,其他方面的消费是主要部分,表明国家和社会的殷实富裕。

2. 效率与公平的失衡

(1) 高效率低公平

这种情形表现为社会财政收入满意,资金投入有保证,生产开工率足,财富创造偏高。生产创造水平高,生产获益也比较满意,收入多用于扩大再生产,社会为成员供给的生活资料有限,人们对宽裕而美好生活的追求受限。这种模式对民生社会的影响为低工资低消费,消费对生产的正向作用差。国家或地区居民收入差距的基尼系数高,收入分配不公。在家庭和个人收入的消费方面,用于食品方面的支出多,其他方面的消费少,社会发展可持续性差。

(2) 低效率高公平

这种情形表现为社会财政收入差,资金投入没有保证,财富创造水平偏低。社会生产获益不满意,扩大再生产能力低,社会为成员供给的生活资料受限,人们有什么生活过什么生活,大家高度平等。这种模式对民生社会的影响表现为低工资低消费,消费对生产带动作用差。国家或地区居民收入差距的基尼系数不高,收入分配高度公平。在家庭和个人收入的消费方面,用于食品方面的支出远远高于其他方面的消费,社会发展可持续性差。

从理论上研究,效率与公平的模式主要有以上四种,能够持续性发展的,一定是符合社会成员普遍愿望的。在实际生活中,一个社会的效率与公平不是不愿意选择理想的模式,而是社会生产与消费的现实决定了选择的无奈。任何国家和社会在条件具备的情况下都将走向高效率高公平的发展方向。

(三) 现代化中效率与公平的摩擦与冲突

关于效率与公平,多为理论上的逻辑演绎,而现代化过程中社会的效率与公平实际上是一个动态的演变过程。一般以一年一度或连续多年为衡量单位,这样社会的效率与公平就表现为一种模式的反复修正过程,或从一种模式向另一种模式的过渡,抑或表现为几个模式的综合。在此对效率与公平进行观察,会发现摩擦与冲突非常普遍。

1. 适应性差异下效率与公平的冲突

在现代化过程中,各个部门的现代化程度存在差异性,现代化程度较高的部门适应性水平较高,生产效率高,能够在现代化进程中尽快地获得利益,而较为传统的部门在现代化中适应性较差,生产效率低,获得利益水平较低,认为社会不公,容易转换成为传统部门对较为现代化部门的不满,导致传统的部门与较为现代化部门的实际摩擦。基于这种情况,社会要么置之不理,任由市场进行优胜劣汰,要么在肯定适应性的前提下,对传统部门进行适应性的财政补贴,帮助其尽快具备现代化的要求与资格。

2. 先决条件下效率与公平的差序安排

对经济基础较差的社会来说,现代化过程中不得不优先重视效率问题,毕竟效率意味着社会财富的快速增加,也为社会公平特别是收入平等化创造条件。当然,由于基础薄弱的缘故,也不得不加大积累,扩大再生产,致使分配只能后续考虑。在这种情形下,优先考虑效率,其次安排分配公平,这是由基本国情或阶段性国情决定的。当然,若是能够在平等中注入更多的合理性,在效率中注入更多的人道主义安排,可能更容易得到社会成员的认可。正像美国经济学家阿瑟·奥肯(Arthur M. Ukun)在分析效率与公平时指出的那样,"对于效率的追求,不可避免地产生出各种不平等。在平等与效率之间,社会面临着一种选择,如果平等和效率两者都有价值,而且其中一方对另一方存在绝对的优先权,那么在他们冲突的方面,就应当达成妥协,作为另一方的更多地获得的必需手段,无论哪一方面的牺牲,公正都是必要条件"[①]。

总之,效率与公平是现代化过程中必然面临的一对矛盾,效率高低公平状况都将对现代化的发展产生重要影响,把握好效率与公平的内在张力,特别是实现两者之间的协调与平衡,确保两者之间的相互促进,而不是两者之间的相互戕害,否则就可能直接影响生产与分配,乃至于影响现代化的实现进程。或者直接刺激和引发社会成员的愤懑与诉求,特别是激发社会成员的政治参与,这无疑是对治国理政者智慧与文明的重要考验。

二、速度与质量

实际上,现代化过程中关于发展的速度与质量始终是众口难调,因为大家对速度与质量的各自理解存在差异,而且两者之间的平衡委实很难把握,有时候发展速度虽快却质量不高,有时候挑剔质量却造成速度下降。使现代

[①] 奥肯. 平等与效率:重大的权衡[M]. 王忠民,黄清,译. 成都:四川人民出版社,1988:6.

化发展的速度与质量恰到好处地匹配与平衡,是现代政治生活中棘手的问题。

(一)速度与质量的内涵及其相互关系

1. 速度与质量的内涵

(1)速度。物理学中用速度来表示物体运动的快慢和方向。速度在数值上等于物体运动的位移距离跟发生这段位移所用时间的比值。现代化的速度讲的是现代化发展的快慢和方向,现代化的速率是现代化远离传统的距离或开拓发展的深入程度与所用时间的比值。现代化发展的速度和现代化的驱动力以及其中主体对现代化的态度和投入程度,甚至传统对现代化的羁绊程度有着高度的强相关性。

(2)质量。在物理学中质量是度量物体平行移动惯性大小的物理量。生活中我们所说的质量表达的是产品或工作的优劣程度,尤其是满足人们需要的状况。现代化的质量讲的是现代化发展与人们对现代化的设计与期盼的契合程度,以及现代化发展中令人失望和不满的状况。

2. 现代化速度与质量的关系

现代化的速度和质量是相互区别的,速度和质量因发展而联系在一起,速度说的是快慢,质量说的是符合设计与期望的程度,两者存在引起与被引起的关系,不容颠倒。

现代化的速度和质量是相互联系、相互影响、相互依存、相互贯通的。一方面速度和质量相互依存、互为存在前提;另一方面两者相互贯通,在一定条件下可以相互转化。但是,两者之间也存在排斥与分离的倾向,表现为速度对质量的遗弃,或质量对速度的愤怒。当然,两者之间也可以表现为相互渗透,发展速度中保持质量的稳定或增长,在质量中凸显速度的敛放自如。

(二)现代化中速度与质量协调的不易

现代化原本是以先进技术的弘扬为特征,以大工业的快速推进为指向,彰显唯快不破的速度优势。但是,由于现代化发展的质量优劣,尤其是对人们生活质量与环境的影响,成为对现代化速度杯葛与质问的源头,这就衍生出了现代化发展的可持续性问题——应如何实现现代化中速度与质量的协调。

1. 追求速度不顾质量

现代化的发展必然存在资源的大量开采与使用,从而创造出大量供人类享用的生产资料和生活资料,但是人类在现代化中一味地拔高饥食渴饮的需要，只是贪婪于眼前需要的满足，而不顾以后的发展乃至子孙后代千百年的持续发展，那就有可能招致自然对人类的报复，这就是现代化发展中人与自然和谐共生的质量问题。恩格斯曾经指出，第一次科技革命带来的现代化"所创造的生产力，比过去一切世代创造的全部生产力还要多，还要大。自然力的征服，机器的采用，化学在工业和农业中的应用，轮船的行驶，铁路的通行，电报的使用，整个大陆的开垦，河川的通航，仿佛用法术从地下呼唤出来的大量人口，——过去哪一个世纪能够料想到有这样的生产力潜伏在社会劳动里呢？"① 现代化的能量以及发展的速度令人震撼、令人惊诧，让人为现代化高声点赞与诚心称道，人类在笃信人定胜天的同时，可能难以顾及思考人与自然的关系究竟应当是征服还是和谐相处。我们"不要过分陶醉于我们人类对自然界的胜利。对于每一次这样的胜利，自然界都对我们进行报复。每一次胜利，起初确实取得了我们预期的结果，但是往后和再往后，却发生完全不同的出乎预料的影响，常常把最初的结果又消除了"② 。恩格斯关于人与自然关系的判断与忠告，同样适用于现代化中追求速度不顾质量的选择和倾向。

2. 不唯速度质量至上

民间有句俗语是慢工出细活，细活出精品，寓意不能急于求成，欲速则不达，精雕细刻才能做出完美的产品。固然，上乘的质量需要生产和制作时间的打磨，时间的充裕才能酝酿出上乘的质量。在生产与生活节奏缓慢的自然经济社会中，尤其是在生产分工以及规模化都不具备的岁月里，农业生产很无奈地靠天吃饭，手工产品的质量完全取决于能工巧匠的精雕细刻。在现代社会，大机器生产以及社会化大分工的出现，使得生产和发展速度极大提升，精细分工特别是数控技术使得生产质量颇为可靠，也就是说现代化过程中，发展的速度有可靠的技术保证，发展的质量有精细分工的保障。不唯速度，质量至上，显然与现代化也不协调。

3. 速度与质量的共时共赢

现代化的速度与质量虽然是有区别的，但也是相互联系、相互渗透、相互贯通的，在统一的层面上，两者可以实现协调与共赢。我们说过，现代社

---

① 中共中央马克思恩格斯列宁斯大林著作编译局. 马克思恩格斯选集：第2卷 [M]. 北京：人民出版社，2009：256.
② 中共中央马克思恩格斯列宁斯大林著作编译局. 马克思恩格斯文集：第9卷 [M]. 北京：人民出版社，2009：559-560.

会机器大工业的推进以及社会化大分工的存在，使得现代化的生产和发展速度很难缓慢进行，而社会分工的精细化尤其是数控生产技术的应用，使得生产的效率和发展的质量颇为上乘。也就是说现代化发展的速度有可靠的产业技术保证，发展的质量有精细分工和数控技术的保障。除了生产领域速度与质量的平衡之外，经济与政治、社会等之间的内在张力也保持着理想的共时共赢的模式，不过说起来简单，执行起来颇为困难，毕竟存在试错的过程。如此整个社会的现代化不仅可以有理想的速度，而且也可以有理想的质量，现代化发展的速度与质量完全可以协调共赢。

（三）现代化中速度与质量处理的遗憾

继德国学者提出生态现代化理论、再现代化理论等之后，中国科学院研究员何传启提出了"第二次现代化理论"：从18世纪到21世纪末的世界现代化进程包括第一次现代化和第二次现代化两大阶段。第一次现代化指从农业时代向工业时代、农业经济向工业经济、农业社会向工业社会、农业文明向工业文明的转变过程及其深刻变化，其特点是工业化、城市化、福利化、民主化、世俗化等。第二次现代化指从工业时代向知识时代、工业经济向知识经济、工业社会向知识社会、工业文明向知识文明的转变过程及其深刻变化，其特点是知识化、分散化、网络化、全球化、创新化、个性化、生态化、信息化等。

乾隆年间，大清自认为天下第一、物质资源充裕、技巧天下无敌，无须互通有无，拒绝海外新技术，中国错过了第一次工业革命。洋务运动、戊戌变法的失败，使得中国技不如人、形而上的制度变革等一再流败，晚清政府执掌下的中国再次错失追赶世界现代化的机会。革新图变的辛亥革命在炮响之后虽然取得了初步的成功，却终究未能避免成为逆流摧残下的不结果的花，使得多少远见卓识者对于中国现代化的设想流于空置。日本侵占中国东北以及后来的全面侵华战争，使得中国大部分省市被日本侵华铁蹄践踏蹂躏，直接伤亡人数数千万，经济损失数千亿美元。1991年我国国务院发表《中国的人权状况》，该文指出日本全面侵华战争期间（1937—1945），中国有930余座城市被占领，直接经济损失达620亿美元，间接经济损失达5000亿美元，给中国造成巨大的物质、文化、财产、人口损失，延缓中国社会现代化进程半个世纪以上。[①] 党的十一届三中全会召开后，改革开放的一系列重大举措大大加快了中国经济社会现代化发展的进程。现在，中国的综合国力大为增强，

---

① 国务院新闻办公室. 中国的人权状况 [N]. 光明日报，1991-11-02 (3).

与欧美的相对差距迅速缩小,但是中国改革开放几十年的崛起虽是迅速崛起、全面崛起、全方位崛起,但也存在着沿海与内地发展的不平衡、经济与社会发展的不协调、生产资源的生产与消费及生产能力与资源环境的承载不相协调的问题。"在欧洲和美国,现代化进程已经持续了几个世纪,在一个时期内一般只能解决一个问题或应对一项危机。然而,在非西方国家的现代化进程中,中央集权化、国家整合、社会动员、经济发展、政治参与以及社会福利等诸多问题,不是依次,而是同时出现在这些国家面前。"[①] 这意味着在现代化发展中,尤其是一系列问题喷涌而出时,容易出现顾此失彼、左支右绌,在发展的速度和质量问题上协调与平衡十分的不易。

不过,有问题不可怕,因为问题的出现与解决问题的方式方法总是相伴而生的,可怕的是对问题的置若罔闻、视而不见,或者回应问题解决的方式方法心猿意马、南辕北辙,抑或回应和解决问题的严重迟滞,这就有可能导致现代化发展的良机错失,抑或招致利益受损群众的不满与愤懑。

三、经济增长与社会发展

经济与社会是内涵不同,但又必然相连,决定了两者之间既有区别又有联系,也就顺延了经济增长与社会发展之间的关系。社会发展的背后必然有经济增长的支撑,虽然社会发展需要诸多因素的助力,但是经济增长是必不可少的因素之一。可经济增长却又未必带来社会的发展,因为,其中至少存在两个不确定因素,其一是支持经济增长的自然资源与生态环境的可持续性问题;其二是经济增长的效率不会自动指向公平分配,也就很难直接指向社会公平,这既影响社会主体的积极性,又反过来制约经济的增长。

(一)经济增长与社会发展及其相互关系

1. 经济增长与社会发展的内涵

经济增长通常指在较长的时间范围内,一个国家人均产出(或人均收入)水平的持续增长。在一定时期内经济增长体现了一个国家或地区经济总量的增长速度,也是衡量一个国家或地区总体经济实力增长速度的标志。决定经济增长的直接因素主要有投资量、劳动量、生产率水平。一个国家当年国内

---

① 亨廷顿. 变革社会中的政治秩序 [M]. 李盛平,杨玉生,等译. 北京:华夏出版社,1988:47.

生产总值对比往年的增长率，可以更直观地反映经济的增长水平。

社会发展通常指整个社会前进性的上升性的运动，整个社会由低级向高级的发展过程，也包括特定社会自然地理环境的优化、人口素质的提升以及物质生活生产方式的更新，乃至人们经济生活、政治生活和精神生活等全部社会生活的改善与提升。

2. 经济增长与社会发展的辩证关系

经济增长就是经济产出水平的持续增加，社会发展就是社会生活各个方面的更新与改善，都有着有别于对方的内在规定性。但是，由于两者都被涵盖于社会生活之中，都是整个社会不可或缺的一部分，而且社会发展与经济增长存在直接的强相关性，也就是说生产力和生产关系的变化和发展，引发了社会经济的变化，进而带动了社会的政治生活、精神生活和文化生活的变化。因此，经济的增长可以带动社会的发展。

当然，经济的增长未必能够全然带动社会的发展，在发展更多看重代表经济体量的 GDP 时，决定经济增长的投资量、劳动量、生产率三大直接因素中，前两大因素可能更被倚重，经济增长背后的资源环境、生态状况、空气、阳光等因素就可能受到忽视，这样的社会发展必然是非系统的、不全面的、不平衡的前进与变化。换句话说，社会系统全面平衡的发展，不仅反映了经济的增长，更为重要的是营造了经济良好发展的环境和氛围，推动和促进经济健康持续的发展。因为，这背后是经济生活、政治生活、精神生活的积极与自觉，在分享经济增长惠益的同时，更重要的是为经济的可持续发展进行自觉的规定与把持。

（二）经济增长与社会发展处置的失当

经济增长意味着社会财富的增加，这为社会发展提供了可能的物质基础，社会发展与经济增长存在直接的强相关性。反过来，社会全面的系统的均衡的发展，为经济增长提供了良好的发展氛围，促进经济又好又快的可持续发展。显然，经济增长与社会发展的协调与平衡是治国理政过程中最佳的选择。

然而，社会实践中经济增长与社会发展存在前后相继的因果联系，这就使得执牛耳者在现代化初期往往对经济增长倍加关注，对资本、技术等直接促进生产力发展的因素倍加呵护，而对社会发展尤其是社会公平、正义等的重视却心有余而力不足。这就可能出现阶段性对社会发展关注不够的问题，而社会问题严重到影响经济的持续增长时，方才悔悟对社会发展进行亡羊补牢式的补救。这种情况在现代化国家以及追赶型现代化国家的发展过程中，都存在诸多的历史掌故。如英国在现代化过程中，备加关注经济的增长，看轻了人类环境对生态环境的破坏，当泰晤士河受到严重污染，严重影响民众生活和社会形象时，政府当局不得不投入上亿英镑进行治理，方才再现了泰晤士河昔日水流清澈、碧波荡漾、鱼翔浅底的景象。或许经济增长的收益远抵不上污染治理的投入，但是经济增长中的短视与急功近利，往往无视社会发展的共时、同步或协调，悔不当初时就不得不承受惨重的代价与付出。

如果说经济增长与社会发展的同步性或协调性不足引发的仅是生态环境问题，那么生态环境的再造也不过是背负了公共投入的包袱而已。实际上空气污浊、厄尔尼诺、穷山恶水等自然现象的背后是民众生存发展的空间受限以及生活状况的恶化，是生存与发展的幸福与安康的舒心程度下降，这可能刺激与引发民众的焦虑、忧郁、民怨、民愤、民变，岂能不引起政府与民众的严重关切？

四、小结

现代化令人欣喜，因为现代化带来了财富的丰裕，带来了社会的发展，带来了生活相对的宽裕；现代化又令人愁肠百结，因为现代化中的分化与整合、断裂与传承、分层与流动、效率与公平、速度与质量、经济增长与社会发展、有为与不为，让生活其中的人们倍加矛盾纠结、忧患不安，可谓得也忧、失也愁，令人亦喜亦忧、得不安食、失不安寝。这种矛盾耦合令人怀疑日思夜想实现的现代化是不是一种陷阱，这种纠结与不安令人想摆脱却又难以全身而退，很自然地让人想起那句话，现代化就是一柄锋利的双刃剑。

第三章　现代化中的社会动员与政治参与

现代化不是浅尝辄止的发展，也不是一蹴而就的结局，而是一个长期的发展过程。在这一历史发展过程中，现代化的产业技术、生产方式、生活方式抑或价值理念，以及谋新谋变的涌动与持续改革，对国家、社会、市场既有利益平衡及其机制形成催化反应。由于经济发展的速度赶不上现代化的社会动员，结果造成社会成员心理的创伤，社会水平的垂直的流动机制若不能充分地慰藉或弥补社会成员的心理挫折感，就可能激发社会成员挺身而出的政治参与。政治参与并不是百无一是，但是当制度建构的速度赶不上政治参与的速度时，就可能出现社会的失序与动乱。

现代化的发展可能表现为力量积蓄、打破宁静、活力喷涌，而现代化发展力量积累的过程又需要不容叨扰的聚精会神、一心一意，无论是政府主导型的现代化，还是自由放任主义的现代化，都存在民众把现代化中的风险与不安归咎于政府的现象，怪罪于追赶型现代化的国家政府采取的"一揽子"政策和制度的不尽合理之处，对自由主义现代化中市场自由调节可以规避的悲惨与不良政府却干预不多。面对现代化中民众的不适，是置若罔闻、任由其挣扎，还是施以援手、厚爱生民，这就是现代化对各国党政的严峻考验。民为邦本，本固邦宁，东方"敬天保民"思想的传承与发展，在新时期升华为"人民至上"，并缔造为"群众路线"，形成了纾解民生民情的常态化制度和机制，极大地缓释与纾解了现代化中民众不适的紧张情绪和心理压力。

第一节　现代化中设计与改革的主导不同

现代化无论是工业化、社会转型、综合变化，都是一个以变革促进发展、以革新带动升级换代的过程，这使得整个社会要么彻底地破除陈腐规章制度的束缚，代之以全新的系统的全方位的制度框架；要么积极地研究社会现状和态势，规划渐进性改革的方案，有计划、有步骤地推动改革，不时主动地适应现代化发展的需要，深刻地疏浚或畅通已有的社会发展机制，为现代化发展创造更为广阔的时空。

一、政府主导型

改革就是在现有的体制内，对已有的生产关系、上层建筑做局部或根本性的调整，是同一种社会形态发展过程中的量变和部分质变。无论是积极主导的改革还是倒逼应景型改革，无论是积极疏导还是无奈腾挪，都将导致改革的初衷或改革的结局存在很大的差异性。

（一）政府主导型的含义

在现代化过程中，政府主动发起，推进体制改革，积极培育市场体系，完善市场法治建设，推进工业化、城镇化（城市化）、信息化的进程，并确保经济得以较快、平稳、有质量的发展。政府主导型改革既是中国改革开放的重要特征，也是东亚经济崛起的重要成因。

（二）政府主导型的特征

政府就是治理中央事务和地方事务的机构与组织。"政府主导"凸显了政府积极指导、引领、推进和服务的过程，主要限于提供公共产品和公共服务，不涉及经营性领域。政府主导型改革的特征往往与政府的初心、格局、拥有的资源、人才等联系在一起。

1. 前瞻性。前瞻性就是指政府主导型改革的预见性。政府以战略眼光审视经济社会发展的大势和大局，审慎分析国际国内的机遇和挑战，准确预判和分析不利环境和有利条件，从而未雨绸缪、高瞻远瞩、系统谋划、趋利避害，赢得发展的主动权。

2. 长远性。长远性就是政府主导型改革充分发挥主观能动性、积极性和创造性，在事关经济社会发展的远景规划和宏观谋略上，在照顾当前利益的基础上，力求谋取长远利益和整体利益，彰显了改革设计的整体性、全局性和长期性，善于把握事物发展的总体趋势和方向。

3. 规划性。规划的本意由"规（法则、章程、标准、谋划，即战略层面）"和"划（合算、刻画，即战术层面）"两部分组成。规划具有长远性、全局性、战略性、方向性、概括性和鼓动性。政府主导型改革具有规划性、方向性、鼓励性、全局性的明确特征。

4. 指导性。政府主导型改革只规定方向，提出一定的意见或建议，不靠国家强制力贯彻执行，有关执行单位可以适当变通，在主题不变的前提下丰富和发展，具体操作由基层在干中学、学中干、边干边学、边学边干，把完美的顶层设计与基层的"摸着石头过河"结合起来。

（三）政府主导型改革的价值维度

"政府主导型改革"一般是相对落后国家为追赶先进国家，借助政府力量而提出的战略思想和发展模式。德国在19世纪初开始工业化时，比英、法等国家晚了将近一百年，为了追赶英法国家，德国历史学派代表人物李斯特提出了国家主义理论以应对英法古典派"自由放任"理念下推行的"世界主义"，主张实现政治统一以建立统一的国内市场。[①] 二战后，战败的日本和东亚不发达国家与地区大都采用"政府主导"的经济发展战略，先是日本经济崛起，继之"亚洲四小龙"腾飞，接着中国和东盟国家也采用"政府主导"战略来推进现代化建设。世界银行在1993年发表的《东亚经济的奇迹》研究报告中，把东亚经济的崛起归功于政府经济政策的灵活性和主导性。日本经济学家青木昌彦在《政府在东亚经济发展中作用》一书中提出所谓"市场增进论"，不把政府和市场视为互相排斥的替代物，认为政府的作用在于促进或补充民间部门的协调职能。[②]

1. 政府主导型改革可以弥补"市场失灵"，特别是市场经济发展中的盲目性、自发性、自利性、滞后性。以有形之手弥补无形之手的缺陷，来填补市场的不足，但绝不有损于市场机制发挥其合理配置社会资源的基础性作用。

2. 政府主导型改革彰显了主观能动性的发挥，在审视经济社会发展的大势和大局中，审慎分析面临的机遇和挑战，准确分析不利环境和有利条件，审时度势，趋利避害。改革具有长远性、全局性、系统性、战略性、方向性。

3. 政府主导型改革在发展过程中，无论面对成功还是失败，只要科学、合理，胜不骄败不馁，永远谦虚谨慎、戒骄戒躁，始终保持坚强的意志和十足的干劲，永远以饱满的精神和充沛的精力面对现在和未来。

---

① 森哈斯，梅俊杰. 弗里德里希·李斯特与发展的基本问题［J］. 国外社会科学前沿，2019（12）：57-65.
② 伍装. 权力经济的发展逻辑［M］. 上海：上海财经大学出版社，2005：133.

二、自由主义经济

（一）自由主义的含义

在经济上，自由主义就是无干涉主义，主张除了保证最低的、绝对必须的基本保障，如保护生命财产、维持签约的自由等之外，政府不对经济生活施加任何干预。在18世纪，重农主义的字典和手册里首先使用这一概念，旗帜鲜明地反对政府对贸易进行干涉。到了19世纪早期和中期，自由主义成为自由市场经济学的同义词。自由主义反对政府对经济的干涉，并且反对政府征收除了足以维持和平、治安和财产权以外的税赋。

20世纪30年代，凯恩斯的国家干预主义在国际社会中逐渐占据上风，不过经济自由主义的思想和理念终究没能熬过花无百日红的铁律。到了70年代，面对经济"滞涨"的局面，凯恩斯主义因胸中无竹，手足无措、计无所出，资本主义世界又纷纷回头掀起了新的自由主义经济思潮。

（二）新自由主义的主张

新自由主义认为生产资料私有制是一切经济活动的前提，特别是市场经济中一切活动的前提；交换和市场的自发运行有充分的效率；自由贸易是最好的外贸政策。新自由主义坚决反对政府的过多干预。

在自由主义经济发展上，亚当·斯密主张实行完全的自由放任政策，新自由主义一般都主张在保留国家干预的前提下，放任经济的自由发展。自由主义经济主张限制政府在经济事务中的操控力度，让市场机制发挥调节资源的作用。自由主义经济倡导明晰界定和保障财产的权利，强调有恒产者有恒心、无恒产者无恒心；反对通货膨胀，认为通货膨胀永远是潜在的大敌，因为垄断了发钞权的政府，往往难以抑制通过发钞来征敛财富的冲动；反对财政赤字并主张减税，认为政府赶不上私人精明；反对创造就业的政策，认为强行设置的工作岗位会造成社会更大的浪费；反对产业扶持政策，认为政府无法确定什么是值得扶持的行业和企业，真正值得扶持的，恰恰是那些无须扶持就能健康发展的产业。除此之外，他们还反对价格管制，认为只有让价格充分自由的浮动，才能避免资源浪费；反对贸易保护，认为分工和贸易不仅对富国有利，对穷国也一样有利；认为钞票投票更能反映主观意愿，民主投票方式不能代替钞票投票，认为选票难以准确反映选择的意愿与倾向，民主选举只是避免交易费用过高的权宜之计，实施过多的民主投票，反而会导致更多的社会损失。

（三）新自由主义的特征

1. 在经济理论方面。新自由主义者继承了古典派经济理论的自由经营、自由贸易等思想，并且走向极端化，大力鼓吹和宣传"三化"思想。一是自由化，他们认为自由是效率的前提，多元主义是社会发展的基础，对所有的人都强加一个标准，必然导致社会的裹足不前。二是私有化，他们认为私有制是社会发展的动力，也是人们乐意劳作的根本，个体私欲撬动和成就了经济社会的发展。三是市场化，他们认为离开了市场就谈不上经济，没有市场就无法有效配置资源，没有经济的充分自由就没有发展，对国家干预进行歇斯底里地无理由反对。

2. 在政治理论方面。新自由主义，特别强调要坚持"三个否定"。一是否定公有制。几乎所有的新自由主义者都认为，集体化的范围扩大之后，经济将变得更糟，而不是更好，生产效率不是提升，而是更加低下，因此不能搞公有制。二是否定社会主义。在新自由主义者看来，社会主义就是对自由的限制和否定，必然导致集体极权主义，把理性推到至高无上的地位，却以毁灭理性而告终。三是否定国家干预。在新自由主义者看来，自由市场是经济成长的最优环境，任何干预都不利于经济的自由发展，国家干预就是打着集体主义的旗帜，对市场的自由活力进行限制，这只能造成经济效率的低下或流失。只有在市场完全失灵时，政府才有介入和干预市场的必要性。

3. 在战略和政策方面。新自由主义者极力鼓吹以超级大国为主导的全球一体化，他们认为人类经济社会发展的自然的历史的趋势，就是全球经济政治文化的一体化。他们不是一般的鼓吹经济全球化，而是着力强调以超级大国为主导的全球资本主义化。他们站在垄断资本的立场上，极力地美化资本和市场的力量，把市场力量绝对化、神圣化、永恒化、唯一化，并且极力掩饰全球化过程中资本的张狂与矛盾的冲突。他们认为，全球化下贫穷国家降低投资和贸易的门槛，将吸引资本和技术的大量流入，有助于缩小与发达国家之间的发展差距。他们有意淡化了全球化的双刃剑作用，特别是导致本土文化的内涵与自我更新能力逐渐模糊与丧失。

（四）自由主义应用改革的流弊

东亚国家在奔赴现代化的改革过程中，关于国家干预主义和自由放任主义的争论从来就没有中断过，历史发展到今天，也就坚定了自己所选择的制度自信，以及走自己选择道路的自信，因为自由主义的流弊或无干预主义的弊端已经人所共知。

1. 助推贪婪掠夺。自由主义者主张交换和市场的自发运行，并且认为唯有如此才最有效率。这种思想主要用于经济改革，就是经济贸易的自由运行，其结果是助推了人性的贪婪，造成了生产和贸易上的丛林主义，域内疯狂掠夺资源，生产无序扩张，必然导致生产与消费的高度紧张。域外推行不公平贸易，掠夺其他国家的资源，导致国际关系紧张，甚至因经济贸易而引发区域冲突或国际摩擦。

2. 加剧贫富分化。认为只有市场才能解决经济问题，对市场存在的缺陷听而不闻、视而不见。由于生产同种商品的生产者，生产条件和技术水平存在差异，生产中所耗费的劳动时间存在不同，决定了生产同种商品按社会必要劳动时间交换必然收益不同。那些生产条件和技术水平高的生产者，生产商品的劳动耗费较少，仍按照社会必要劳动时间决定的价值出售，因而可以获得超出社会必要劳动时间的更多收入。那些生产技术水平低的商品生产者，虽然生产商品的劳动耗费较多，但仍要按照社会必要劳动时间决定的价值出售，结果不仅无利可图，可能还会落得亏本或破产。这种情形必然使得一部分占有利条件的生产者，积累大量的财富，而另一部分处于不利地位的生产者蒙受损失甚至破产，贫富分化将越发严重。

3. 导致需求不足。经济史上的重农主义在人们的心坎上打下了深深的烙印，造成对消费的轻视由来已久。而生产与需求本是经济生活中的矛盾统一体，生产决定需求，需求对生产具有反作用。由于生产资料私有制的推崇，在私有制的劳动关系中，社会化的生产能力变成了资本的生产能力，变成了资本对劳动价值的高效压榨。资本的贪婪性决定了生产的无底线扩大，资本的唯利是图决定了改善劳动者收入缺乏主动性，长此以往生产和消费失去协调与平衡，需求不足衍生的经济问题和社会问题必然接踵而至。

4. 致使社会资源浪费。按照自由主义的主张，私有制的推行、市场化的打造、政府的无干预，其结果就是在生产竞争中，生产技术水平低的商品生产者，生产商品的劳动耗费较多，在竞争中亏本或破产。或许破产与倒闭在市场经济下是司空见惯的现象，优胜者在消化破产者资源的同时总会有所遗留。巨额私有资本形成之后，资本的本性不会因为规模的扩大而有所收敛，相反其无视生产与消费的平衡更加严重，这就难保不导致生产资料生产部门与生活资料生产部门之间的失衡，从而导致消费能力不足，引起严重的生产过剩危机，导致社会资源的毁灭性浪费。

5. 阻碍技术进步。在市场竞争中，商品生产者为了降低生产中的成本，维持竞争中的技术与管理优势，往往会进行技术保密，限制技术扩散，严守经营心得，绝不慷慨外道。从社会系统整体的发展视角来看，这不利于先进技术的传播与扩散，且阻碍了新技术的普及与推广，不利于社会生产经营的普遍改善，也就阻碍了社会生产力的更大发展。

6. 无视负面影响，累积系统风险。在自由主义市场经济下，由于"守门人"或"裁判员"的缺失，市场中潜滋暗长的各种风险，在压倒经济骆驼的最后一根稻草出现之前，也就是说在市场完全崩解、失灵之前，大家都熟视无睹、置若罔闻。伴随市场多种因素的影响和变化，市场投资者的风险与日俱增。由于系统性风险的诱因多发生在生产实体外部，企业等经济实体作为市场参与者，能够抗击或抵消一定风险，但由于受多种因素的影响，本身又无法完全控制它，其带来的波动面成倍扩大，甚至波动也呈现出一定的周期性，此类系统风险是不可分散的。另一类非系统风险指的是公司内部的，是可被分散的结构性风险。不可分散的风险与可分散的结构性风险的交融与发展，极有可能引发整个市场或社会系统的裂变、肢解或瓦解。

7. 社会形态更替的人为阻断。马克思主义政治经济学原理认为，私有制下私人劳动和社会劳动矛盾的核心在于交换的实现问题，私人劳动不能为社会承认就难以实现其价值。商品的运动、货币的运动和价值的运动决定了商品生产者的命运。这一切都与生产资料的私有制紧密联系在一起。正是在这种制度之下，资本的唯利是图决定了生产的无限扩大与劳动人民购买力相对缩小的矛盾，个别企业生产的有组织性和整个社会无政府生产状态之间的矛盾，伴随两种矛盾的交织和恶化，资本主义的经济危机必然发生。这种危机在资本主义制度范围内得不到根本解决，与社会化大生产相适应的生产资料的社会公有制，以及建立在公有制之上的社会主义制度，成为社会发展的必然趋势。而自由主义者叫嚣推行私有制及资本主义，就是人为地阻断社会形态的正常更替，试图实现所谓社会形态在资本主义阶段的终结。

8. 全球资本主义化。资本主义自诞生以来，就不断通过商品和资本向全世界扩张，它的最终目的是全球资本主义化，或者资本主义统治全世界。资产阶级的这种企图和目的，直到今天也没有放弃，相反，它们正在利用先期取得的高水平的科学和技术，利用经济全球化的有利条件，以更大努力实现其资本统治世界的梦想。新自由主义并不是一般的鼓吹经济全球化，而是着力强调要推行以超级大国为主导的全球经济政治文化一体化，集中表现在美国所推行的霸权主义和它所宣扬的"全球主义"上。这是对人类经济政治文化多元化的悖逆。

总之,任何国家的现代化过程,都不可能是一帆风顺的,为了现代化的速度更快一些,现代化的质量更符合预期一些,后发国家除了借鉴现代化国家的一些经验外,更为重要的是依据本国的实际和本国人民的意志,选择具有本国特色的现代化发展道路。至于在实现现代化的改革中,是由政府主导的改革模式,还是自由主义的模式,是由多重因素所决定的。市场自由放任发展带来的诸多风险,在政府干预之下可能得到更多的规避,同时也可能埋下了被指责、被责难的更多肇端。

第二节　现代化中的多元主义文化悖论

在现代化过程中,由于工业及信息产业的发展,对传统产业以及传统思维和文化的影响,不免存在背负着传统去建构现代性的问题,这就既要直面传统文化的牵绊、地域文化的更新,也要直面外来文化的浸润,以及多元文化的竞争与摩擦,推动区域现代特色文化的突围与单兵突进。在这一历史过程中,现代活力的蓬勃而出、现代化酿成的不稳定、传统文化的不甘、外来文化的张扬,在多种文化难于和而不同的情形下,以"多元文化悖论"或"亨廷顿悖论"的形式撞击着人们思想观念的堤坝,考量着现代化中执着推进的改革与创新,同时也深深考验着国家治理能力与治理体系的现代化。

一、现代性孕育稳定

(一) 现代性的界定

《牛津英语词典》记载"现代性"一词于1672年首次出现。美国学者马泰·卡林内斯库（Matei Călinescu）认为："现代性广义地意味着成为现代,也就是适应现时及其无可置疑的'新颖性',这个词从十七世纪起在英语中流行。"[①] 实际上,"现代性"一词的出现应当比词典的记录更为早远。

[①] 卡林内斯库. 现代性的五副面孔 [M]. 顾爱彬, 李瑞华, 译. 北京: 商务印书馆, 2002: 337.

至于"现代性"的内涵,正像"现代性"一词出现的时间一样,因为不同时期学者评述的视角不同,致使"现代性"的内涵非常庞杂。人们初步认为现代性最早起源于人本主义取代神本主义转向的文艺复兴时期,而人本主义取代神本主义的本质是人成为主体,以主体的姿态面对整个世界。所以,现代性的核心是人的主体性,即人类主体性和个体主体性。人类主体性的发展最终依赖于个体主体性的诞生和发展,个体主体性的普遍兴起是人类社会获得充分发展的前提和目的。

古典社会理论大师马克斯·韦伯(Max Weber)认为:"我们时代的命运以理性化和理智化,最主要以'世界的祛魅化'为特征。的确,那些终极的、崇高的价值已经从公共生活中消失,或进入超验的神秘生活领域,或直接地进入私人交往的友爱之中。"[①] 在韦伯眼中,现代社会的本质就是"合理化",韦伯在很大程度上混淆了"现代化"与"现代性"。舍勒则进一步走向了人的精神世界,他在把握现代性问题时明确指出:"现代性不仅是一场社会文化的转变,环境、制度、艺术的基本概念及形式的转变,不仅是所有知识事务的转变,而是人本身的转变,是人的身体、欲动、心灵和精神的内在构造本身的转变。"[②] 尤尔根·哈贝马斯(Jürgen Klabermas)借鉴了韦伯的理性、合理性观点,认为"现代性"事业在于"根据各自的内在逻辑来努力发展客观科学、普遍道德与法律以及自主艺术"[③]。他把科学的自由、自我决定的自由、自我实现的自由看作"现代性的标准基础"。以布莱克(Cyril E. Black)为代表的结构功能学派则把"现代性"看作现代社会的一种本质属性,并指出这种属性是发达国家的"标配"或共同特征,如工业化、都市化、民主化、社会阶层流动化、教育普及化、福利化、均富化、人口控制化,等等。我国学者俞吾金认为,"现代性"涉及的应当是现代社会生活中的一个最抽象、最深刻的层面,那就是价值观念的层面。作为现代社会的价值体系,"现代性"体现为以下的主导性价值:独立、自由、民主、平等、正义、个人本位、主体意识、总体性、认同感、中心主义、崇尚理性、追求真理、征服自然等。[④]

---

① 韦伯. 以学术为主 [M] //江怡. 理性与启蒙:后现代经典文选. 北京:东方出版社,2004:116.
② 刘小枫. 现代性社会理论绪论 [M]. 上海:上海三联书店,1998:19.
③ 凯尔纳·贝斯特. 后现代理论 [M]. 张志斌,译. 北京:中央编译出版社,2001:301-302.
④ 俞吾金. 马克思对现代性的诊断及其启示 [J]. 中国社会科学,2005(1):4-10, 205.

（二）现代性的本质

在文艺复兴之前，西方人笃信神学，深陷以神为中心的宇宙体系论当中，社会主体性处于被抑制的状态，主体的主观能动性受到钳制，积极性、主动性受到压抑。文艺复兴运动将西方人从神学的统治下解放出来，现实生活的主体与创造者的价值得到认同，愚昧与迷信被鞭挞，主体的个性得到解放与释放。这一时期出现的人本主义，实际上就是以人为中心的主体主义，在高扬人类主体性的旗帜下，西方人开启了征服自然之旅，建立起日益庞大和强有力的"科学—技术—工业—市场体系"，而对个体主体性的张扬促使财产的私有、民主体制、多元文化日益获得肯定、认可和发展。实际上，任何国家都期待获得充分发展的机遇，都要经历以实现人的主体性为目标的现代化运动，毕竟要建立完全属于人的世界体系，就必须从自然的束缚中解放出来，以主人的姿态去面对自然、改造自然，使外在的自然世界听从人类的安排。

而要把握现代性的本质，就首先要破译现代性的生成与成长逻辑，对现代性的来龙去脉进行追根溯源。关于现代性，学界主要存在两种观点：一种认为，现代性发源于社会的"世俗化"进程，这种世俗化就是市场化、资本化。另一种认为，现代性源于社会转型，即由传统社会向现代社会、由农业社会向工业社会转型。还有一种观点认为，现代性最终根源来自现代生产，它是现代性发端的根本。马克思主义则认为，人的存在和发展一般要经历由"人的依赖"到"物的依赖"基础上的个人独立，再走向"自由个性"的三个历史发展阶段。现代性就是在批判和超越"人的依赖"的历史进程中内生出来的，这里讲的"人的依赖"，主要指人对血缘共同体（家族）、国家"权力"和人身依附关系的依赖。现代性直接根源于"社会结构转型"，即由以"权力"为主导的社会结构转向以"物"和"个人独立"为主导的社会结构。现代性发端于社会结构的转型，现代化过程本质上就是社会结构转型的过程。不过，在不同国家、民主制度和社会形态之中，这种转型是以不同方式实现的。

本质是一个事物之所以成为该事物，而区别于它事物的内在根据。从"社会结构转型"角度来观察现代性本质，它是从人的依赖（或人身依附关系）中解放出来；使市场或资本力量得以相对独立；使个人相对独立且成为主体。前现代性的社会结构是，国家政治"权力"过大且至高无上，而经济力量、社会力量相对较小，因而是一种国家政治权力主导型的社会结构；随着社会历史发展，经济力量逐渐从对国家政治权力的依附中解放出来且不断生长，这种力量首要是市场或资本力量；不仅如此，社会力量也会逐渐从对国家政治权力的依附中解放出来且不断生长，这种力量首要是独立个人之主体力量。这里，现代性表达的是一种"发展""进步"和"文明"走向。①

现代性的本质是以人为中心的主体性，其根本的逻辑是"主体—客体"的二分法，主体是活动的源泉、中心、目的，客体则是主体认识和改造的对象，是实现主体计划的质料和工具。所以，现代性的最本质特征是设定了人作为主体的中心地位，以及对客体的利用与征服，客体对主体的臣服与服务。

(三) 现代性的价值

价值是指在实践基础上，主体和客体之间的意义关系，是客体对个人、群体乃至整个社会生活和活动所具有的积极意义。也就是说价值体现的是主体和客体之间的一种特定关系，表现为人与满足某种需要的客体之间的意义关系。那么，现代性的价值就是现代性对现代人乃至整个社会的积极意义。

1. 主体性的回归和确立，使人们在发展中坚信自我，不再盲目相信神秘力量，而是"行有不得，反求诸己"。不论现代性发端的确切时间和源头，以神为中心的宇宙论体系的抛却，意味着主体受钳制时代的结束，人类从此开始走上无限张扬主体意识或人本主义的道路。人应该对自己的行为负责任，对环境中的刺激自动地做出反应，有时也许会受制于本能，但我们有自由意志，有能力决定自己的目的和行动方向。这就是主体意识觉醒之后，对天地之间自我的定位，使得人类不再相信神秘力量的支配，使人类萌生了"人定胜天"的自信，甚至面对外在环境过程中的"行有不得，反求诸己"，主体革命主义油然而生。

2. 在对外界感知和认识的过程中，寻求对客观事物内在的必然性的认识，在把握规律性的基础上，实现对自然的利用和征服。在现代化过程中，人类总体上不再相信神秘力量之后，回归了人类主体与客体的对立和统一。人类在对自然、社会、人类自身探究的过程中，积极感知和认识外在的客体，努力寻找其内在联系以及演化的必然性。在把握事物规律性的基础上，利用自然物质来满足自我、服务自我、发展自我。这是人类在认知领域和实践领域中的胜利，它在增强人类对自然社会认知的基础上，强化了人类对外在自然的征服欲望。这种欲望本身可以转化为人类创新创造的原动力。

3. 现代化过程中凸显了人类理性、理智在人类认识和实践中的作用，在

---

① 韩庆祥. 现代性的本质、矛盾及其时空分析 [J]. 北京：中国社会科学，2016 (2)：9-14.

民主与科学深入人心的同时，人类发现了支持自然与社会的两大支点。在人类主体回归之后，人在正常思维状态下为了获得预期结果，自信而勇敢地面对现状，快速全面地了解现实，分析多种可行性方案，判断和选择最佳方案，并且有效地推进和执行。这是人类基于现有的感性认知，通过理性认识的逻辑演绎得到确定的结果。人类正是在理性的怀疑与否定中发展认识和感知，实现对世界的趋于科学的真理性认知。即便在处理社会关系和人与人的关系时，能够平心静气地分析原因及其后果，选择比较理想的举措去应对和化解问题，而不是头脑一热处理问题。理性或理智、民主与科学，正是一个国家和民族在现代化发展中个性主体应有的品质。

4. 现代性赋予主体以认同的期望，并在理想和信念的转换中，坚信人类命运与共、九州大同的理想，点燃人类发展不息的希望光芒。在生活和实践中，人们体认与模仿他人或团体之态度行为，使其转化成为个人人格部分的心理历程，也称为认可赞同。认可赞同是个体与比自己地位或成就高者的比较，以消除个体在现实生活中标杆不足的迷茫，或消除无法获得成功或满足时而产生的挫折所带来的焦虑。这是一种在心理上分享他人的成功，以增强个人的自信，从而发生情感、态度乃至认识的迁移过程；抑或是个体在社会中对他人的整个人格进行全面性、持久性的模仿学习；抑或是由于某种动机而有选择地模仿别人某些特质的行为。认同即自觉与对标，是把自己亲近的人或尊重的人作为榜样进行模仿或投射自我的过程；认同就是人格与社会及文化之间双向互动而维系人格的统一性和一贯性。这是一种从分享、模仿、内投、信仰乃至于坚定信念的发展过程，"以众小不胜为大盛"，善于抓大放小，举重若轻，有大格局；通人情，善于换位思考，有大胸襟。

（四）现代性带来稳定

历史发展到今天，关于现代性，不同时期的学者有不同的主张。以布莱克为代表的结构功能学派则把"现代性"看作现代社会的一种本质属性，并指出这种属性是不发达国家或走向发达国家的共同特征，如工业化、都市化、民主化、社会阶层流动化、教育普及化、福利化、均富化、人口控制化。

1. 主导产业的上升性发展。在现代化过程中，自然经济时代的主导产业农业，虽然也存在升级换代问题，但是总体来说工业在现代产业中的主导地位已经不可撼动，只有更加巩固和发展。受其主导产业稳固地位的影响，社会生活的其他方面发展也相对的扎实。社会支柱产业的成熟与稳定，可能发生辐射或连带性影响，从而为整个社会系统的稳定发挥压舱石的作用。

2. 社会决策系统和决策方式相对沉稳。受现代性中理性和理智的影响，现代社会建立了自己的程序化决策系统和非程序化决策系统。程序化决策是根据既定的信息建立数学模型，把决策目标和约束条件统一起来，进行优化的一种决策。在程序化决策中，所需的信息都可以通过计量和统计调查获得，它的约束条件也是明确而具体的，并且都是能够量化的。这种决策可以通过建立数学模型，让计算机代为运算，并找出最优的方案，排除了主观好恶对决策的影响。当然这主要针对常规化、反复性的事项或事物而配置的较为稳定的决策系统和模式。至于突发事件、危机事件等不经常重复发生的非例行活动，则通过非程序化决策系统来进行，但是，这种决策系统相对来说较少动用。

3. 社会福利保障性高。社会福利有广义和狭义之分，广义的社会福利指面向广大社会成员并改善其物质和文化生活的一切措施，是社会成员生活保持良好状态的保障。狭义的社会福利基本指向为困难群体提供的带有福利性的社会支持，包括物质支持和服务支持。由于社会福利关涉社会成员生活的幸福程度或生活的最低保障程度，社会福利的可靠和保障有力，也就守护住了社会稳定与平安的底线，从而为经济社会的发展创造了相对和谐稳定的环境和氛围。

4. 贫富相对均衡化。利益事关社会成员生存与发展的质量。因此，对财富或收入分配的相对均衡化，在褒扬多劳多得的同时，动用社会机制使收入分配不至于过分悬殊。使欲必不穷于物，物必不屈于欲。两者相持而长。在社会财富创造相对丰富的前提下，社会均贫富能力相对提升，使缩小社会成员收入的差距成为可能。高工资、高福利的推进，收入差距的相对缩小，就可能形成相对和谐稳定的社会环境。

5. 教育普及化。现代社会，社会成员普遍享有较好的教育，这为提升社会成员的科学文化素养奠定了基础，更为重要的是在觉醒主体意识、弘扬理性与理智等方面提供了条件与基础。毕竟教育发挥了其工具价值的积极功能和作用，教育以面向未来为目标，为未来社会的发展和人的发展服务，培养人的某种实际技能或技巧。教育活动创造了满足一定社会政治、经济、文化需要的教育产品所具有的价值。教育培养学生具有社会所需要的价值。正是由于教育的价值，特别是教育的普及，为社会提供了理性、冷静、人格健全、专业扎实的人力资源。

总之，社会构成是复杂的，社会支撑的力量是多方面的。上述主要因素的分析表明，它们在现代社会的稳定发展中发挥了积极的作用，也为"现代性带来稳定"的判断提供了基本支持。

二、现代化滋生不稳定

无论把现代化理解为工业对农业地位的胜出,还是传统社会的转向与转型,抑或社会各个方面逐渐具备现代性状与质态的综合变迁,现代化过程就是对传统的主导产业的替代过程,就是从传统的伦理社会向法治社会的转化过程,就是从传统性状和质态向现代的系统发展。转向的过程必然是众说纷纭、是是非非,难以避免的是已有结构的失衡、不稳定以及不得已的重新建构。

(一)现代化的内涵

现代化已经有了二三百年的历程,关于现代化的界定有多种版本,迄今为止大家尚未有一致的认定,在研究众多概念的基础上,我们将现代化界定为以现代产业影响传统支柱产业,促成传统社会的解构与重构,同时完成社会各个方面从传统性状与质态向现代转化的过程。由于现代化是一个比较长远的目标,需要社会各方面付出努力才有可能实现预期,达到众望所归的目标与效果。

(二)现代化的特征

现代化是现代性对传统的克服与保留的过程,对现代性的吸纳与发展的程度体现在一个社会的现代化过程中。结构功能学派代表布莱克认为"现代性"是现代国家的共同特征,如工业化、都市化、民主化、社会阶层流动化、教育普及化、福利化、均富化、人口控制化等。我国学者复旦大学俞吾金认为"现代性"主要体现在价值观念中,如独立、自由、民主、平等、正义、主体意识、认同感、崇尚理性、追求真理等。[1] 结合两位学者的观点,从物质和精神维度进行概括,本课题研究认为现代化的主要特征有工业现代化、科技现代化、城市化、阶层流动化、教育普及化、政治民主化、主体意识觉醒、崇尚理性、追求真理等。

1. 工业现代化。这是指通过采用或发展当下先进的技术以及现代的科学管理方法,使工业在植根于现代科学技术的基础上,促使整个国家工业现代化实现:劳动资料现代化、工业部门结构现代化、员工知识结构现代化、工

---

[1] 庞卓桓. 史学概论 [M]. 北京:高等教育出版社,1995:180.

业管理现代化、主要经济技术指标和人均国民生产总值达到当代世界先进水平。

2. 科学技术现代化。这是指在科学技术的主要领域，如在理论水平、技术水平、科技队伍、实验手段、经济技术指标等方面，接近、赶上或超过世界先进水平，用先进的科学技术武装国民经济的各个部门，促进国民经济迈入世界先进行列。

3. 城市化。在现代化过程中，伴随经济社会的发展，农业人口不断转变为非农业人口，城市人口规模不断扩张，城市用地不断向郊区扩展，城市规模不断扩大，城市数量不断增加，以及城市社会、经济、技术变革不断向乡村渗透与发展。城市化是社会经济、社会关系、生活方式迈向现代化的综合反映。

4. 政治民主化。在传统转向现代化的过程中，政治从少数人统治向多数人统治发展，政治形式与内容从非民主走向民主，特别是从专制走向民主的过程。主要表现为民主选举制度、政党民主制度、区域自治制度、城乡基层民主、民主执政、政府民主、司法民主、尊重和保障人权等。

5. 主体意识强化。这是指社会主体对于自身的主体地位、主体能力和主体价值的一种自觉意识，是人意识到自己是世界的主人，在同客观世界的关系中，人居于主导和主动地位；同时，人意识到自己是自己命运的主人，有独立自主的人格。主体意识随着社会实践的产生而产生，随着社会实践的发展而得以强化。

6. 崇尚理性。理性指人们处理问题是按照事物发展的规律和自然进化原则来考虑，考虑问题、处理事情不主观、不武断、不冲动。人们识别、判断、评估实际以及使人的行为符合特定目的等，通过论点与具有说服力的论据去发现真理，通过符合逻辑的推理而非依靠表象而获得结论、意见和行动的理由。由于真理的本性即为"理性"，对理性的崇尚意味着人们对真理的渴求与探索。

（三）现代化带来不稳定

由于现代化是传统的主导产业被替代的过程，是传统的伦理社会被法治社会转换的过程，是从传统性状和质态向现代系统的整体的发展过程。这里的现代化就是从一种质态向另一种质态的流变过程，就是转变中从量的积累到质的转变过程，就是一种变动不居的动态发展过程。

1. 在从旧质态向新质态转化的量变与质变过程中，充满了变动不居的流动和转换。前社会有保持和区别其他社会的内在规定性，也存在自己发展的规模、程度和速度等可以用量的关系表示的规定性，在现代化的影响和作用下，前社会开始发生结构层面数量的增减和组成要素排列次序不显著的变化，直到从前社会质态向现代质态彻底的飞跃变化。在从前质态转向后质态的过程中，发生了渐进性的连续变化以及渐进和连续的中断，而且在量变过程中悄然发生着阶段性和部分性的质变，在质变的过程中也有旧质的收缩和新质的扩张。这种量变和质变相互贯通、交替循环构成了前社会向现代社会发展和转变的动态演绎，且充满了变化、转变和转换的不稳定性、渐进性、否定性。

2. 在从旧社会结构的逐步解体到新社会结构的建构过程中，充斥着土崩瓦解的轰然倒塌声和重新建构的压力变化声。现代化的过程也是对一个国家或地区社会成员的组成方式及其关系格局的解构过程，其中的人口结构、家庭结构、社会组织结构、城乡结构、区域结构、就业结构、收入分配结构、消费结构、社会阶层结构等都受到现代化的透析，充斥着愿意与不愿意、适应性与不适性、接受与不接受、抵制或拒斥的变化。其中具有相同或类似社会地位的社会成员组成的相对持久的群体架构的流变最为显著，原本同阶层人群的思想言行悄然变化，同社会地位者发生升降转变，社会阶层内部也因为职业、教育、所得等因素的影响，发生向较低阶层的流变和向较高阶层的流动。总体而言，在现代性的影响下旧的社会结构被透析和新的社会结构被建构，使得现代社会的形成过程成为一个充满了变数的动态发展过程。

3. 社会发展从点到面、从局部到整体的系统变化过程，充斥着确定和不确定的变动不居。受现代性的影响，社会的一切宏观和微观发生变迁，社会直线的前进和后退，社会横向的分化和整合，社会结构的常态和非常态变迁，社会的量变和质变，社会关系、生活方式、行为规范、价值观念等都在发生显著和不显著的变化。既有社会整体结构、特定社会结构要素或社会局部的变化，也有社会的发展、进步、停滞、倒退，还有社会的整合和解体，一切都构成了现代化过程中发展与稳定的轮回交响，直到社会完成从点到面、从局部到整体、从要素到系统的完全的彻底的现代性转变，否则嬗变、变换、转化等将是社会发展永远的主旋律。

4. 社会发展动能不时地更新和转换，使得现代化充满了律动、音爆和惊诧。社会发展存在动力的启动、燃料的添加、动力的维持和动力的转换，这成为社会变迁、进化、蜕变、流变的根本支持系统。从传统动能到现代动能的转换、从一种动能到多种动能的叠加，社会受力的背后既有充满节奏的规律变化，也有震耳欲聋的音爆和满世界的惊讶。例如，就人类的工业化而言，已经历经了三次以上的动能转化：第一次以蒸汽机的发明和应用为标志的产业革命，使工厂代替了手工工场，用机器生产代替了手工劳动；第二次以电动机的发明和远程输送电力等技术的出现为标志的第二次科技革命，进一步增强了人们的生产能力，交通更加便利快捷，改变了人们的生活方式，扩大了人们的活动范围，加强了人与人之间的交流；第三次则以原子能、电子计算机等的发明和应用为标志，促进了社会经济结构和社会生活结构的重大变化，第三次科技革命造成第一产业、第二产业在国民经济中的比重下降，使得第三产业的比重上升。

5. 主体在现代性集聚过程中的转变，演绎的是适应与不适应、不适应到适应的流动变化。孔德认为人的本能、爱情、同情等是社会起源和社会性质的决定因素，社会的进化变迁只能由这些思想意识的东西决定。[①] 人身上动物性的逐渐减弱，其知性、德行逐渐增添，并最终取得支配地位。在这一过程中，文化、文明起着决定作用，或者说，社会生活是由精神、道德原则决定的，社会的发展是由精神、道德的完善决定的。人类社会进化的总方向是由于文明的发展，人的物质条件不断改善，人的潜力得到最大限度的发挥，人不再完全受肉体需要的束缚，越来越求之于社会本能和理性，人的本质属性得到充分展现。社会进化与发展的速度，是由整个自然社会决定的，即由作为内部自然的人的有机体和作为外部自然的人类有机体生长的环境决定的。

正是由于现代化过程存在的诸多量的扩张和质的演变，以及陈旧社会结构的土崩瓦解和新社会结构的铿锵建构，社会变化从点到线、从局部到整体的系统变化，社会动能一再更新与转换，乃至社会主体现代性的集聚，使得整个社会充满了不确定性与不稳定性，也难怪有"现代化滋生动乱，现代化带来不稳定"的认知与判断。

第三节 "敬天保民"人民至上的群众路线

现代化的道路无论怎样，以及政府在其中的角色如何，经济的激荡与发展，对社会成员形成一种强刺激或无形动员。不要说政府对市场经济或多或

---

① 阿隆. 社会学主要思潮 [M]. 葛智强, 胡秉诚, 王沪宁, 等译. 上海：上海译文出版社, 2005：47-51.

少的倡导或干预，这决定了市场活力的涌动和市场风险的相伴而生，尤其是随着传统的生产生活方式与新型生产生活方式的相遇和摩擦，民众的劳作与收获、安逸与不安必然出现一定程度的不适，人们在纠结与不解之余势必倾诉与发泄，他们会鼓起勇气向政府表达幸福、困惑、不满或诉求。面对社情民意、民众诉求，不同性质的社会和不同类型的政府，就此做出的反应各有不同。当代中国，人民政府选择深入基层、深入群众、访贫问苦，问政于民、问计于民、问策于民，不断提高科学执政、民主执政、依法执政的水平，积极回应与纾解群众的反映和诉求，促进民生制度和政策的落地、生根、开花、结果。

一、民生民情与社情民意

无论社会是否处于转型时期，民生疾苦、幸福、安康构成了社会基层的社情民意。政府对此的态度，直接考验政府的性质与做派，这成为治国理政的晴雨表，以及国家治理能力与治理体系现代化的重要风向标。

（一）民生民情

抛开历史上特定时期对"民"的特别界定，一般认为"民"就是社会生活中的黎民百姓，即普通民众。"民生"就是普通民众的生计，就是普通人维持生存生活的办法、产业或职业。"现代意义上的民生概念有广义和狭义之分：广义上的民生概念是指凡是同民生有关的，包括直接和间接的事情都属于民生范围内的事情。狭义上的民生概念主要是从社会层面着眼的。从这个角度看，所谓民生，主要是指民众的基本生存和生活状态，以及民众的基本发展机会、基本发展能力和基本权益保护的状况，等等。"[①] 今天，人们理解的"民生"更多是人民群众的生活问题，就是人民群众最关心、最直接、最现实的利益问题，比如，就业、教育、分配、社保、稳定，等等。

民情无非是黎民百姓的生活状况、实际情形、现实情况，词典释义把民众的心情、愿望等视为民情的表征，把民众的生活、生产、风尚习俗等视为民情本体。民情说到底就是民生的外在表现，体现了民众的生活情节、生活的情绪以及生活满意、失意乃至强烈的愿望或期盼，显然，民情可以视为民生信息的外在显示。

---

① 吴忠民. 走向公正的中国社会 [M]. 济南：山东人民出版社，2008：311-312.

民生说的是百姓生计，民情说的是百姓生活状况，民生呈现一定的民情，民情反映一定的民生，民生是民情的基础和前提，民情是对民生的折射和反映。民生决定民情，民情变化归根结底取决于民生，民情则以自身的流变来反映民生的变化。民生需要通过理性判断与逻辑推理进行把握，民情则可以通过感性认识或调查来感知获取。生活中，人们常常将民生民情视作社会的晴雨表，民不聊生则被视为对社会治理最严厉的谴责和批判。

（二）社情民意

社字的本意是"土地之神"，也指祭祀土地神的地方、日子以及祭礼，现代社会也指某些集体组织、团体、机构。社区是若干社会群体或社会组织聚集在某一个领域所形成的一个生活上相互关联的大集体，是社会有机体最基本的内容，是宏观社会的缩影。

社情民意是一定区域或全国范围内广大民众的意愿、想法、希望、意见等。社情民意反映了民间群体的意愿和希望，是党和政府制定科学决策的重要参考，对政策决策的科学性、民主性、法治性具有重要的影响和作用，直接影响政策的必要性和可行性，对政策目标的实现有着至关重要的影响。

（三）沉默的螺旋下民生民情与社情民意的关系

"沉默的螺旋"一词最早见于伊丽莎白·诺埃勒-诺依曼（E. Noelle-Neumann）1974年在《传播学刊》上发表的《重归大众传播的强力观》中，后来她在《沉默的螺旋：舆论——我们的社会皮肤》一文中进一步发展了该理论。沉默的螺旋描述了这样的现象：人们在表达自己想法和观点的时候，如果看到自己赞同的观点，并且受到广泛欢迎，就会积极参与进来，这类观点会越发大胆地被发表和扩散；而发觉某一观点无人或很少有人理会（有时会有群起而攻之的遭遇），即使自己赞同它，也会保持沉默。有意见一方的沉默造成另一方意见的增势，如此循环往复，便形成一方的声音越来越强大，另一方越来越沉默的螺旋发展过程。

在社会舆情发酵的过程中，民生民情的个别反映和诉求，可能在感同身受的过程中发生共情共鸣，完全接收个别反映和诉求者的情绪化表达，甚至在聆听中开始分享自己的生活际遇，就对方的情绪爆发予以肯定，甚至受到对方行为的启发。在这种情况下，民情民意就会从毫无知觉、片面反应、基本反应、较高反应，走向准确的共情反应。这种相互传达的感染现象，就会使片面的民情民意转变为局域的社情民意，使民情民意的细流转变为社情民意的洪流。即便对民情民意或社情民意有着不同看法,即便是这种观点最为客观或真实,至少能够引领舆论进行躬耕反省,但是这种观点的主张者却不再坚持己见。显然,如果不能对民生民情和社情民意进行有效疏导,进而通过政策或机制加以化解或规制,就可能形成不可遏制的爆炸之势,进而可能形成对社会的不良影响。

二、中国古代的敬天保民与民情疏解

对民生民情、社情民意的重视,在中国古代被视为"敬天保民",甚至发展成"民贵君轻",在执掌郡国牛耳者出行尚不能驷马同色,不得不"轻徭薄赋,休养生息",在时代的动荡中,统治阶级终于意识到了"水能载舟,亦能覆舟","布衣天子"时期的"民为重,君为轻",及至清朝时的劝诫楹联"为政不在言多,须息息从省身克己而出;当官务持大体,思事事皆民生国计所关""吃百姓之饭,穿百姓之衣,莫道百姓可欺,自己也是百姓;得一官不荣,失一官不辱,勿说一官无用,地方全靠一官"。这些在中国传统文化中被视为"民为邦本,本固邦宁"的"民本"思想。

(一)民本论

"敬天保民"的思想发端于商周时期,殷人把王权与上天联系起来,形成了王权天授的思想。至周朝时,周公认为天命不常,"天休于宁王,兴我小邦周"[1],周人不敢弃天命,并将天命视为可知的客体,且与民情统一,"敬天"与蓄民相连。"保民"是为安邦治国,使民乐其业。有鉴于殷商王朝的"贪图安逸,荒怠政事",周公提出"敬天保民""明德慎罚"的政治主张,告诫要知"稼穑之艰难""要'义刑义杀'",这对当时以及后世的治国理政产生了十分重大的影响。

及至春秋战国时期,孔子倡导"仁、义、礼、智、信",提出了"为政以德"的仁政思想,认为道德和礼教是治国理政的至上之道。孟子提出了"民贵君轻"思想,主张"制民之产""必使仰足以事父母,俯足以畜妻子,乐岁终身饱,凶年免于死亡。然后驱而之善,故民之从之也轻"[2]。同时主张通过教化,使民众"明人伦",以实现德治社会。老子认为,私有财产既是社会

---

[1] 曹德本. 中国政治思想史[M]. 北京:高等教育出版社,2001:18.
[2] 孟子[M]. 上海:上海古籍出版社,2013:10.

动力,也是纷争祸乱之源,主张"不尚贤,使民不争""不贵难得之货,使民不为盗""慎征伐"①。同期的墨子主张,以兼爱为基础,推行非攻、尚贤、节用等治国理政的主张。

《史记·平准书》记载:"汉兴,接秦之弊,丈夫从军旅,老弱转粮饷,作业剧而财匮,自天子不能具钧驷,而将相或乘牛车,齐民无藏盖。"如此,若不轻徭薄赋,恢复地力,与民休息,社会岂可维继?因此,汉统治者在经济上实行不干涉主义或少干涉主义,地宜其用,事宜其械,用宜其人,以求足食足用。从陆贾提出"国马上得之,宁可以马上治之乎?",到立政之本在于行仁义、慎修身、重教化,以及贾谊的"民不可欺""敬士爱民""良吏治国",乃至慎刑罚、利众民等思想,都证明了汉初推行黄老无为而治、休养生息思想的必然性。

隋朝开科举之先河,畅通学子读书入仕之道,开学校,招生员,考五经文字,撰五经正义。受特定历史环境影响,隋唐在沿袭南北朝多元思想的基础上,进一步弘扬了道家的无为而治,实行庇生民、爱惜民力、宽刑政、薄赋税、兼三教的主张和实践。及至贞观年间,太宗与众臣感慨隋炀帝穷兵黩武,百姓不堪,遂至灭亡,君臣共识居安思危,政在得人,民为水,君为舟,诚信御天下,使无欺诈,从民之欲,调和君国利益与民众利益,君主之乐要寓于民众之乐中。

宋元时期,北宋李觏主张效法天道而行,通变行革政事,提出安民足食之本在于财用,平土均田,义利统一。北宋张载基于天人合一思想,主张仁道及人,并地治天下。宋相王安石主张"惠小农""养生保形""抑豪强伸贫弱""急农事"及"良吏善法"。②程颢、程颐两兄弟主张,以顺民心为本,择俊贤为本,仁义未尝不利。朱熹主张为政以德,足食为先,改良积弊。

明清之际,商品经济进一步发展,资本主义生产关系萌芽,在民生民情以及社会思潮方面带有很强的批判性。布衣皇帝朱元璋对"民贵君轻"予以另类注解,《大明律》规定谋反大逆者,不论首从,均凌迟处死,凡造妖言劫囚者,发觉即死罪。及至明成祖时期,重用宦官、特务遍地,陷害忠良,白色恐怖。无论是明初的赐予土地,还是满清入关的圈地运动,导致明清时期土地高度集中,佃户奴仆大量出现,封建统治日趋腐朽,与此同时,思想领域中反思现象初现。明代王阳明在反思朱熹理学的基础上,提出致良知,明

---

① 老子. 道德经 [M]. 北京:线装书局, 2014: 178.
② 脱脱. 宋史 [M]. 北京:中华书局, 1977: 4281-4282.

德、亲民、爱物的思想。明朝柱国大臣张居正提出极则必变、变则反始的治乱观，天之立君以为民，事理无常，当随时处中，推出"一条鞭法"，随粮派丁，丁随田办，减少了无田地者的负担。①明末清初思想家黄宗羲提出以天下万民为事的政治观、万民忧乐的治乱观、工商皆本的产业观，治天下从民生起见。明末清初的王夫之提出以民为基的民本思想，均天下的均平思想，宽以养民、严以治吏的思想。

（二）民情疏解

传说中的尧舜禹时代，原始民主遗风犹存，对社情民意、政治得失较为关切和重视。主要内容如下：其一，建立了进善之旌、诽谤之木制度。让百姓陈述意见、表达批评、发泄不满、释放怨气，反映社情民意，监察治理得失，只要是站在这面旗帜下的发言，不管内容对错，不管语言是否尖酸刻薄，一律不追究责任。历史记载，"尧置敢谏之鼓，舜立诽谤之木"。正是依靠这种古朴的制度和机制实现了对民意的搜集和采纳，加强了对社会的有效治理。其二，舜时任命了龙司纳言之职，"听下言纳于上，受上言宣于下"②。也就是设置了上传下达的常态制度、渠道和机制，以有效疏导、解决和治理社会民情。

夏王朝时期，竟然在衙门之外设置钟、鼓、磬、铎、鼗，借此对"民情诉求"进行分类管理、分别治理。商朝设置了总街之廷或司过之士，以观民非。周朝建立了"悬鼓""肺石"制度。③春秋战国时期，诸侯纷争，竞相发展，直谏成了参政议政的重要途径。《战国策·齐策》记载，齐威王曾昭告天下，"'群臣吏民能面刺寡人之过者，受上赏；上书谏寡人者，受中赏；能谤讥于市朝，闻寡人之耳者，受下赏。'令初下，群臣进谏，门庭若市；数月之后，时时而间进；期年之后，虽欲言，无可进者。燕、赵、韩、魏闻之，皆朝于齐"，以纳谏汇聚民心而战胜于朝堂。

秦灭六国之后，设置御史大夫以掌管监察、执法，同时设有公车司马令，以"受理吏民上章"，了解社情民意。汉代沿袭历史上的路鼓制度，实行了诣阙上书的越诉制度，实行御前"庶行上书"；设置御史大夫，传下与呈上，正法度，监察百官。西汉末年王莽改制，推行"王路四门"制，把当时的"直

---

① 张廷玉. 明史：卷七十八 [M]. 北京：中华书局，1974：1902.
② 王利器. 史记注译 [M]. 西安：三秦出版社，1988：10-11.
③ 周礼·仪礼·礼记 [M]. 陈戍国，点校. 长沙：岳麓书社，2006：81.

诉"分成申冤、批评、建议、检举进行处置。三国两晋南北朝时期，曹魏通行直诉制度，但是要求"奏事、上书、文书及吏民皆不得触王讳"。西晋时，设置民曹之职以掌管吏民上书之事，听闻天下。东晋时，不仅沿用了谏鼓谤木制度，而且新建了上封事制度。北魏时建立了多种上书直诉制度。刘宋王朝时的"直诉制度"，最突出的就是推进了遣使下访以及下诏求言，对破除官僚主义以及化解民意诉求不畅都有着积极的作用。北齐时期正式出现了阻拦皇帝车马的"邀车驾"，这种直诉形式一直延续到清代。梁武帝时则在朝廷宫门外设"谤木函"和"肺石函"，受理批评类和申诉类建言。隋代设有登闻鼓，规定逐级上访和诣阙申诉。唐代特别重视民情民意，设立了匦使院，开辟了民间下情大量上达中央政府的渠道。宋代的登闻鼓院是正式受理百姓直诉的部门。元代承续了登闻鼓、邀车驾等访诉制度。明太祖朱元璋置察言司，"掌受四方章奏"，后改称通政使司，规定其职责为处理"凡四方陈情建言，申诉冤滞，或告不法等事"。清朝允许当事人在地方司法机关审断不公时，赴京呈控，告御状，这项制度一直沿用至清末。

近代中国，在效法君主立宪制度的过程中，引进西方大陆法体系，从而使得古代中国的行政与司法不分、行政干预司法审判的现象被彻底消解。至此，古代中国的"访诉制度"也就从政治舞台上彻底消失了。

三、马克思主义民生理论和实践

按照生产力与生产关系、社会化大生产与生产资料公有制理论，资本主义社会资本家唯利是图的本性，决定了资本对劳工的挤压和剥削，劳工阶层没有生产资料、生活资料，这使他们被绑在资本家追逐利益的战车上，为资本劳作，为资本繁衍，劳工的价值或价格连同自己的家庭一起成为资本主义发展的轧路石。无论是自由竞争资本主义社会，还是垄断资本主义社会，劳工无产者的人生总是那样卑贱，"如果说工人阶级仍然'穷'，只是随着他们给有产阶级创造的'财富和实力的令人陶醉的增长'而变得'不那么穷'了，那也就是说，工人阶级相对地还是像原来一样穷。如果说穷的极端程度没有缩小，那么，穷的极端程度就增大了，因为富的极端程度已经增大了"[①]。工人阶级的绝对贫困和相对贫困与资本家的财富增长呈现正比例关系，推翻

---

① 中共中央马克思恩格斯列宁斯大林著作编译局. 马克思恩格斯全集：第23卷［M］. 北京：人民出版社，1972：2715.

资本主义制度,大力发展社会生产力,是劳工无产者及全人类全面发展的根本。

(一) 马克思主义民生观

马克思主义民生观是以历史唯物主义为基础的,是从人生存与发展的需要开始研究的,认为人的需要和驱动的追求过程形成了民生的轨迹。吃穿住行用等物质生产资料和生活资料的解决,实质上也是人民群众生活需要不断得到解决,人民不断走向自由而全面发展的过程。

1. 将民生视为人类生存和发展的基础

马克思主义认为,现实中的人是在一定历史条件和生产关系中从事物质生产资料的人,并在生产过程中形成现实的阶级、婚姻、宗教等关系。人类要生存、繁衍、发展就非解决衣食住行等民生问题不可;人民群众正是在解决人类基本的生存条件中创造历史的;民生是社会关系的源头;民生是人需要的产物和体现。在资本主义制度下,民生异化是资本主义制度恶性发展的结果。工人阶级和劳动人民在物质上的绝对和相对贫困,在政治上的被挤压和统治,在精神上的被奴役和麻痹,必然形成资本主义社会人的片面化、畸形化、异化发展。人自由而全面的发展与民生是互为条件、相互促进的,个人能力的多样化发展、个人关系的普遍发展、个人需求的多方面发展、个人与自然的和谐发展等构成人自由而全面发展的内容。

马克思主义认为,生产力和生产关系存在于任何社会中,生产力和生产关系的矛盾运动推动了社会的发展。其中,生产力决定生产关系,有什么样的生产力便要求有什么样的生产关系与之相适应;生产关系对生产力具有反作用,生产关系与生产力相适应时推动生产力的发展,不适应时则阻碍生产力的发展。而生产力的发展是解决人的生存和发展的前提条件,生产关系的发展是解决人的生存和发展的现实条件,在生产发展的基础上,不断发展和完善生产关系,使生产关系适合生产力的发展状况,达到生产力和生产关系的和谐。有计划地发展生产力,提高生产效率和规模,消灭阶级和阶级剥削,消灭牺牲他人利益满足一部人利益的形式,消除不合理的分工,方能实现社会成员的全面发展。

2. 将持续不断改善民生视为根本任务

重视和关切人民群众生存和发展的基本需要,将持续不断地改善和提高人民群众的生产生活水平,是马克思主义民生观的重要内容,也是马克思主义的历史使命和根本任务。

在《共产党宣言》中，马克思、恩格斯写到，现代工人阶级并不是随着工业的进步而上升，而是越来越降到本阶级的生存条件之下。工人变成赤贫者，贫困的速度比人口和财富增长的速度还要快。资产阶级再也不能统治社会了，再也不能把自己阶级的生存条件当作支配一切的规律强加于社会了。资产阶级采取社会保障、抚恤伤残等也不过是为了缓和社会矛盾，维持劳动力的延续与人口的再生产，维护资产阶级统治和社会稳定。要彻底改善人民群众的生产生活状况，就必须推翻资产阶级统治，实现人民当家做主。

3. 民生问题解决的根本在于主观能动的实践

马克思主义认为，实践是人类生存和发展的最基本活动，是人类社会生活的本质。在《关于费尔巴哈的提纲》中指出，"从前的一切唯物主义（包括费尔巴哈唯物主义）的主要缺点是：对对象、现实、感性，只是从客体的或者直观的形式去理解，而不是把他们当作感性的人的活动，当作实践去理解，不是从主体方面去理解。"[①] 实践是人类特殊的生命形式，即人类的存在方式。整个历史无非是人类的本性在不断改变而已，环境的改变和人的活动一致，只能被看作被合理地理解为革命实践。随着人的实践能力、范围、程度的不断扩大，人类改造世界的能力越来越强，认识、利用和改造自然越来越自主自觉，人的自由而全面发展越来越走进我们的生活。

4. 解决民生的根本目的在于人自由而全面的发展

人的发展是随着社会的发展而发展的，很多时候人们不自觉地忽视人的发展，甚至在一定程度上将个人发展与社会发展对立起来，认为社会发展要以牺牲个人的发展为代价。实际上，社会发展是人发展的前提和基础，并影响着人的发展，人的发展是推动社会前进的内在动力。人自由而全面的发展是马克思主义解决民生问题的终极目标。

（二）马克思主义的民生实践

马克思、恩格斯通过对资本主义商品经济的研究发现，私人劳动和社会劳动的矛盾在资本主义社会延伸为生产资料的资本家私人占有制和社会化大生产的矛盾，这种矛盾不可调和，必然发生资本主义的经济危机。在危机反复发生、社会矛盾反复激化的情况下，无产阶级起来革命，推翻资产阶级政权，实行无产阶级专政，建立社会主义社会。马克思、恩格斯预见了社会主

---

① 中共中央马克思恩格斯列宁斯大林著作编译局. 马克思恩格斯选集：第1卷［M］. 北京：人民出版社，2012：133.

义革命的胜利，率先取得社会主义成功的是苏联等国的革命实践。苏联等国的民生实践是对马克思主义民生观很大程度的践行。

1. 苏联的民生实践与问题

十月革命产生之后，苏联建立了以城乡劳动者为代表的苏维埃政权，经济上建立了生产资料的社会主义公有制，实行了社会主义的分配制度，形成了苏联的经济、政治、思想文化、教育、科技等体制。

在高度集中的计划经济体制下，高度集权的政治体制下，严格统一的思想意识形态和严密的社会舆论控制下，苏联的社会主义经济和民生建设取得了一系列的成就。主要包括如下：①苏联在"二战"前的经济增长高于所有资本主义国家，战后40年平均增长率也高于日本以外的其他发达资本主义国家。1917年苏联的国民收入相当于美国的20%，1967年为美国的58%，1986年达到美国的66%。②苏联建立了部门结构完整的工业体系，钢铁、燃料、机器制造等重工业在世界上有着重要地位，石油、生铁、水泥、化肥等十几种产品产量居世界第一。③1951—1980年间，苏联农业总产值平均每年增长3.2%，高于发达资本主义国家2.2%的平均增长率。④科技队伍迅速壮大，1940—1980年间科技人员增加了14倍，在核电、原子破冰船、人造卫星、载人宇宙飞船等领域达到或居于世界领先水平。⑤苏联在1949年就普及了七年制义务教育，1982年全国高校891所，在校大学生528.4万人，高级专门人才基本满足国民经济各部门的需求。⑥职工月平均工资水平从1910年的33.1卢布提高到1985年的190卢布，集体农庄成员月均工资从1960年的20卢布提高到1985年的153卢布。城市居民人均住房1910年仅为6.14平方米，1985年达到20.1平方米，农村居民同年达到25.6平方米。①

苏联的计划体制与集权机制有其本身的优势，尤其是在战时特殊状态下。但是在和平建设和发展时期，机制灵活度不足，可能出现计划赶不上变化的情形。这一时期民生方面的问题，恰恰与这种体制机制具有强相关性。1975年，苏联工业总产值相当于美国的80%，但是20世纪80年代，苏联的居民收入状况几乎与二次世界大战前的水平相当。1986年，苏联的农业劳动生产率只有工业劳动生产率的25%，农业生产滞后对国民经济影响很大。交通、邮电等基础设施比其他工业发达国家都落后，第三产业增长非常缓慢。

2. 东欧前社会主义国家的民生实践及问题

东欧前社会主义国家以苏联社会主义为样板，在经济、政治、社会、文

---

① 李江凌. 马克思主义的民生思想与实践［M］. 北京：中央编译出版社，2015：181-185.

化等方面的建构，早期与苏联极为相似。20世纪50年代，从南斯拉夫开始东欧各国逐渐脱离苏联模式，研究本国实际，结合本国国情，在共产党的领导下走具有本国特色的社会主义道路。战后40年社会主义建设取得了巨大成就，人民生活水平显著提高，民生状况显著改善，一些国家甚至曾经步入中等发达国家行列。

东欧前社会主义国家共产党虽然没有直接提出民生概念，也没有对民生问题进行专门、系统的论述，但是其却散见于各国共产党及政府的文件、领导讲话、会议决议中，主要蕴含在基础理论、战略目标、阶段性目标，路线、方针、政策之中。其民生建设的经验主要在于，把社会主义经济的发展作为改善民生的根本和关键，以健全的社会保障制度，如保险法、退休法、医疗、失业、优抚、培训等，托起社会稳定和公平的底线，把人民群众视为改善民生的主体和依靠力量。

进入20世纪80年代，东欧各社会主义国家经济发展速度明显下降，有的甚至发生停滞，出现严重困难和危机的状况，严重影响群众的生活水平，引发群众不满，导致发生巨变。东欧前社会主义国家巨变告诉我们，民生建设是一项常抓不懈的系统工程，必须建立相应的常态化制度、机制、法律，以达成民生目标的预期实现。

（三）马克思主义民生民情反映机制

1917年，十月革命取得胜利，之后苏维埃社会主义共和国联盟建立，自那时起苏联就建立了法制和行政解决民生问题与诉求的两个程序。苏联所有的机构都处理群众对民生的不满问题，苏联信访局在处理群众对民生问题不满上发挥了巨大作用。列宁曾经亲自起草了《关于苏维埃机关管理工作的规定草案》，对处理群众信访诉求做了明确规定，譬如每个苏维埃机关都要张贴接待群众信访的日期和时间安排，每个苏维埃机关都要有信访受理登记簿等制度。

苏共二十大之后，对民生民情测度的民意测验开始进入苏联和东欧国家。苏联的舆论调查开始于20世纪60年代初的《共青团真理报》，后来受到"缺乏政治警惕性"的指责，被迫于1971年停止了这一工作，后在科学院社会学研究所内保留了一个舆论研究小组。

波兰在1958年通过广播电台和电视台进行民意测验。20世纪70年代在马列研究所内建立了舆论调查机构，对164家有代表性的企业进行追踪性调查。1978年，在克拉科夫成立了一家以报刊读者为对象的舆论研究机构。

1983年，部会议办公厅下设了社会舆论调查中心进行社会调查。

匈牙利于1968年成立了公众联系研究中心，民主德国也在中央委员会下面设立了一个民情研究所。保加利亚于1983年3月颁布了"民意征询法"，由国民议会、国务委员会和各级人民委员会组织一定公民参与讨论和决定上述机构职权范围内的重要问题。①

无论是苏联或东欧社会主义国家建立信访制度，还是对反映民生民情的社会舆论或民意调研机制的建立，都有助于了解群众的呼声和诉求，纾解民情民意，制定合理的政策，稳定经济政治，促进社会发展。

四、中国共产党人的民生思想和群众路线

中国共产党诞生于1921年，最初仅有50多名党员，至1927年中共第五次全国大会时已有党员5万多人，1945年中共第七次全国代表大会时拥有党员121万人，1949年新中国成立时中共党员人数约450万。中国共产党从无到有，从小到大，从弱到强，从不当政到执政全国，除了党的坚强领导及纲领、路线、方针、政策、理想、信仰等的感召力、凝聚力之外，更重要的是在于其成长和发展过程中对民生民情的关切和重视，以及通过民生实践对群众生产生活诉求的满足，特别是通过社会工作实践创立的群众路线，实现了最大限度地联系群众、团结群众、教育群众、组织群众、服务群众、维护群众的合法权益，从而获得了人民群众的拥护和支持。

（一）中国共产党人的民生思想

中国共产党是马克思主义的历史唯物主义者，不仅继承了中华民族传统文化中的民本主义思想，而且在实践中公开宣称"人民群众是历史的创造者""人民只有人民，才是创造历史发展的动力"，这不仅是"民为邦本，本固邦宁"思想的传承，更是对现实社会人民主体的一诺千金。正像毛泽东同志在党的六届六中全会上指出的那样，"我们是马克思主义的历史主义者，我们不应当割断历史。从孔夫子到孙中山，我们应当给以总结，承继这一份珍贵的遗产"②。

青年毛泽东曾指出，"天下之生民，各为宇宙之一体，即宇宙之真理，各具于人人之心中，虽有偏全之不同，而总有几分之存在。今吾以大本大源为

---

① 王义祥. 苏联东欧的民意测验 [J]. 上海：今日苏联东欧，1988（4）：42-44.
② 毛泽东. 毛泽东选集：第二卷 [M]. 北京：人民出版社，1969：534.

号召，天下之心其有不动者乎？天下之心皆动，天下之事有不能为者乎？天下之事可为，国家有不富强幸福者乎？""民"为"宇宙"之一部分，若其心"皆动"，则可为"天下之事"。① 青年毛泽东的生民观，与中国历史上"为生民立命"思想源出一处，可以溯源到久远的"敬天保民"观，甚至上溯到部族社会时的"神农氏教人稼穑""燧人氏教人钻木取火""伏羲氏教人结网捕鱼"，以及传说中的"大禹治水三过家门而不入"，也就是说中国的政治家深受中国传统民生思想的影响，在积极传承的同时加以发扬和光大。

至于新民主主义革命时期，以毛泽东同志为代表的中国共产党人深刻意识到党与人民是须臾不可分离的鱼水关系，党的生存、发展和壮大不能没有人民的拥护和支持，甚至把人民群众视为党领导下革命成功的铜墙铁壁，认为依靠民众就能克服一切困难，任何强敌都能战胜，而离开民众则将一事无成。当然，在领导革命事业的过程中，党必须始终代表人民群众的利益，并且重视和满足人民群众的正当利益和诉求。毛泽东指出："我们应该深刻地注意群众生活的问题，从土地、劳动问题，到柴米油盐问题。妇女群众要学习犁耙，找什么人去教她们呢？小孩子要求读书，小学办起了没有呢？对面的木桥太小会跌倒行人，要不要修一下呢？许多人生疮害病，想个什么办法呢？一切这些群众生活上的问题，都应该把它提到自己的议事日程上。"② 正是对人民群众的尊重和关切，对民生问题的高度重视和积极化解，党赢得了人民群众坚定的拥护和支持，促成了党领导的革命取得一次又一次的胜利。无论是领导民众以斗争谋求民生发展的建党初期以及土地革命战争，还是以建立政权保障民生发展的苏区和边区建设，以及以斗争谋求民生和以政权保障民生有机结合的抗日战争，以及解放战争时期和解放区的巩固和发展，中国共产党领导的革命取得了一个又一个、一个阶段又一个阶段的胜利。

在领导中国革命和建设中，以毛泽东为代表的中国共产党人，笃定人民群众是历史发展的根本动力，坚定秉持人民群众是历史创造者的观点，坚定认为，革命和建设必须代表广大人民群众的利益，依靠广大人民群众，"我们是以占全人口百分之九十以上的最广大群众的目前利益和将来利益的统一为出发点的"③。对于广大群众的切身利益问题，关涉群众生活生计的问题，一点也不能疏忽，一点也不能看轻，务必保持谦虚、谨慎、戒骄、戒躁的态度，

---

① 中共中央文献研究室，中共湖南省委《毛泽东早期文稿》编辑组. 毛泽东早期文稿[M]. 长沙：湖南人民出版社，1990：85.
② 毛泽东. 毛泽东选集：第一卷[M]. 北京：人民出版社，1991：136-141.
③ 毛泽东. 毛泽东选集：第一卷[M]. 北京：人民出版社，1991：864.

全心全意地为中国人民服务，一切从人民群众的根本利益出发，而不是从个人或小集团的利益出发，保持向人民负责和向党的领导机关负责的一致性。在正确处理人民内部矛盾问题的过程中，坚持马克思主义普遍原理与我国国情的结合，以苏联等社会主义国家民生建设经验为鉴，坚持探索符合中国国情的民生发展道路，以农业为基础，以工业为主导，以农轻重为序发展国民经济，坚持两条腿走路的工业化之路，秉持"统筹兼顾，适当安排"的方针，"无论粮食问题，灾荒问题，就业问题……以及其他各项问题，都要从对全体人民的统筹兼顾这个观点出发，就当时当地的实际可能，同各方面的人协商，做出各种适当的安排。"[①] 民生建设和问题处理如何，人民群众是最好的评鉴人。

20世纪80年代末，随着苏东社会主义国家的解体，苏东国家民生建设方面存在的问题，给中国特色社会主义建设以深刻的启示，必须高度重视民生建设和公共供给，满足人民群众日益增长的物质文化和精神文化的需要。邓小平指出，"我们一定要根据现有的有利条件加速发展生产力，使人民的物质生活好一些，使人民的文化生活、精神面貌好一些"[②]。中国解决所有问题的关键在于自身的发展，生产发展是人民生活改善和提高的必要物质基础。从中国的实际出发，首先要解决好农村问题、粮食问题。基于中国国情，允许部分地区、部分行业、部分人群率先富裕起来，然后先富带后富，实现共同富裕。要广开门路，多想办法，千方百计发展乡镇企业，发展多种经济形式，实现充分就业。在经济社会的发展中，不断完善社会保障制度，以确保持续发展稳定的社会环境。

随着经济的快速发展，改革开放进入瓶颈阶段，尤其是教育、医疗、社会保障等事业发展相对滞后。以江泽民为代表的第三代中央领导集体，直面压力，创造性地回答了"建设什么样的党，怎样建设党"的重大理论问题，执政为民，"在经济发展的基础上，促进社会全面进步，不断提高人民生活水平，保障人民共享发展成果"[③]。改善创业环境，增加就业岗位，广开就业门路，积极发展劳动密集型产业，对再就业予以扶持，对富余劳动力就地转移。规范分配秩序，合理调节过高收入，取缔非法收入。扩大中等收入比重，提高低收入者的收入水平。建立和完善城镇职工基本养老保险制度和基本医疗

---

① 中共中央文献研究室. 毛泽东文集：第七卷 [M]. 北京：人民出版社，1999：228.
② 邓小平. 邓小平文选：第二卷 [M]. 北京：人民出版社，1994：128.
③ 江泽民. 江泽民文选：第三卷 [M]. 北京：人民出版社，2006：534.

保险制度，健全失业保险制度和城镇居民最低生活保障制度，以增强人民群众生活的安全感、幸福感、认同感。

21世纪初，中国的改革开放已经到了制度设计和创新的关键时刻。现代化过程中的就业、社会保障、住房、医疗难、上学难等民生问题非常突出，群众对民生的需求更加具体、要求渐次提高，加快推进以民生改善为重点的社会建设日益迫切，非此不能稳定社会，促进社会和谐。胡锦涛指出，必须在经济发展的基础上，更加注重社会建设，着力保障和改善民生，推进社会体制改革，扩大公共服务，完善社会管理，促进社会公平正义，努力使全体人民学有所教、劳有所得、病有所医、老有所养、住有所居，推动建设和谐社会。① 把为民执政作为考核各级领导的标准，把改善民生作为社会建设的重点，以人为本，以全面协调可持续的科学发展作为指针，实现好、维护好、发展好最广大人民的根本利益。

习近平指出："我们的人民热爱生活，期盼有更好的教育、更稳定的工作、更满意的收入、更可靠的社会保障、更高水平的医疗卫生服务、更舒适的居住条件、更优美的环境，期盼孩子们能成长得更好、工作得更好、生活得更好。人民对美好生活的向往，就是我们的奋斗目标。"② 党的十八大以来，中国共产党人牢固树立为人民服务的宗旨，坚定践行全心全意为人民服务的原则，以高度负责的态度，真心诚意为人民群众办实事、做好事、解难事。尊重人民群众的主体地位，发挥人民群众的首创精神，保障人民群众的各项权益，走共同富裕道路，促进人的全面发展。紧紧依靠广大人民群众，团结起来，万众一心，努力实现国家富强、民族振兴、人民幸福，使人人共享人生出彩的机会，共享梦想成真的机会。

（二）中国共产党人的群众路线

群众路线是中国共产党和政权机关处理和人民群众关系问题的领导方法和思想认识路线，是党的生命线和根本工作路线，是党在长期革命和建设中的制胜法宝。在现代化的过程中，由于利益的调整和重新分配，民生民情可能出现流变与涌动，中国共产党人不仅传承和弘扬了中国传统社会的民生思想，丰富和发展了马克思主义的民生思想和经验，更重要的是根据本国国情，

---

① 胡锦涛．高举中国特色社会主义伟大旗帜　为夺取全面建设小康社会新胜利而奋斗：在中国共产党第十七次全国代表大会上的报告［M］北京：人民出版社，2007：43．
② 习近平．习近平谈治国理政：第一卷［M］．北京：外文出版社，2014：4．

创造性地推出了党的群众路线，使得民生建设得到发展，民情得以畅快纾解，党群、政群关系得以密切加强，社会主义现代化事业以前所未有的速度发展。

1. 群众路线及其价值

在中国共产党成立之初的革命斗争中，党就意识到动员群众、深入群众、组织群众的重要性，不过，将对群众认知的群众观上升到群众路线的高度则是在大革命的洗礼中完成的。党的二大通过的《关于共产党的组织章程决议案》中明确提出了，"党的一切运动都必须深入到广大的群众里面去"。1925年，中共扩大执委会决议案进一步提出"中国革命运动的将来命运，全看中国共产党会不会组织群众，引导群众"。1925年，毛泽东在《中国社会各阶级的分析》一文中第一次将农村贫雇农与"都市苦力""游民无产者"等纳入群众范畴，突破了此前以产业工人为阶级基础的教条主义认知，为更广泛地动员和组织群众提供了理论依据。1927年，毛泽东在《湖南农民运动考察报告》一文中进一步提出了，相信群众、依靠群众和动员组织群众，为党的群众路线形成提供了现实依据。1928年召开的党的六大确定了"党的总路线是争取群众"。1929年9月，周恩来在《中央给红四军前委的指示信》中，第一次提出"群众""路线化"，并完整提出"群众路线"概念，明确要求红军筹款工作、没收地主豪绅财产、解决给养及需用品等问题，都要"经过群众路线"。1930年，毛泽东《反对本本主义》一文对深入基层、深入群众调查研究的极端重要性的强调，为党的群众路线的形成做了理论铺垫。1943年，毛泽东在《关于领导方法的若干问题》一文中，对党的群众路线的工作方法进行了精辟概括："在我党的一切实际工作中，凡属正确的领导，必须是从群众中来，到群众中去。"1945年，毛泽东在《论联合政府》一文中，进一步对党的群众路线做了深刻阐释："我们共产党人区别于其他任何政党的又一个显著的标志，就是和最广大的人民群众取得最密切的联系。全心全意地为人民服务，一刻也不脱离群众；一切从人民的利益出发，而不是从个人或小集团的利益出发；向人民负责和向党的领导机关负责的一致性。这些就是我们的出发点。"在党的七大党章修正案中，历史性地把党的群众路线定位为党"根本的政治路线"和"根本的组织路线"。

伴随着革命斗争的发展，以及党对群众认识的深化，中国共产党人从群众观到群众路线理论的整体成型，表明了中国共产党人的成熟和理性，尤其是对党群关系、政群关系的清醒认知，以及组织群众、领导群众、服务群众的意识和践行，成就了革命时期党和人民事业的发展和壮大。延安时期，毛泽东运用辩证唯物主义和历史唯物主义基本观点，对群众路线进行了全面的分析，第一次系统地阐述了群众路线的基本含义，把群众路线确立为党的根本的领导方法和工作方法。一是"从群众中来，到群众中去"。这样的"一个来去"，要求以群众为中心，"来"是要把群众的意见带回来、集中起来，"去"是将形成的集中的正确意见带回去，到群众中宣传解释，使群众行动起来、坚持下去。二是"一般和个别相结合，领导和群众相结合"，"两个结合"是贯彻落实群众路线的基本方法。三是"再从群众中集中起来，再到群众中坚持下去"，"两个再"是无限循环、不断提高，永无止境、永不停歇的。四是"全心全意地为人民服务，一刻也不脱离群众；一切从人民的利益出发"，"两个一"规定了群众路线的出发点。五是实行群众路线的"两个原则"：一是实行"群众的自愿原则"；二是实行"领导群众前进一步的原则"。以上的"一个来去""两个结合""两个再""两个一"和"两个原则"，构成了完整的群众路线的目的论和方法论，标志着中国共产党群众路线理论的系统创建。[1]

群众路线说的是党群、政群关系，以及政治路线、组织路线和工作路线，无论是哪一时期的群众路线，对党和人民的事业都至关重要。首先，通过群众路线争取、团结和影响了群众，扩大了阶级基础和群众基础。政党是代表一定阶级、阶层或社会集团的根本利益，具有特定的政治纲领和政策主张，按照特定规则采取共同的行动，为获取、参与或维护政权而展开的政治组织。争取、团结和影响自己所代表的阶级、阶层、社会集团和社会大众，是政党的首要任务，"任何一个代表着未来的政党的第一个任务，都是说服大多数人民相信其纲领和策略的正确"[2]。在说服群众的基础上，以增强党的阶级基础和群众基础，扩大党的政治力量和社会影响力。"政治家的艺术（以及共产党人对自己任务的正确理解）就在于正确判断在什么条件下、在什么时机无产阶级先锋队可以成功地取得政权，可以在取得政权过程中和取得政权以后得到工人阶级和非无产阶级劳动群众十分广大阶层的充分支持，以及在取得政权以后，能够通过教育、训练和争取愈来愈多的劳动群众来支持、巩固和扩大自己的统治。"[3] 其次，通过群众路线宣传了党的政治立场、原则和目标，凝聚了人民群众磅礴的力量，形成推进近远期目标实现的和衷共济的合力。

---

[1] 许耀桐，刘祺. 论中国共产党群众路线的三大创新［J］. 中共福建省委党校（福建行政学院）学报，2022（5）：55-63.

[2] 中共中央马克思恩格斯列宁斯大林著作编译局. 列宁专题文集：论社会主义［M］. 北京：人民出版社，2009：82.

[3] 中共中央马克思恩格斯列宁斯大林著作编译局. 列宁选集：第4卷［M］. 北京：人民出版社，2012：161.

党的宗旨和目标除了积极的展示，还要在自己代表的阶级和群众中，进行广泛的宣传和动员，特别是在组织群众的活动中，让群众有更多的理解和认识，尤其是认识到党的宗旨和目标与群众根本利益的一致性，党的奋斗目标才能转化为群众脚踏实地的实际行动。在党的号召和引领与群众的自觉配合形成巨大合力的前提下，党规划的近期和远期目标就容易从可能性转变为现实性。再次，在群众路线的贯彻和实施中，对关系群众切身利益的呼声和诉求有了更准确的认知与判断，便于对不合适的群众工作政策或策略做出调整。"从群众中来，到群众中去"，就是以群众为中心，把群众的呼声带回来，把正确的决策带下去，一来一去密切了党群关系，使关于群众利益问题的决策更加科学。"再从群众中集中起来，再到群众中坚持下去"，把群众对调整后的政策、措施的意见集中起来，回到决策中心进行反复评估，再把完善后的决策或措施带到群众中去执行，这样决策一次比一次科学、完善、合情合理，赢得群众对党的信任、赞成、拥护和支持。最后，群众路线的实施，极大地防止了脱离群众生活实际的决策与判断，规避了党政活动中的命令主义和尾巴主义。党政活动中的命令主义，不是拘泥于理论的本本主义，就是不顾实际的发号施令，除了造成不良后果外，实在没有可取之处。而那种远远尾随群众活动的尾巴主义，除了事后诸葛亮之外，也没有可取之处。采用深入群众生活，关心群众、服务群众的工作方式，发现问题，随时调处，走在事前，防患于未然。

群众路线实施的价值，不仅对工作中的党政存在意义，对社会生活中的群众同样具有重要的意义。首先，群众路线的实施，使在社会生产、社会生活一线的群众有受尊重之感，让劳动者油然而生主体之感、平等之实。中国2000多年的封建社会，即便普通劳动者是社会的脊梁，即便社会中传唱着"民为邦本，本固邦宁"，但是在"民可使由之，不可使知之"的时代里，"以愚黔首"的操弄，只能让"面朝黄土背朝天"的人民群众备感卑微和愚笨。马克思指出，"任何一个存在物只有当它用自己的双脚站立的时候，才认为自己是独立的"[①]。在中国共产党诞生之前，劳动者从未获得过这样的社会境遇，这就是平等、独立、自主，以及作为人享有人格、尊严、认可，群众很难不对共产党的群众路线赞赏、拥护和支持。其次，群众路线的实施，使群众生产生活中的郁闷、不满、不平能够及时得到释放和反映，从而规避了

---

① 中共中央马克思恩格斯列宁斯大林著作编译局. 马克思恩格斯文集：第1卷[M]. 北京：人民出版社，2009：195.

培根所说的"发泄的不逊，滋生的暗疮"。汉代王充在《论衡》中讲到，"知屋漏者在宇下，知政失者在草野，知经误者在诸子"，建议为政者要走出庙堂，到民间去观察民众生活、听取民众的意见。否则，信息不予沟通，民声充耳不闻，民怨置之不理，百姓忍无可忍，就容易揭竿而起、斩木为旗。群众路线的实施，让群众意见和建议更容易得到回应和落实，不满和不平更容易无害释放，极大规避了郁愤引发的暗疾或震荡。最后，群众路线的实施，共产党人"一来一去"平实的工作作风，容易使生产生活中的群众产生满足感、信任感、充实感。一是群众对生产生活的意见和建议能够得到及时回应；二是生产生活中的分歧或摩擦能够得到及时纾解，而且自己的切身利益能够得到关切或满足，这使群众感到满足和充实。

2. 群众路线的守正创新与常态机制

不同的历史时期，党的群众路线的核心内容和目标有一定的差异，但是党的群众路线的初衷和根本宗旨是不变的，那就是全心全意为人民服务。在新的历史时期，民生民情更加复杂，群众工作更加艰巨，但是，群众路线的工作方法不能丢，而且需要根据时代的具体情况守正创新，更好地联系群众、服务群众。在推进社会主义现代化建设的过程中，建构法治中国、法治政府、法治社会，更应该建构起落实群众路线的常态制度和机制。

（1）群众路线的守正创新

新中国成立以后，中国共产党根据全面执政面临的新形势和新任务，对群众路线进行新的丰富和发展。1956年，党的八大从两个方面对党的群众路线进行了系统性概括：一是进一步强调了人民群众主体论、党的群众路线的价值追求以及党的群众工作作风，即"党必须密切联系群众和依靠群众，而不能脱离群众，不能站在群众之上；每一个党员必须养成为人民服务、向群众负责、遇事同群众商量和同群众共甘苦的工作作风"；二是进一步强调了党的群众工作方法，并将其作为检验党的工作正确与否的根本标准，即党的领导工作能否保持正确，取决于它能否采取"从群众中来，到群众中去"的方法。党的群众路线的理论定型与实践发展的新标志，是1981年党的十一届六中全会通过的《关于建国以来党的若干历史问题的决议》，该决议把党的群众路线概括为"一切为了群众，一切依靠群众，从群众中来，到群众中去"。1982年，党的十二大修改后的党章，进一步强调要"把党的正确主张变为群众的自觉行动"。至此，党的群众路线发展成为一个有鲜明立场、完整表述、严密逻辑、系统内容、深刻内涵和明确取向的党的根本工作路线。

在改革开放和中国特色社会主义现代化建设中，邓小平就坚持正确的群众路线的极端重要性做了反复强调，指出"群众路线和实事求是这两条是最根本的东西"。同时指出，"三个有利于"标准和坚持以人民态度、人民意志作为党的决策根本依据的要求，以及"始终代表最广大人民的根本利益"和坚持"以人为本"，坚持"发展为了人民，发展依靠人民，发展成果由人民共享"等新论断、新实践，都是改革开放历史条件下对党的群众路线的创造性发展。党的十八大以来，以习近平同志为核心的党中央立足实现"两个一百年"奋斗目标和直面世界"百年未有之大变局"，"深刻认识'群众'主体新变化，立足'群众'推进群众路线"，把党的群众路线作为全面从严治党的重要抓手，深入开展了以"为民、务实、清廉"为主题的群众路线教育实践活动，把党的先进性与纯洁性建设与实现人民对美好生活的向往有机统一起来，形成了以人民为中心、人民利益至上的发展思想，为切实加强对全体党员干部的马克思主义群众观教育，有效化解现阶段社会不和谐因素，进一步密切党群、干群关系，最大限度凝聚全社会合力，构建党内政治新生态，推进全面深化改革，夺取全面建成小康社会的历史性胜利，以及为顺利开启全面建成社会主义现代化国家新征程提供了强大动力。

随着互联网信息技术的发展，民生民情在网上有着更多的呈现，意味着数亿网民的心声、呼唤和诉求。党的群众工作的基本要义仍是懂群众心理、懂群众语言、懂沟通技巧、会化解矛盾、会调解纠纷、会主动服务、会宣传发动。2016年4月，北京主持召开网络安全和信息化工作座谈会，会上提出，"各级党政机关和领导干部要学会通过网络走群众路线，经常上网看看，潜潜水、聊聊天、发发声，了解群众所思所愿，收集好想法好建议，积极回应网民关切、解疑释惑"①。2018年4月，全国网络安全和信息化工作会议召开，会上提出，"要运用信息化手段推进政务公开、党务公开，加快推进电子政务，构建全流程一体化在线服务平台，更好解决企业和群众反映强烈的办事难、办事慢、办事繁的问题。网信事业发展必须贯彻以人民为中心的发展思想，把增进人民福祉作为信息化发展的出发点和落脚点，让人民群众在信息化发展中有更多获得感、幸福感、安全感"②。为了适应新时代的要求，各级党政部门既不能忽视网络的作用，也不能无视网民的心声，要让互联网成为联系群众的新载体、新渠道，成为民众行使知情权、参与权、表达权、建议权和监督权的新渠道，需要创新的是将践行群众路线置于全新的时空、人群

---

① 习近平. 习近平谈治国理政：第二卷［M］. 北京：外文出版社，2017：336.
② 习近平. 习近平谈治国理政：第三卷［M］. 北京：外文出版社，2020：307-308.

中，巩固和拓展其核心价值，适时创新群众工作方法。

（2）落实群众路线的常态机制

群众路线是中国共产党人的政治路线、组织路线、思想路线和工作方法，在革命和建设中发挥了重要的影响和作用，并且积累了实施的重要经验和智慧，这就是群众路线要常抓不懈，群众路线一刻也不能放松，一刻也不能脱离群众，形成了落实党的群众路线的常态化制度和机制。

第一，群众监督制度

群众监督是人民群众对党和政府机关及其工作人员的工作所进行的监督。群众监督的基本方式是批评、建议、检举、控告和申诉。

群众监督制度实施的前提条件是群众充分享有知情权、参与权、表达权和监督权。没有知情权、参与权、表达权，监督权就难实现；没有参与权、知情权，表达权必然大打折扣；没有表达权、参与权，监督权将形同虚设；没有监督权、知情权，表达权在很大程度上会失去意义。尤其是监督权，对立法、决策的监督，如申请违宪审查、违法审查等；对行政执法的监督，如申请行政复议等；对公职人员滥用权力、不作为和腐败行为的监督等。

群众监督的实施机制包括举报制度、社会调查制度、申诉制度、政治协商对话制度、意见征询制度等。

第二，社会舆论监督制度

社会舆论监督是我国监督体系中社会监督（外部监督）的一种，其实质是公众监督。舆论监督作为公民宪法权利（监督权）的体现和常见形式，是社会公众运用各种传播媒介对社会运行过程中出现的现象表达意见和态度的活动。舆论则是公众对特定话题所反映的多数意见之集合，是一种社会评价和社会心理的集中体现。

舆论监督，实质上就是人民的监督，是人民群众通过各种舆论媒介对国家和社会所进行的监督，也是党和人民通过新闻媒介对社会进行的监督。舆论监督的载体多样，报纸、杂志、广播、电视、互联网等；舆论监督的形式多种多样，电话访谈、记者采访、实况报道、专家评论、公众留言等。这使舆论监督的传播覆盖面大、传播速度快、影响范围广、可信度较高、社会反响强烈。

第三，信访制度

信访制度是群众通过来信来访以及电话、邮件等方式，向党和政府机关或相关组织表达心声、利益反映和诉求裁决的一种制度。这种制度畅行的前提是，党和政府代表广大人民群众的根本利益，党和政府除了全心全意为人民服务，在相关事物的判断、裁决和调处中，既没有小团体主义、集团利益，也不存在个人私利的渗透，完全依据党纪国法以及事情的原委曲直，依托相关程序秉公高效处理。中国共产党从诞生，到领导革命和建设以及改革开放，长期以来形成的共识是党群、政群密不可分的鱼水关系，正是基于这样的认知和判断，群众满怀真诚的信任和殷切期盼，以去信或走访的形式向党和政府呼吁、反映和诉求。

信访工作制度主要包括登记制度、呈阅制度、承办制度、交办制度、转办制度、催办制度、回告制度、审查结案制度、复信制度、督办制度、归档制度等。随着时代的发展，信访工作与时俱进，产生了更多的创新制度，主要有领导热线、领导接待日、首问责任制、下访制、回访制、保密制、回避制、听证制、绿色通道、网上信访等。

五、小结

现代化进程中新的产业技术、生产方式、生活方式，抑或思想观念、价值目标，以及谋新谋变的喷涌而出与持续不断的适应性改革，对国家、社会、市场有利益平衡及其机制形成的催化作用。这使生活在其中的社会主体发生感性与理性的万般纠结，经济发展的速度赶不上现代化的社会动员，结果造成社会成员心理的挫伤，社会横向与纵向的流动机制若不能充分慰藉社会成员的心理挫伤，就可能激发社会成员挺身而出的政治参与。政治参与没什么不好，但是如果制度建构的速度赶不上政治参与的快速发展，就可能出现社会动乱。现代化发展必然是力量积蓄、打破宁静、活力喷涌，而现代化发展力量积累的过程又需要不容叨扰的聚精会神、一心一意，政府主导型现代化国家民众易把现代化中的纠结与不安指向政府，即便所谓经济自由主义的现代化同样也会存在类似问题。现代化中的"敬天保民"至关重要，民生民情向来是治国理政的晴雨表，关心群众、依靠群众、解决群众诉求就是获得群众赞赏、拥护、支持的关键，当代世界中的第一大党不仅创造性提出了群众路线，而且在革命和建设中推出了群众路线的常态化制度和机制。

第四章　渠道创新前当代中国的信访及不足

现代化的过程，就是一个社会的经济、政治、文化的快速发展，包括社会成员的思想、价值观念、社会期望等加速嬗变的过程。在这期间，经济增长使社会成员对现代化充满了预期，而心理预期与现实供给之间存在不可避免的差距，这种心理落差可能转化为对现代化或主导者的不满从而发展成为影响政府决策和行为的政治参与。当然，如果政治参与依法有序，政府的回应和治理依法且合情合理，必将促使政府决策更科学、行政更民主、执政更公正。不过，如若社会成员心理挫折无人顾及，政治参与不是及时纾解而是疏忽或轻视，那就必然导致已有制度文化的紊乱。现代化的过程就是系列旧制度文化的破坏，也是新制度文化的建构过程。这既有制度的传承与衔接，也有制度的断裂与重构，也不乏一定时期特殊事项上制度的缺失与空白，也就是政治制度化的速度赶不上社会动员的频率。

当代中国的现代化属于后发追赶型现代化，正以一日千里的速度追赶着现代化或后现代化的脚步，工业化、技术化、信息化正日益主导着中国社会产业的发展，人们的价值观、信仰和理念以及期望值正朝着现代性的方向转变。现代化赋予社会以生机、活力与希望，同时又伴生着难以规避的风险与忧患，社会的分化与整合、断裂与传承、分层与流动、效率与公平、速度与质量、民主与威权，以及现代化过程中国家或政府的敢想、敢干、敢做、敢当，以及在某些领域的无所作为或心有余而力不足等，都在挑逗与搅动着人们的神经。政府在面对这些问题的处理与调整时，不免存在科学、民主、法治的不足，利益平衡缺失可能导致少数群众的利益直接受损或相对受损。利益受损的群众在私力救济无济于事的情况下，无奈的不解与郁闷的不甘开始外化为诉求公平与正义的公力救济。由于司法与诉讼机制的不堪重负，人们又纷纷涌向民情反映与诉求的信访渠道和机制。

本课题研究认为，信访就是通过简易程序主动回应或救济民情民意，避免将影响决策或公共产品制定的批评、建议、投诉及不足以诉讼的一般行政争议纳入诉讼程序。为了保障信访人的权利，把反映和诉求的问题依法、及时、就地、有效解决，国家建立了相应的组织机构，配备了相应的基础设施、硬件设施以及工作人员，划拨了相应的办公经费，建立了相应的工作制度，如受理、分类、转送、转办、交办、反馈以及复核、复议、终结等制度，来回应民情反映，解决民意诉求，疏导民情民意。自1951年我国确立信访制度以来，信访制度已经成为我国公民依法进行利益维护与表达的重要途径。1995年10月28日，国务院正式制定和颁布《信访条例》（现已废止），2005年正式实施修订后的《信访条例》（现已废止）（以下简称《条例》）。《条例》共七章五十一条。《条例》规定，县级以上人民政府应当设立信访机关，基层乡镇应以方便群众为宗旨，指定相应科室及工作人员具体负责信访工作事宜，各级人民政府应当做好信访工作，认真处理群众来信、接待群众来访，倾听群众的反映、意见、建议和诉求，接受群众的政治监督，全心全意为人民群众服务。各级人民政府应当依法、科学、民主决策，依法履行职责，积极担当责任，从源头上防范引发信访事端的矛盾和冲突，坚持"属地管理，分级负责"的信访治理原则，谁主管、谁负责，落实依法、及时解决问题与疏导教育相结合的方针。县级以上人民政府应当建立统一领导、部门协调的机制，坚持统筹兼顾、标本兼治的原则，形成各负其责、齐抓共管的信访工作格局，通过信访联席会议、排查调处机制、信访督查与问责制度等，及时调处和化解矛盾与纠纷。各级人民政府应当将信访工作绩效纳入公务员的考核体系中来。并且规定了信访方法、途径、信访事项的提出、信访事项的受理、信访事项的办理和信访的督促办理、信访的法律责任等。

20世纪60年代初，浙江省绍兴市诸暨县（现诸暨市）枫桥镇干部群众创造了"发动和依靠群众，坚持矛盾不上交，就地解决，实现捕人少，治安好"的"枫桥经验"。为此，1963年毛泽东同志曾亲笔批示"枫桥经验"并提出"要各地仿效，经过试点，推广去做"。"枫桥经验"由此成为全国政法战线一个脍炙人口的典型。之后，"枫桥经验"得到不断发展，成为"小事不出村，大事不出镇，矛盾不上交，就地化解"，帮扶刑满释放人员，外来务工人员管理新模式等，形成了具有鲜明时代特色的"党政动手，依靠群众，预防纠纷，化解矛盾，维护稳定，促进发展"的枫桥新经验，成为新时期把党的群众路线坚持好、贯彻好的典范。

不过，基层社会是复杂的，充斥着各种各样的矛盾，受各种主客观条件的限制，如领会"枫桥经验"不足，结合本地实际不够，或者全方位无死角"天眼监督"有限，一些争端或纠纷一经发生，信访诉求或处理往往并非程序式发展。如果再加上一定时期的社会严重关切，如重大节庆或重要会议召开时期，出于维护社会稳定的考量，基层行政人更希望多一事不如少一事，外加个别行政人的法治意识不强，依法履行岗位职责担当不够，信访反映和诉求的过程往往一波三折，如电器制造厂李XX的信访诉求过程。

2013年7月10日《中国青年报》报道，今年80岁的李XX，1948年参军，参加过渡江战役，退伍后在XA市国营电器制造厂当了一名工人。1978年4月28日上午，正在厂里看守车棚的李XX突然被厂保卫科几个人抓了起来，被认为是两年来一直在厂小卖部实施盗窃的小偷。其"被关进保卫科楼下小黑屋达108天"，一根手指被打残，一条腿被打伤，随后被开除厂籍、留厂察看。连续多年的抓贼模范，怎就忽然成了小偷？在本单位申诉无门，李XX只好背上材料，找市、省、部相关部门……然而，一圈下来，问题还是被转回了厂保卫科。情急之中，李XX进京上访，最高检要求S省纪委复查！满怀欣喜的李XX回到X市，却被当地公安机关强制劳教两年，理由是"不服处分，纠缠领导，无理取闹，影响工作秩序"。

1980年5月30日，真正的盗窃犯再次行窃时，被厂值班室的工人逮了个正着儿。公安机关经过侦查，确认该犯3年间盗窃现金、物资总价值5700元，恰好是李XX被开除厂籍时认定的"盗窃金额"。真正的罪犯被判处12年有期徒刑。正在被强制劳教的李XX得以"保外就医"，解除劳教，第二年恢复了厂籍和工资。但是，却没有一个部门给自己"平反"或恢复名誉，其档案里赫然写着"1979年因盗窃问题被强制劳教两年"。

为了洗脱莫须有的罪名，李XX开始了他的第二次"讨说法"。被认定的"盗窃"金额，也从最初的5700元，降低到5000元，再到1700元，370多元、37元，最后终于成了0元。1992年，省XX办与省信访局共同研究，决定对李XX的问题"给予彻底纠正"。厂方认为，无文件编号，拒绝为其平反。为了一个文件编号，从1995年到2011年，李XX又整整奔波了16年。老人希望申请国家赔偿，被告知逮捕期间遭受体罚"是在特殊年代发生的悲剧"。法院认为，案子时间太长，过了追诉时效。

按照落实党的群众路线以及"属地管理，分级负责"的信访治理原则，群众的信访反映和诉求，基层政府如能依法有效化解，"小事不出村，大事不出镇，矛盾不上交，就地化解"是最好不过的模式，这样涉事群众也就无须不辞辛苦、舟车劳顿地向上表达和诉求，自然也就极大解决了政治系统运转的成本压力和效率问题。当然，在党中央的号召和倡导下，全国各地基层政府积极学习诸暨枫桥基层治理经验，担当好角色，发挥好作用，营造风清气正、其乐融融的基层社会生活氛围。但是，也不可否认，一些地方政府学习枫桥经验用心不足，流于形式，对待群众反映和诉求的问题不是积极想办法、出实招、动真格、求实效，结果致使原本看似不复杂的诉求问题更加纷繁芜杂，群众信访出现回应与救济不足的困境。当然，这一时期群众来信来访主要是通过传统的信访实体机制，受计算机与网络的普及程度限制，网上信访平台尚未正式成型或者尚处在探索之中。因此，这里研究的信访态势，主要指网上信访制度、机制创建之前，传统信访在民众生活和社会生活中的状况。

第一节　当代中国信访的发展态势

我国疆域辽阔，地域广大，各地拥有的自然禀赋、人文资源等各有不同，再加上当代中国经济社会发展的梯度战略影响，也就决定了各地经济、政治、社会、文化的发展态势各有不同，各地形成的民间风尚与生活习惯各有不同。正是由于区域文化的差异性，人们在生产方式、思维方式、生活方式上存在诸多不同，这种不同决定了在社会大家庭内部出现不和或发生一般的行政争端之时，人们的心理、态度和行为取向也有很大的差异。总体而言，东部沿海、中部地区、西部区域的发展呈现区域内相近的特征，也就使民众的劳动与收获以及期待和诉求伴随着区域发展状况和态势而各有不同。例如，东部地区如 H 市 Y 区的信访反映和诉求，根据有限资料判断，在一定年度信访发生总量上保持高位运行，而信访次生问题发生量出现逐年下降的良好势头（见图4-1）。

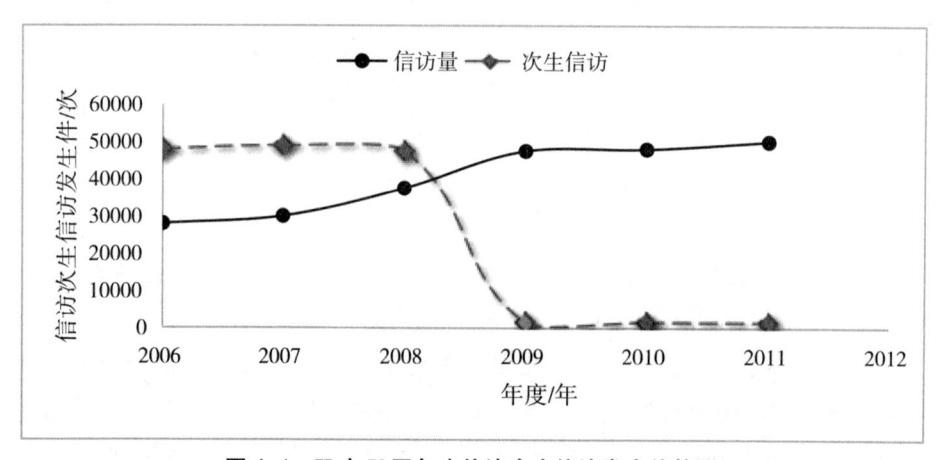

图 4-1　H 市 Y 区年度信访次生信访发生趋势图

一、信访发生数量居高难下

从地方或中央对信访受理的登记数量来看，当代中国信访诉求发生的年度统计数据相当庞大，当然数据庞大也不足为奇，毕竟国土广袤辽阔、人口逐渐达到14亿。由于地方信访登记的数量很难在较短时间内进行全面的统计，而国家信访局或中央各部委文件上所显示的信访数量，只能是民情民意成功上达后留下的痕迹。至于新《信访条例》（现已废止）施行后，在国家信访考核一票否决制的压力下，一些地方政治人不得不对信访治理有所顾虑，竟有一些地方政府出于形象工程、政绩和仕途考虑，不惜花钱消除赴京信访登记号或强势进行截访、压访等①，使国家信访局及中央其他部委统计的信访受理登记量出现较大减少。不过，本课题研究依然可以借此进行一个谨慎的估计和推测。《中国法律年鉴》公开数据显示：1978年到1982年，全国法院处理民事申诉来信来访共计83700件（人）次；1999年至2005年，全国法院共接待处理群众来信来访4111万件（人）次，较1978年至1982年的信访总量增加了近500倍（参见图4-2）。

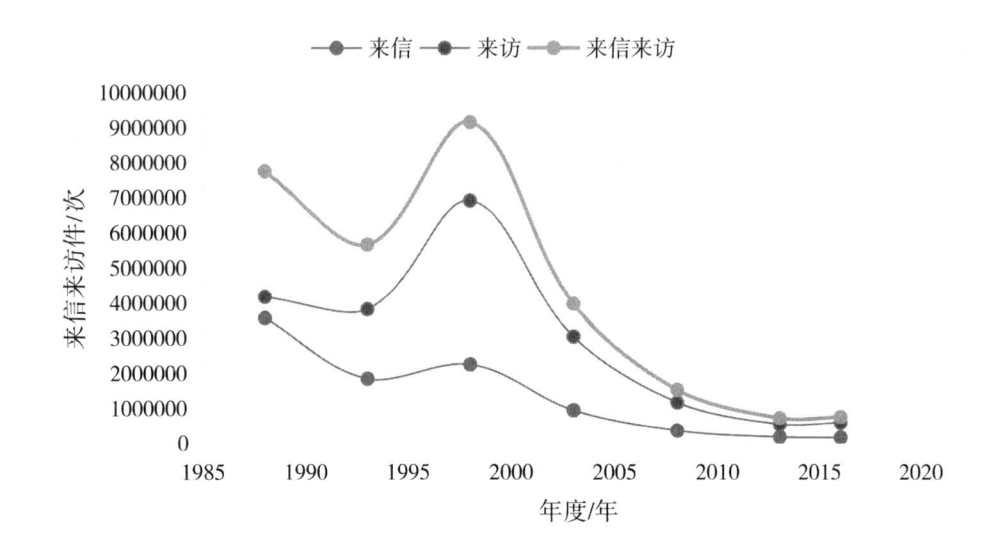

图 4-2　1988—2008 年全国法院受理人民来信来访统计数量趋势图

---

① 侯猛.进京接访的政法调控［J］.法学，2011（6）：25-33.

2000年前后法院受理的来信来访数量偏高，尤其是1999年信访总量达到峰值，表明当时社会矛盾和冲突的错综复杂程度。2005年之后，法院受理的信访量相对下降，但是，年度信访总量依然在200万件（人）~300万件（人）次，日平均近8100件（人）次。2012年之后，群众以来信来访的形式在法院的投诉与10年前相比有了极大下降，但是也在上百万件，而且群众跋山涉水、舟车劳顿、劳心费力的走访依然处于较高的状态。

另据统计，2005年全国县级以上党和政府信访部门受理的信访总量为1265.4万件（人）次。[①] 以县市为例，2010年湖北X宁的XX市信访局年度受理信访13000多件（人）次，这还不包括县里其他部门的信访数据。虽然各地的信访状况有所差异，但是以此为基础进行简单估计和推算当年全国县级以上党和政府信访部门的信访受理总量似乎保守了些，这还是在国家加大对信访的治理，实行大接访之后的情况。

不仅信访的数量惊人，而且信访带来的压力也是极其巨大的，竟至于迫使一些地方政府大规模地动员干部下乡进行接访维稳。据报道，X庆自2008年以来每年都有20多万干部下乡接访。[②] X西省、市各级共有7万多名干部下乡驻村，以实现扶贫解困达小康。[③] 无论是以接访维稳的名义下基层，还是以扶贫解困的说法下乡进村，都表明基层社会矛盾的尖锐，利益纠葛的突出以及信访问题的严峻，更表明信访的量大势猛，以致于迫使地方政府居然采用了临时动议、临时行动来暂时缓解或化解矛盾。

在全国范围内，各地信访态势不一，有地方严重，也有地方平缓。南X信访局年度工作报告显示，在2007—2015年到该局反映社情民意的群众信访量较少，年度受理信访总量在1000件（人）次左右，最少时期年度受理信访600件（人）次左右，最多时期年度受理信访也不过1200件（人）次上下，其连续数年来信来访呈现上升态势，而且群众走访的情形也较为突出。但是，对一个有着数百万人口的大城市而言，群众信访反映和诉求如此之少，与本时期同等规模人口的城市信访相比确实并不多见。

---

① 《信访条例》的贯彻实施取得明显成效：访国家信访局负责人［N］. 人民日报，2006-04-29（5）.
② 重庆每年20万干部下访接访 投入资金127亿［EB/OL］. 新华网，2012-03-10.
③ 省委书记住村咋"住"进农民的心里［EB/OL］. 凤凰网，2011-07-27.

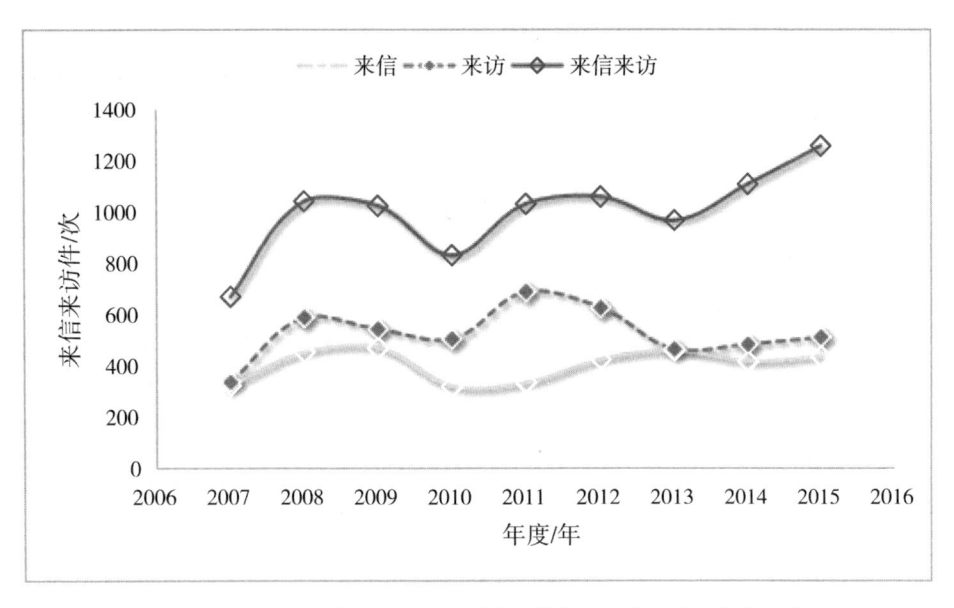

图 4-3　2007—2015 年南 X 信访局受理群众来信来访案件量化趋势图

二、群体信访尤其突兀

从信访活动的主体及诉求的推进来看，无论任何时期，零散的个体信访都是社会生活中经常发生的事情，而且数量极其庞大。按照《信访条例》（现已废止）的规定，就同一事项 5 人以上的上访被视为群体信访，而本时期的群体信访则呈不可遏制的逐年上升势头。由于一些地方政府极力地控制群体信访，民间又常常采取时分时合的方法来进行应对，也就使得群体信访与个体信访常常交织在一起，成为当代中国信访诉求最突出的特征之一。这种群体信访的诉求主要集中在几个领域：企业改制、劳动及社会保障问题，"三农"问题，各类纠纷及涉法涉诉问题，城镇拆迁安置问题，反映干部作风不正和违法乱纪问题，基层机构改革中的问题，环境污染问题，部分企业军转干部要求解决政治待遇和经济待遇问题。① 法律年鉴社出版的《中国法律年

---

① 《朱镕基讲话实录》提到，现在人民来信中，有将近 60% 是反映农村中的关涉农民利益的问题，如土地承包中的乱占地、乱收费，农民负担沉重，干部违法乱纪等；有 30% 反映城市中的问题，大部分是国有企业的问题，主要涉及下岗职工的生活和离退休人员养老金问题；还有 10% 主要反映干部问题。

鉴》公开的文本数据显示，本时期人民法院受理的行政诉讼案件的相对人主要为城建、资源、公安、劳动和社会保障、乡政府、交通、工商、计划生育、卫生、农业、税务等。课题研究过程中，通过对1987—2017年《中国法律年鉴》受理和裁决的行政诉讼案件数量统计，得到连续多年行政诉讼案件发生趋势图（图4-4）。

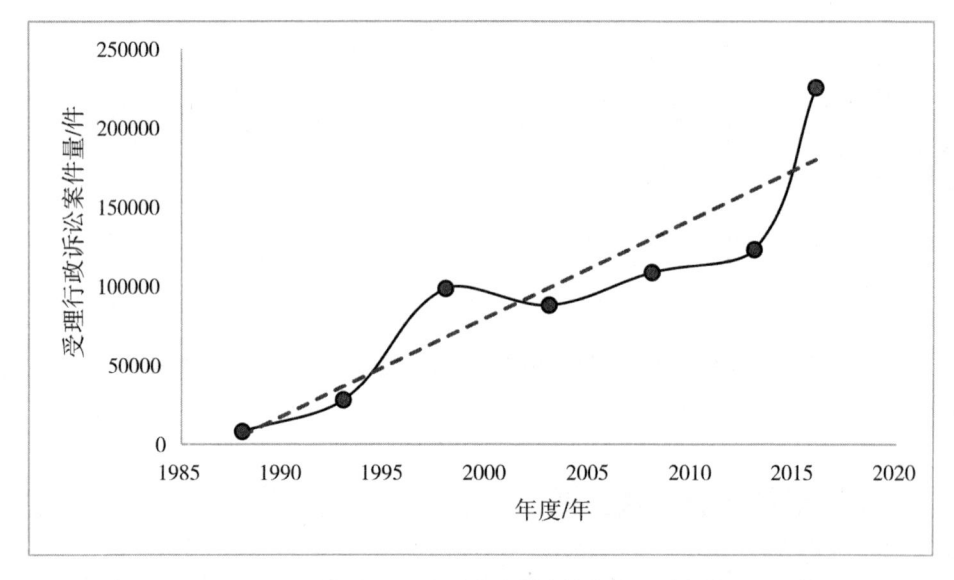

图4-4　1986—2016年人民法院受理和裁决的行政诉讼案件数量趋势图

从趋势图可见，1986—2016年人民法院受理的起诉政府相关部门的行政诉讼案件呈现喷涌式的发展，而拟合趋势的线性形态表明，政府行政过程中对民众利益的不意伤害，进入新世纪之后不仅没有下降，近10年呈现昂头向上之势。在社会生活中，群众在政府部门的信访内容更加广泛，尽管没有发起"民告官"的诉讼，或者说这种信访案件还没有到非对簿于公堂不可的程度，其数量之庞大肯定不是行政诉讼案件的数量所能比拟的。原国家信访总局局长周占顺分析，群众信访特别是群众集体反映的问题中：80%以上是改革和发展过程中的问题；80%以上有道理或有一定实际困难的问题应予解决；80%以上是可以通过各级党委、政府的努力加以解决的；80%以上是基层应该解决也可以解决的问题。①

有关部门统计显示，我国群体事件1993年发生8709起，1995年突破1

---

① 钟开斌. 越级上访：特点、成因及其治理[J]. 理论探讨, 2012（1）：14-18.

万起，2003年为5.85万起，2009年突破10万起。2009年群体事件发生量是1993年的11.5倍、2003年的近2倍。①群体事件参与人数1993年为73万人，2003年为307万人，2009年为572万人，其中百人以上的群体性事件由1993年的3200起增加到2009年的8500多起。多数群体事件属于侵害群众或职工直接利益的诉求，或者是无直接利益关系的情绪表达，而环境污染造成的对抗性明显高于其他群体事件，如陕西凤翔血铅事件、赤峰水污染事件、武冈儿童血铅中毒事件等，且越来越多群体事件以"集体散步""集体购物""集体喝茶""集体休息"等形式表示抗议和反映诉求。②尽管这些年我国政府加大了社会管理与创新的力度，采取了大规模的送访下乡以及大接访等举措，但是，群体信访事件的逐年上涨势头表明，现行的某些政策或制度在科学、民主、法治等方面有着很大的提升空间。

三、各种信访的纷呈与交织

信访可以根据反映人数的多少进行个体或群体信访的划分，根据信访是来信还是来访划分为信件访和亲自走访，根据信访形式是传统的来信来访还是网上反映分为传统信访和网上信访，当然，也存在根据反映和诉求的内容对信访进行的具体划分。按照1995年、2005年《信访条例》（现已废止）的规定，信访主要为诉求群众向政府部门反映的不足于诉讼的行政争议，这种情况严重的话必然上升为行政诉讼。换句话说，人民法院受理行政诉讼案件的类型、数量也在很大程度上折射了信访类型、信访数量。为了保证人民法院公正、及时审理行政案件，解决行政争议，保护公民、法人和其他组织的合法权益，监督行政机关依法行使职权，根据宪法相关规定，1989年4月4日第七届全国人民代表大会第二次会议通过了制定的《中华人民共和国行政诉讼法》。当年，人民法院受理行政诉讼案件9934件，结案9742件，群众主要就治安行政、土地行政以及其他行政发起对政府的诉讼。

在我们这样幅员辽阔的国家，人口数量如此之多，1989年行政诉讼案件的数量委实不多，计算各类行政案件的占比，治安行政、土地行政诉讼案件发生数量基本相当，其他行政诉讼案件比前两种类型略少2%。

---

① 苏振华.中国社会变迁与互联网运动［M］.北京：中国社会科学出版社，2017：84.
② 汝信，陆学艺，李培林.2010年中国社会形势分析与预测［M］.北京：社会科学文献出版社，2009：8.

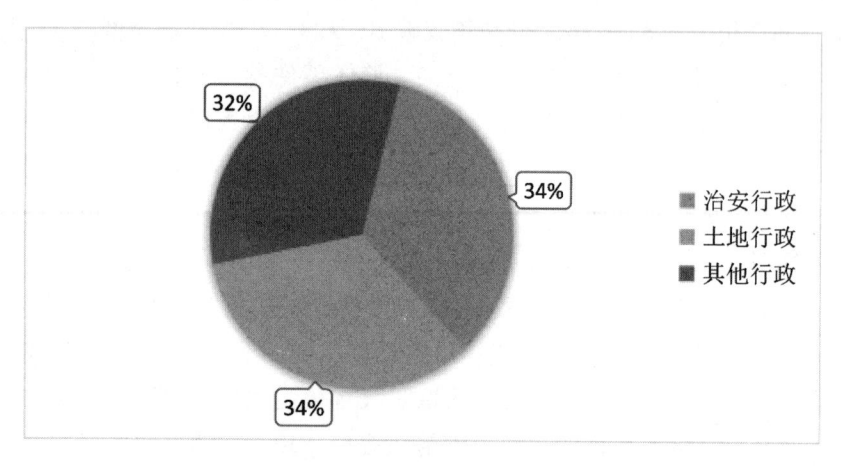

图 4-5　1989 年人民法院行政一审案件类型及其占比

当前，错综复杂的社会矛盾决定了信访的内容以及诉求的形式。从信访年度的静态统计来看：有信函访，也有走访；有个体信访，也存在群体信访；有一次性信访，也有重复信访；既存在正常信访，也存在异常信访；有求决类信访，也有参与性信访。换句话说，目前的信访静态统计显示，个体信访、群体信访、重复信访、异常信访各自登台、纷纷亮相。（参见表 4-1）。

表 4-1　2002—2007 年西 X 市信访数量状况①

年份 项目	2002 年	2003 年	2004 年	2005 年	2006 年	2007 年
信访总量	35994 件次	29972 件次	30263 件次	32571 件次	30803 件次	30718 件次
来信	6267 件	6078 件	5837 件	7447 件	6580 件	7022 件
个体信访	8042 人次	5256 人次	3593 人次	6245 人次	4094 件	3666 件
集体信访	634 批 21174 人次	403 批 18193 人次	572 批 20833 人次	503 批 18879 人次	450 批 20129 人次	650 批 20024 人次
重复信访	350 批 11405 人次	199 批 17387 人次	278 批 10218 人次	129 批 4478 人次	131 批 5261 人次	192 批 6723 人次

---

① 《西安市信访问题调查》课题组. 西安市信访问题调查 [J]. 西安社会科学（哲学社会科学版），2008，26（4）：91-94.

续表

年份 项目	2002 年	2003 年	2004 年	2005 年	2006 年	2007 年
异常信访	194 批 11440 人次	116 批 8760 人次	171 批 9053 人次	41 批 3477 人次	45 批 7556 人次	48 批 903 人次

然而，在信访实践中个体或群体信访诉求的动态演变，却可能是同一事项的来信和来访的同时发生，正常信访和异常信访的交替进行，或者是同事项的个体信访和群体信访的时聚时合，如征地拆迁中的诉求，以增加和促进诉求问题解决的速度和分量。因此，当前信访不仅是各种类型信访的静态演示，而且也是各种类型信访的相互渗透，从而使得信访诉求问题的解决难度加大。

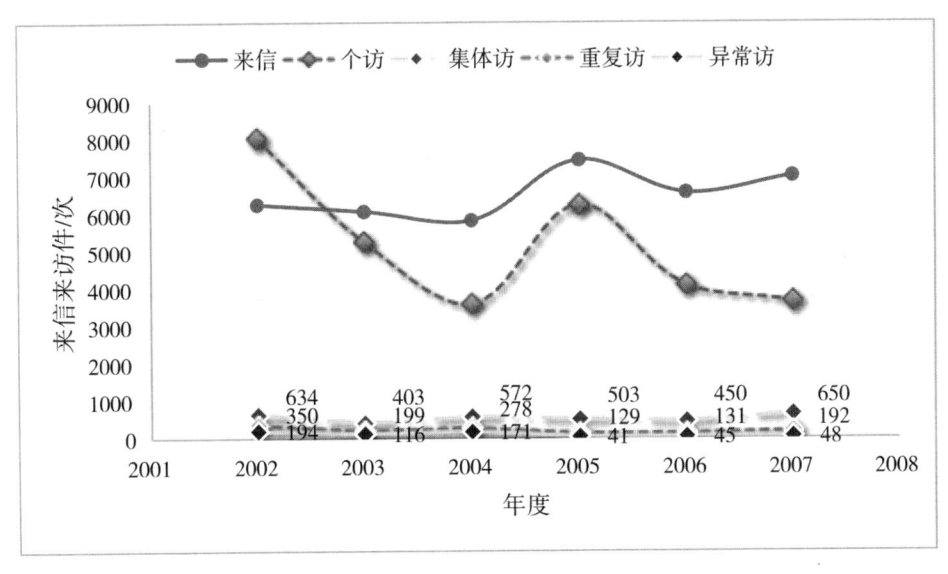

图 4-6　2002—2007 年西 X 市信访受理来信来访发展态势图

信访实际表明，访民就信访事项的初访、再访往往都能遵从法律和制度的规范，然而却在信访事项诉求的迂回曲折中失去了耐心和理性，所谓的异常信访都曾经在涉事的访民身上或多或少地发生过。从西 X 市信访态势图可以直观看到，重复访与异常访交织在一起，甚至出现累积与叠加，信访疏导、救济与化解的难度异常增大，信访反映诉求成本成倍扩大。因此，对正常信访何以演变成重复信访以及异常信访，或者说信访现状中的正常信访与异常信访的交织，导致信访的小雪花演变成了大雪球①，无论是信访工作者本身，还是党和政府都应当对此进行深入探究和深刻反思。

社会生活中信访的另一种交织和渗透表现为所有信访诉求向行政信访渠道的汇集。由于社会矛盾和冲突的经常性、频繁性，涉诉涉法问题必须由司法部门进行处理，而行政中的失误、疏忽、伤害应当通过行政仲裁、行政复议、行政诉讼等形式来进行。然而，司法中存在一些消极因素及不良现象，以及诉讼成本高挑、胜诉不易、耗时长久，而在农村即便胜诉又可能面临报复或不确定的执行等。②因此，许多涉诉涉法问题自然地涌入信访渠道来寻求公正。而行政仲裁、行政复议、行政诉讼的举证制度以及程序和时间等因素，致使当事人纷纷转向解决不足以进入诉讼的一般行政争议和争端的信访机制进行。信访本是中国特色社会主义民主政治制度的有益补充，是中国特色社会主义法治体系的有机组成，是一种拾遗补阙的辅助机制，而涉诉涉法信访与参与类信访和求决类信访的汇聚，形成了浩浩荡荡的信访洪流和洪峰，结果导致现有的信访机制不堪重负。有资料显示，2006年最高人民法院共办理涉诉信访140511件（人）次，地方各级人民法院共办理涉诉信访3548504件（人）次③，而国家信访局统计资料显示，涉诉涉法信访在信访总量中的比例超过30%，这与所谓四个80%的信访判断基本一致。广州市政协社会法制民族宗教委员会发布的专题调研报告指出，2011年，广州市、区两级信访部门受理的信访诉求，超过50%的信访事项属"涉法涉诉"问题，此中又有80%以上属于"应当"通过法定途径解决的问题，仅少部分属于已经通过法定途径解决（如已有司法判决、仲裁结果等）后不服而继续信访的情况。④

如果说涉诉信访仅局限于在法院体系中来进行诉求，顶多是增加了法院系统的工作负荷，造成程序的反复以及人财物的紧张而已。事实上绝非如此简单，涉诉涉法信访往往在法院和政府之间来回诉愿，使各相关部门疲于登记、受理或回应。从目前社会生活中信访的实际情况来看，信访显然已经成为我国民众利益反映和诉求的重要途径。

---

① 林徽，崔同彦. 如何防止信访从"小雪花变成大雪球"[J]. 法制与社会，2011（29）：202-203.
② O'BRIEN K J, LI L J. Suing the Local State: Administrative Litigation in Rural China [J]. The China Journal, 2004（51）：76-96.
③ 据《中国法律年鉴》1986—2000年统计，1986、1987年连续两年人民法院受理群众来信来访分别为900多万件/次，1999年竟达到1069万件/次。2006年最高法院办理涉诉信访14万件（人）次[EB/OL]. 新华网，2007-03-13.
④ 王鹤，李志洁. 超五成信访事项"涉法涉诉"[EB/OL]. 大洋网-广州日报，2012-06-28.

四、利益是信访诉求的核心

当代中国的转轨转型，从计划经济到商品经济建设，从商品经济到市场经济建设，从单位社会到社区社会的转变，使社会生活纷繁复杂，复杂的社会生活也就使民众信访的内容颇为复杂。但是，就民众信访的内容对信访类型进行简单划分，主要分为三种：①参与型信访，主要表现为告白、赞赏或建议；②求决类信访，主要表现为要求仲裁、判断或解决实际利益诉求问题；③涉诉信访，主要表现为对法院判决或裁决的案件不满，在司法信访渠道之内诉求重审改判的信访诉求。三种信访类型在各地信访部门统计的数据中所占比例各不相同，但是却有着一个较为相同的特征，那就是求决类信访，也就是利益诉求型的信访占各地信访发生总量的绝大多数，成为主要的信访类型。

以2016年全国人民法院受理和结案的行政诉讼案件为例，当年受理行政诉讼案225485件、年底结案225020件，排在首位的是城市建设中对政府安排的严重不满，竟占总行政诉讼案件总数的15%，其次是在资源方面对政府的异议，竟占总行政诉讼案件总数的12%，排在第三位的是对公共安全机关执法的争议，占了总行政诉讼案件总数的10%，劳动保障方面的行政诉讼案件占了行政争议总案件数的7%，状告乡政府、交通、工商、计划生育部门的占到总案件数的2.7%、1.4%、2%、1%，对卫生、农业、税务部门提起行政诉讼的都不到当年行政诉讼案件总量的0.5%，至于其他行政诉讼竟然占了行政诉讼案件总量的49%。

	其他行政诉讼	城建诉讼	资源管理诉讼	公共安全诉讼	劳动保障诉讼	状告乡政府	交通诉讼	工商诉讼	生育诉讼	卫生、农业、税务诉讼
系列1	49.0%	15.0%	12.0%	10.0%	7.0%	2.7%	1.4%	2.0%	1.0%	0.5%

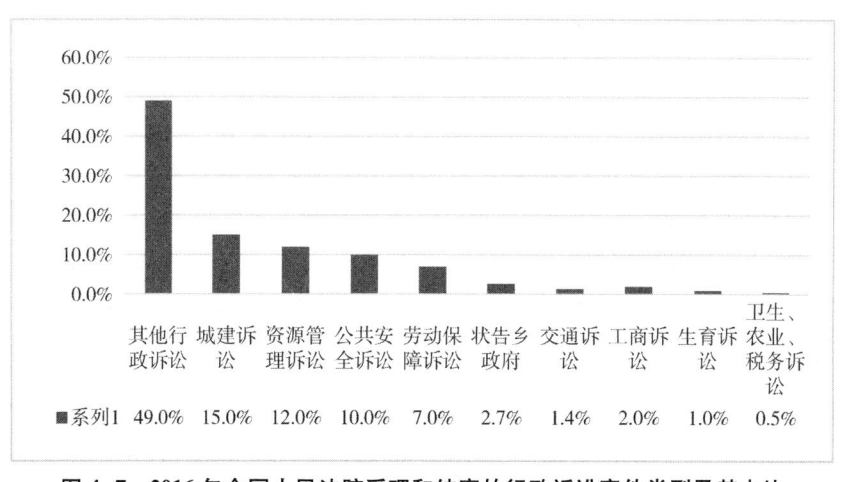

图 4-7　2016年全国人民法院受理和结案的行政诉讼案件类型及其占比

由于信访是不足以对政府发起诉讼的反映，即便如此，群众有意识地进行表达和诉求，无非是为了或轻或重的利益，至于非发起行政诉讼案件不可，表明群众利益的受损程度已经忍无可忍，否则大可不必对簿公堂。利益确实是人民生活中最为敏感的神经，人们奋斗的一个重要动因就是利益，而现实生活中的矛盾和冲突显然严重地威胁或者实际伤害了关乎人们生存和发展不可或缺的利益，这促使人们不得不奋起通过信访机制进行公力救济。

五、相对弱者的选择

任何国家在经济发展上都难以做到绝对均衡，与此相应的政治、社会等也不免存在发育的不均衡性现象，必然使基层社会的矛盾和摩擦既有相同的一方面，更有各自的独特性。当代中国，在上访的人群中，绝大多数是生活中的弱势群体。其中不乏老弱病残人员、下岗失业人员等，不过，主要指的是经济状况相对较差，政治地位相对较低，文化水平相对不高，人脉资源相对较少，私力救济水平相对不足的群众。这使我们不得不做出一个结论，那就是信访群体绝大多数是弱势群体，就是在就业和分配、参与和影响、社会地位、竞争能力以及发展机会等方面处于弱势地位的群体。他们主要表现为在乡的普通农民、进城务工人员、下岗工人、特困家庭成员、老弱妇孺病残人员等。这些人群经济地位低、政治社会地位低、受教育程度低、心理素质低，他们一旦遭遇不平、不公之事，自我解脱、自我救济的能力相对较弱，特别需要人们的同情和帮助，需要国家和社会的救济和救助。

弱势群体的生存链条是极其脆弱的，不堪承受较大的压力、不公和不平，对他们来说，生存和发展的可选择替代资源或条件极其匮乏，蒙受不公不平下进行的信访，就意味着对生活抱有的最炽热的希望，而这丝希望被弱势群体视为生存的救命稻草。所以，弱势群体在信访诉求中遭遇的任何不快、迟滞或阻滞，都可能被视为窒息其生存的恶意行为，很难不激起上访者的过激反应，这就不难理解弱势群体上访中的理性不足，不难理解其为了信访诉求事项的解决而不顾制度和规章，甚至以越轨或违法来引起对其诉求的关切和注意。显然，信访工作的深度、广度、力度和温度把握起来颇为不易。

六、属地管理的流变

无论是访民还是相关部门的工作人员，如果都能够依法依规地反映和诉求以及受理和解决问题，那么，在信访机制运营极为畅达的情况下，下情上达，上情下达，建议达到聆听、批评实现接纳、诉求达到救济、参与目标实现，也就很难出现信访拥堵、梗阻的现象。所谓信访级态化衍变指信访诉求在提出之后，遭遇了地方行政系统中各级的敷衍、推诿、扯皮、冷遇等不良现象，因心境变坏、耐心渐失而不顾"属地管理，分级负责"的信访治理原则，将信访反映和诉求不断地推向行政系统的中高端。这些现象的背后，是访民利益维护或实现的执着以及一些地方机构不作为，致使信访反映和诉求的事态升级和趋向高端。

当代中国，信访制度是重要的"礼义"之器，在国家预设的信访渠道内，访民进行民情的反映或利益诉求，是宪法赋予公民的权利，信访诉求在第一时间、地点、态势之内得到依法满足还是受阻，是否需要反复走访甚至无休止地上访，是否需要无休止地寻求较高层级的处理，可能使属地管理演变成为高级高层管理。在复杂的信访生态环境中，"群众办事一次就好"很难实现，很少有反映和诉求能在第一时间、第一地点得到依法合理的处理，不少信访者因为堵心置气而越级上访，信访就这样突破属地管理而升级演进，也就形成了信访的级态化发展。在信访级态化发展的过程中，不可避免地留下了重复信访、缠访、闹访、极端访、越级访的痕迹，某些地方政府惧于信访考核的一票否决，也就续写了动用公器的截访、压访等违规违法序列。信访级态化的生成与衍变表明，对普通公民而言，一般的行政争议或争端，或者是轻微的利益受伤受损，出于信任有选择地通过信访程序向党和政府进行表达和诉求，以规避轻微问题司法诉讼化。即便涉事非诉讼不可，诉讼成本太高也难以承受，即便获得判决却面临着执行偏低，这让当事民众极其伤感，而且无论是立案还是审理中的顾忌都使行政诉讼成为维权的脆弱工具，当事人的诉讼利益和实体利益难以得到保护，行政任性与武断总是有禁不止，这让群众试图获得法律救济的念想陷入困惑和无奈。在中国，由于上级政权特别是省级政府、中央政府对局部利益的超脱，使反映和诉求存在实际救济的可能性，这也是许多访民初访、再访、数度访无果后，执意市访、省访甚至京访的重要原因。"没有一个人生下来就愿意上访。上访者三番五次地跑省城、北京，目的就是要解决问题，没有过不去的事，谁愿意费钱费时穷折腾？"①

---

① 国忠. 频发的群体性事件［J］. 中国工人，2010（4）：22-30.

第二节　信访问题的错综复杂

从问题发生学的角度考察当代中国的信访，很多事项令人百感交集，甚至感慨良多。信访事项不是来自转型问题，就是源于变迁问题，抑或是越轨问题，访民绝不会无缘无故地进行来信来访，更不会无缘无故地异常信访，更不用说消解党和政府的尊严、权威和口碑乃至化解心中对党和政府的认可度。显然，一切现象的背后都有着深刻的原因，正是这些因素导致了当代中国信访的套叠、梗阻甚至坏死现象。

一、信访三元问题

信访三元问题的研究就是通过对信访现象的观察分析，发现信访机制内输入的诉求原问题数量的增生裂变，以及在可见的时空内出现的与原诉求既相关联又有所不同的问题。用确切的概念进行表述，那就是信访原问题、信访次生问题、信访衍生问题，共同构成了当今中国社会信访领域内的客观问题。

信访原问题就是源自社会生活中的转型、变迁、越轨的矛盾与冲突，特别是不当行政或伤害的行为活动，被当事人或寻求公平正义的民众反映和诉求到信访机制，要求政府及其职能部门进行回应、裁决或救济的问题，也称"信访元问题"。信访元问题的特征在于：一是客观性，民众诉求的问题在社会生活中已然发生，对当事人的利益已经形成了实际的伤害或相对损伤，而绝不是主观感受或主观臆造的东西；二是单纯性，民众诉求问题基本保持了发生时的原形原貌，没有被诉求主体、裁决主体或第三方私自添加或绑缚新的内容，保持了问题原初的简单、纯粹、朴实的特征；三是迁移性，原本在社会生活中发生的问题，由于利益当事人诉求公平正义的需要，被反映或投诉到信访机制中来，从物理运动的角度看，位置发生了平行移动，或者说被移动迁徙。

信访次生问题就是信访元问题在反映和诉求的迂回曲折中，因机制不畅而未能被依法、及时、就地、有效地解决，导致信访属地管理、分级负责的原则出现了矛盾与悖论，在信访元问题的基础上刺激萌发滋生出来的新生问题，这里将其视为信访次生问题。① 信访次生问题主要表现为：一是信访受理与接触中官民冲突下的信访恶化；二是心态恶变与耐心不足下的缠访、闹访等异常信访；三是不满回应和救济的重复信访；四是消极因素致使属地管理发生逆转，信访诉求变道高阶高层。信访次生问题的特征有以下五点。第一，无论是求决类信访还是参与类信访，无非在于对远近利益的寻求救济或均衡，通过对话、协商、仲裁、调解、让渡等，绝大多数诉求都能得到较好解决。第二，非闹不看重的产物。一些行政人员误认为，群体信访、集体信访、上级批示的信访、越级信访、轰动效应的信访，远比个人信访、正常信访、平静的信访重要，这使群众在困惑和焦灼的同时，也引发了其对行政人员经验判断的迎合，缠访、闹访不胫而走，越级访、极端访频频发生。第三，权力功利化凸显。由于任期内可见政绩对个人仕途的影响，一些行政人员不免存在急功近利的观念，在信访处理上自觉或不自觉地考虑部门利益、个人利益、眼前或近期利益，较少考虑整体利益、远期利益，权力功利化日益侵蚀着统筹兼顾的原则，也就日益消解或扭曲了全心全意为人民服务的初心。第四，党群关系疏远化。一些信访工作人员或相关行政人员的官僚主义、形式主义等，在对民众疾苦漠然置之的同时，干群关系也就出现了隔膜，加剧了党群干群关系的疏远和异化。第五，信访问题沉积化。行政人员自身素质等问题以及权力功利主义者应对国家信访考核上的急功近利，致使信访机制不畅的同时，也导致了信访次生问题的滚动性累积，致使信访诉求的小雪花逐渐衍变成了大雪球。

信访制度是基于人民当家做主、群众路线以及中国传统政治文化而创立的本土性民主制度，是"了解民情、集中民智、维护民利、凝聚民心"的重要机制。群众出于信任，向党和政府对社会生活中存在的不足以进入诉讼的一般行政争议或轻微的利益受损，进行表达和诉求，以避免轻微问题或一般行政争端行政诉讼化，规避了一般问题动辄诉讼造成的司法机制运行的高昂成本。对群众合理合法的诉求进行满足以及加强群众对党和政府的监督，原本就是信访制度构建的原则和初衷，而现实生活中由于信访制度被扭曲或异变，民间和政治体系中出现了大量转移性、扩散性、浸润性的影响信访正常生态以及政治体系肌理的恶变恶化现象，这就是信访衍生问题。② 其主要表现

---

① 刘振勇，李玉华. 信访次生问题及其防范治理 [J]. 河北学刊，2012，32（2）：115-118.
② 刘振勇，李玉华. 信访衍生问题及其防范治理 [J]. 理论探索，2012（2）：119-122.

为：一是信访治理不力下信访"黑牛党"的猖獗、信访失望助推下非法社团的潜滋暗长等；二是一些地方权力在信访考核上的花钱摆平对信访制度的扭曲和对信访考核制度的消解。表现出以下特征。第一，质态非法性。信访权利受国家宪法、相应法规的规定和保护，政府有责任为公民信访权利的实现提供条件和机制保障，打击侵犯公民信访权利的行为和活动，以使公民不仅正常地享有信访的资格，而且能够顺利地实现相应的权益。然而，生活中民众信访权利实现不易，导致市场上出现了影响正常信访骗钱害人的"黄牛党"，媒体多有此类案件的报道，如谎称助人维权骗取钱财17万[①]，法院信访电话竟被不法分子盗用骗钱，而信访失望助推事主组织非法团体的事件时有发生，受托进行截访的不规范的保安组织，以及对上访登记号的违规消除等，这些现象无论其借口怎样，实质上都是非法的，导致了信访领域矛盾的恶化和质变。第二，势态严峻性。信访衍生问题属于信访被恶性衍变的问题，信访诉求不易若不能实现标本兼治，信访衍生问题势必严重影响执政的合法性。虽然大接访和送访下乡等极大地缓解了信访诉求，削弱了信访衍生问题的影响，但是，临时动议终究不能取代长效机制的作用。第三，利益驱动性。信访衍生问题无论是出自民间，还是发生在政治体制内，其根本动因都在于利益。唯有健全的制度方能对正常的利益进行有效保护，对丛生的利益进行长效纾解和规范，进而方能有效解决逐利滋生的信访衍生问题。第四，破坏纵深化。信访衍生问题对政治体系以及社会生活具有较强的败坏性，对国家的信访制度、信访运作机制、信访生态、政治体制乃至社会秩序都会产生连续的系列的影响和破坏，必须引起高度的警觉和重视。第五，危及合法性。信访衍生问题的发生，令访民备感困惑与痛苦。权力功利主义者信访治理上的不择手段，使党和政府在民众心中的合法性受到消解，法律权威以及"法律面前人人平等"受到质疑，结果导致了民众思想和行为上遵循和皈依的混乱，影响了社会秩序的稳定以及改革的深入发展。

二、信访问题的套叠与梗阻

信访元问题、次生问题、衍生问题并列纷呈，共同构成了当代中国的信访问题。然而，从问题发生的时间先后进行考察，信访三元问题肇始于现代化过程中错综复杂的社会矛盾与冲突，而矛盾与冲突的藤蔓延伸到信访领域

---

① 丛卓义. 谎称进行公益维权，诈骗信访群众获刑 [N]. 人民法院报，2011-07-22（3）.

中则依次生成了"三颗苦涩难言的瓜"。

信访元问题就是原生态的信访问题，只要信访治理过程中，"属地管理、分级负责"的原则真正彻底地贯彻和落实，必然能够依法、及时、就地、有效地解决信访诉求。信访原生问题在预防和治理上的不足，以及信访制度和机制在受理和接触上的应对不畅，致使信访问题越发严重。

信访次生问题主要属于不良不当问题，其危害或影响不容小觑，加深了访民的社会挫折感，容易促使信访者出现不满情绪。信访次生问题导致普通的一般的信访问题复杂化；影响了党和政府工作的中心，增加了政治稳定与安全的流变性；引发了不问现代化肇因、一味指责信访制度不力的存废争议，导致对信访制度片面否定；一些行政部门在信访上的违规违章，实际上容易造成对社会风气的不良诱导。

信访问题套叠与梗阻就是在现有的信访机制内，信访三元问题的相互联系、相互影响、相互作用，从而导致了信访制度原设计功能的下降或低效，抑或致使信访机制在短时间内出现功能失灵、错乱现象。从信访三元问题的质态来看，信访三元问题的恶变程度与其产生的时间先后正好相反，信访原生问题属于原发性问题，信访次生问题属于滋生的不良问题，信访衍生问题则是必须高度警觉的恶性质变问题。从信访三元问题的相互联系、相互影响、相互制约的角度看，没有信访原生问题就不会滋生、派生、衍生出信访次生问题以及信访衍生问题；没有信访次生问题，尤其是信访衍生问题，也就不会致使人们对信访制度的片面否定。信访三元问题的套叠，致使信访机制发生拥堵、梗阻甚至坏死现象。然而，信访问题的分层剖析，让我们看到了各个层面的问题在信访制度和机制中的危害程度以及复杂的成因，从而为信访制度中存在的问题的防范和治理指出了相应的方向。

三、信访次生问题及信访临界

重复信访指同一事项在诉求信访解决的程序结束之后，因不满结果而进行的再度反映和诉求。2005年《信访条例》（现已废止）第33条、34条、35条规定：信访事项应当自受理之日起60日内办结；情况复杂的，经本级行政机关负责人批准，可以适当延长办理期限，但不得超过30日；对行政机关做出的信访事项处理意见不服的，可以请求原办理行政机关的上一级行政机关复查，在收到复核请求的30日内提出复核意见。因此，这里的重复信访不包括同一事项在受理的60日期限内的多次询问，也不包括在30日的延长期和30日的复核审查期内就同一事项进行再三催促。重复信访在现实生活中并非罕见，这种信访形式在疑难信访中极为平常，但是相对于一次信访就解决诉求问题的信访而言，重复信访又是很不寻常的信访。因为相对于一次性信访而言，重复信访浪费了访民的时间、精力、投入以及机会，也增加了信访机制运营的成本，自然流失了政府高效行政的无形口碑。因此，相对于成功的一次性信访而言，重复信访常常是处理不力或处理不够及时而滋生的次生问题。

信访次生问题就是信访处理依法、就地、及时不足导致的新反映和新诉求。信访次生问题不仅包括重复信访，也包括信访过程中发生的冲突案件、异常信访等。由于信访冲突案件和异常信访等的处理需要耗费加倍的信访治理资源，就此而言也可以视为重复信访，不过在理论上还是有着非常明确的界线。一个地区，信访次生问题的发生量与信访受理总量的比值就是信访次生问题发生率。透过信访次生问题发生率可以看到一定区域内相关部门对信访的重视与否、化解信访诉求的效率以及秉持公平正义的情况。

白城市信访办的马继超在2000年的《长白学刊》中发表了信访临界理论，以研究信访量对社会稳定的影响。他认为，信访发生量与社会总人口的比值就是信访临界率。通过基层实践经验得出：城市上访人数超过该城市总人口的1%就意味着容易紊乱；农村上访人数和该地农村人口的比值大于10%则意味着不稳定；部门上访人数和部门总人数的比值大于20%意味着部门不安定；企业上访人数超过企业总人数的30%意味着企业步入关停的边缘。[①]

信访临界说到底就是在制度框架内伴随着信访增量的发生，信访存量及信访诉求与信访受理和信访解决的吞吐平衡即将突破，从有序信访到信访无序，甚至即将出现紊乱现象。从执端用中和过犹不及的观念出发，我们认为一个地方信访次生问题发生量为该地年度信访总量的一半，盈亏相抵，就意味着该地区年度信访工作的业绩为零，因为信访次生问题解决所消耗的资源至少是信访一次性解决的一倍。所以正常情况下，信访次生问题的年度发生率不应超过20%，这意味着信访工作刚刚过及格线。如果要实现该地信访工作优秀，按照传统经验其信访一次性处理率要达到90%以上，年度信访次生问题发生率要控制在5%以内，因为5%的信访次生问题发生率相当于耗费了10%的信访一次性解决所需的资源。总之，一个地区，信访次生问题的发生率如若超过了20%，那就必须采取升级的治理举措或优化策略来加以化解，否则将极大地影响党群干群关系，致使党和政府公信力发生严重流变。

---

① 马继超. 试论信访临界理论及其价值评估 [J]. 长白学刊, 2000 (6): 18-20.

四、信访衍生问题不容宽容

一个地区信访次生问题的发生及其高位运行，原本就是很不正常的现象，但是，流失党和政府公信力、消解法律权威、影响社会和谐的信访衍生问题，更是断然不应该发生的。因此，对此必须进行毫不犹豫的坚决而有力的治理。

我们知道，信访衍生问题就是信访制度建立的宗旨和原则在被扭曲和消解的情况下，民间出现的信访"黄牛党"以及因信访产生的非法组织，政治体系中出现的截访、压访或花钱摆平等。信访衍生问题的年度发生数量和信访年度发生总量的比值就是年度信访衍生问题的发生率。由于信访衍生问题是从信访制度的原则和宗旨的角度来扭曲、异变信访，其危害特别深重或惨烈。因此，对信访衍生问题必须零容忍，必须坚决地控制或消灭。这就需要在信访实践中时刻观察和密切关注，因为问题初看起来并不显著，但是其影响的恶劣程度以及败坏的深远程度，远远超出我们的感知和摄取。对此，我们必须予以高度的警觉和足够的重视，对政治体系中信访衍生问题的发生必须实行零容忍，坚决制止或消灭这种恶性现象的发生、渗透乃至蔓延。

第三节 信访权利的实现不易

信访制度是基于人民当家做主、群众路线以及中国传统政治文化而创立的本土性民主制度，是"了解民情、集中民智、维护民利、凝聚民心"的重要机制。《中华人民共和国宪法》（2018年修正文本）第二章第四十一条规定，"中华人民共和国公民对于任何国家机关和国家工作人员，有提出批评和建议的权利；对于任何国家机关和国家工作人员的违法失职行为，有向有关国家机关提出申诉、控告或者检举的权利，但是不得捏造或者歪曲事实进行诬告陷害。对于公民的申诉、控告或者检举，有关国家机关必须查清事实，负责处理。任何人不得压制和打击报复。"[1] 显然，信访是我国公民的一项基本权利，其不仅得到相关的学理支撑，也得到了国家根本大法的支持。

---

[1] 中华人民共和国宪法[M]. 北京：法律出版社，2018：16.

一、信访权利实现不易的实证

有媒体就信访制度的作用、存在问题，以及面对矛盾和冲突时是否诉诸信访制度寻求救济，对福建的干部群众进行了有限的抽样调查，调查结果认为①：第一，现行信访制度在回应和救济民众诉求、纠正社会不公、化解社会矛盾的作用上，参与投票的64.3%的官员和49%的民众认为"作用发挥不大"，23.8%的官员和42.7%的民众认为"信访制度的作用发挥很好"，竟有11.9%的官员和8.3%的民众认为"信访制度没有发挥作用，甚至有一些负面影响"；第二，42.6%的官员和37.6%的民众认为"信访机构只是个二传手，相关部门之间责任不明确，推诿扯皮，使小问题拖大，大问题拖难，难问题拖乱"；第三，37.1%的官员和43.9%的民众认为"缠诉缠访、重复信访、越级信访问题依然严重，而且非闹不解决、大闹大解决、小闹小解决的错乱心态依旧很重"；第四，15.4%和7.7%的官民认为"信访制度不解决实际问题，应当取消"，而64.3%和83.4%官民认为"在社会矛盾与冲突的激烈时期，在法制尚不健全的情况下，信访制度依然有着不可替代的作用"。于是，在面临矛盾和冲突时，仍然有52.2%的民众选择"信访途径"。目前信访制度在化解矛盾和救济民众利益上，大部分的官民尚不满意。在诉诸信访寻求救济时，民众居然需要一些诉求的技术或技巧，这也恰恰表明信访在回应和救济民众利益上还需要建设和完善相关的程序。在缺少替代制度的前提下，人们在反映和诉求上对信访制度依然满怀信心，而且抱有较高的期望。

一项调查显示，近1200名投票民众中的60.6%认为，信访等减压阀不能有效减压的原因是，相关部门处理不及时、不到位；将近80%的投票民众认为，信访过程中遇到的最大障碍是，反映了意见之后得不到重视，也没有相应解决方案。

在网络信访出现之后，人们盛赞网络信访的成本低、反映快捷，那么中国的网络信访是否有力地回应和解决了民众的反映和诉求呢？《中国青年报》社会调查中心的调查结果显示②：第一，47.9%的网民对本地政府的网站表示"没什么印象"，中国科学院信息化研究中心汪向东研究员的调查则显示，

---

① 张朝丽. 信访问题之调查报告 [J]. 领导文萃，2011 (5)：7-9.
② 王俊秀. 本报历时一年进行网络信访调查：七成上访者向政府网站投诉过 近九成对答复不满意 [N]. 中国青年报，2012-01-11 (3).

64%的受访者对政府的电子政务不满,显然,"人气"不足的政府网站难以承担,更难以推进"网络信访";第二,受访者对网络信访答复满意度普遍较低,"很不满意"占70.5%,"不满意"占17.9%;第三,受访者对网络信访不满的主要原因是"只有官话套话,没解决问题"(占47.7%),其次是"没有答复或答复时间太长"(占31.4%),73.1%的受访者表示,从未收到答复,在1个月内收到答复的占10.4%,在一周和两周之内收到答复的分别占6.7%和5.0%,在3天之内收到答复的仅占4.7%。在网络时代,信息技术破解了官民沟通在距离和成本上的难题,从传统的来信来访,到政府网站开辟留言信箱,再到微博的官民互动,直到时尚的视频信访,信息技术缩短了官民之间的距离,发展了信访的多元路径。有媒体人观察指出,无论有多少渠道和途径,解决信访诉求的利益问题才是最终目的。对民众而言,他们渴望利益诉求能够得到及时的回复和妥善的解决。如果新颖的沟通渠道流于形式,无法发挥出应有的效果和作用,那么,信访手段的创新也便失去了意义。①

二、信访权利实现不易的平台痕迹

当前,在我国的信访工作中,总体上看信访已经呈现逐年下降趋势,但是在年度信访发生以及信访次生问题发生趋势图上,只要有那么一撇残存,哪怕就是一个点,就意味着信访工作不仅没有能够及时满足群众的诉求,甚至存在拖沓推诿乃至阻滞群众诉求实现,导致群众信访诉求累积沉淀、变异甚至发生质变的严重现象。而且在2005年《信访条例》实施之后,信访次生问题的年度发生量居然有抬头上扬之势,这不能不引起我们的警觉和深思,因为这意味着在现实生活中群众权益维护的难度级别加大,寓意着政治体系中隐含着不利于群众信访权利实现的传统的或新生的消极因素,这将极大地影响党政的正面形象,影响党群干群的密切关系,甚至影响社会的稳定和发展。(见图4-8,图4-9)

就 X 安市信访调查数据来看,信访发生及信访次生问题发生都出现了双下降的趋势,表明近年国家的信访制度在地方执行上是行之有效的,与此相关联的党群干群关系得到了极大的改善。但是,我们注意到,以2005年为时间窗口,信访次生问题下降,也就是说重复访、越级访、缠访、闹访等异常访大幅度下降,但是2007年却又出现了小幅的反弹。这意味着2005年后的

---

① 李书龙.信访手段更新要防止流于形式[EB/OL].新浪网,2012-07-02.

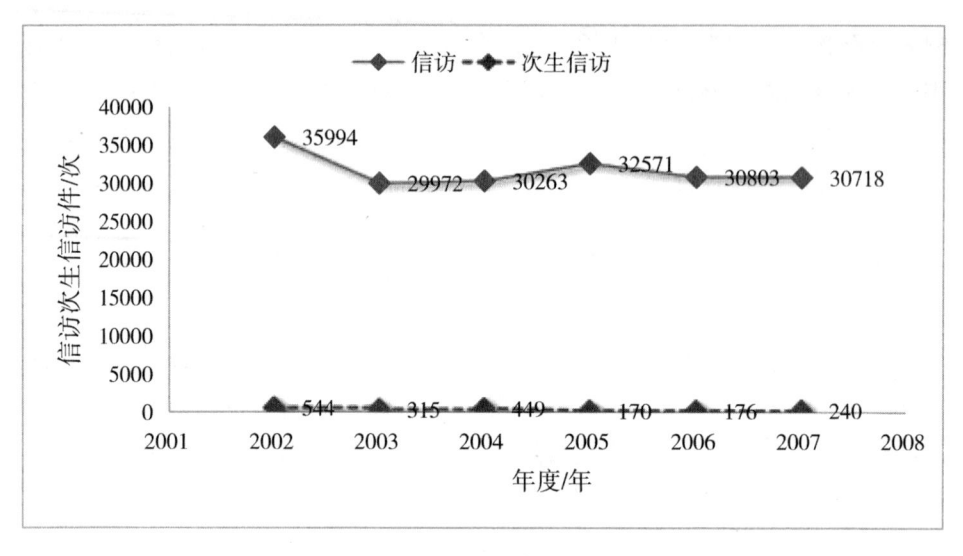

图 4-8　X 安市信访调查数据

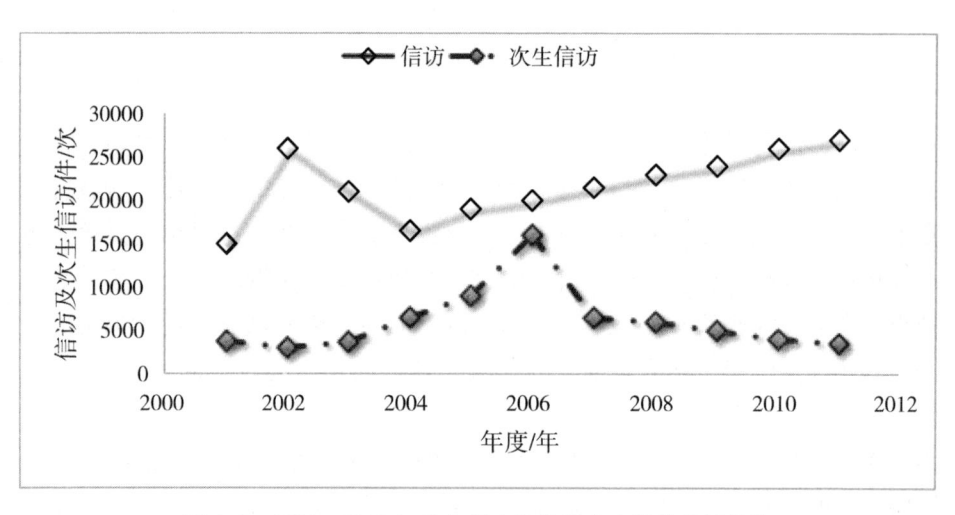

图 4-9　2001—2011 年 X 市原生信访及次生信访发展趋势

地方行政体系中有不良因素的萌发或波动，或者信访反映诉求依法合情合理弱化，这寓意着要对信访或行政体制内的消极因素进行强势涤荡，同时需要加大对群众信访启蒙、教育、引导和救济的力度。

从 X 安市原信访趋势图上可以看到，X 安市原信访发生量以及信访次生问题的发生量在 10 年之间基本处于上升趋势，总体上掉头趋缓的信号并不明显。不过，以 2005 年国务院颁布实施的《信访条例》（现已废止）为考察窗口，可以发现 X 安市原有的信访次生问题发生量则呈下降趋势，表明地方采取了切实可行的措施，一次性解决信访诉求的效果较为满意，体制中的消极因素相对减少，由此而引发的信访次生问题较少。不过，信访发生量与信访次生问题发生量之间的差距数值越大，则表明地方在重大事项以及日常公共管理中，政策、法律及制度的制定和执行必须坚决贯彻和执行科学、民主、法治的方针，唯此方能遏制信访及次生信访昂扬向上的势头。

从 X 市原信访趋势图上可以看到，2001—2011 年 X 市原生信访发生呈现总体向上攀升之势，2001—2004 年出现信访发生的小高峰，自 2004 年起年度信访发生量一路向上，没有掉头趋缓的信号，甚至在 2011 年再次出现峰值。信访次生的发生在 10 年间呈现倒 V 之势，2006 年信访次生发生处于 10 年间的峰值，2001 年与 2011 年信访次生问题发生量基本相同。以 2005 年国务院实施新修订的《信访条例》（现已废止）为考察窗口，X 市原信访并未有平缓，而是拾级而上，但是信访次生问题出现难得的减少，出现一路下泄之势。很显然，这与行政体制中关涉信访诉求部门高度注意信访工作有关，特别是信访工作态度、作风、方式、效能等的改善。

从本章图 4-1、图 4-3、图 4-4、图 4-5、图 4-6、图 4-7 来看，2005 年后信访问题并没有减少，甚至出现昂头挺胸向上攀升的趋势，一直延续到 2016 年，表明行政工作中对群众利益的关切不足，或多或少或轻或重的利益损伤并未中止，甚至有严重化的倾向。自从修订后的《信访条例》实施以来，信访次生问题出现较大程度下降，发生量从年度五位数减少到两位数，表明行政工作态度、作风等有极大的改善。但是，这里不得不指出的是次生信访，乃至衍生信访都属于治理难度较大的信访，而且其治理成本往往是群众反映诉求一次性解决的倍数，需要尽快疏导和化解，并且在以后的工作中尽可能规避。

以"毒教材"的信访举报甚至诉讼为例，虽然事情严重发酵是在 2022 年，实际上 2006 年就已经有人爆料，小学语文课本中有多处错误，向教育部写信，并得到回函。2013 年，吹哨人发现当年新版七年级语文课本，竟然有多达 37 处的错误，吹哨人将当地书店和出版社告上法庭，被出版社斥责为想出名、不单纯。吹哨人向法院提供了大量的证据，但是每一次都败诉。此间，出版社在其官网致歉，承认七年级上册语文教材存在 6 处错误。《人民日报》撰文指出，规范教材不能错误百出、以讹传讹，否则，让孩子们到哪里寻找知识的权威来源，如何养成严谨的学风、专业的精神？[①] 2014年网络上有人公开发表对小学语文、数学教材插画的异议，没有得到出版社及相关部门的任何回应。直到2022年网络上大量据实举报的接力，引发声势浩大的舆论风暴，《人民日报》《法治日报》等权威媒体持续发文，全社会对文化渗透性问题予以高度的关切和重视，相关部门责令其进行整改，小学教材中插图的"中国风""民族风"方得以回归。从个案材料来看，如果说，社会中的信访问题处理不及时，导致信访问题滋生裂变，产生信访次生问题，而信访次生问题依然重视不够、处理不力，就可能出现官民惧忧的衍生问题，引发政府与涉事群众良好关系的生变，严重影响党政的形象、口碑等。近年来，国家加大了对信访领域的治理，好些时日较久的疑难信访得到了有力纾解。但是，受区域社会以及工作分工影响，研究难以得到全国范围内近年来信访发生、重复信访、越级信访等统计数据，来说明群众对信访权利实现非常满意。

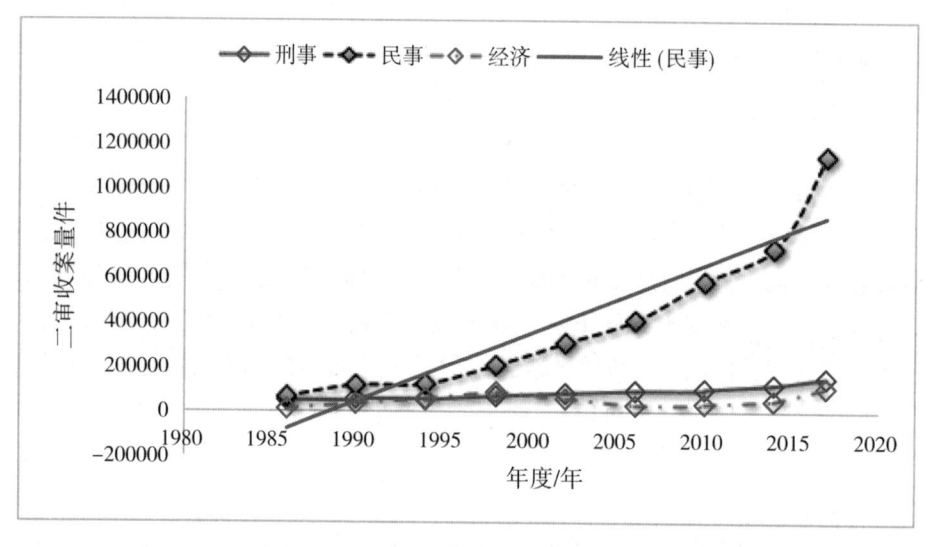

图4-10　1986—2017年人民法院收处二审案件发生趋势图

这里仅以人民法院收处的二审案件为例，可以看到1986—2017年法院收处的二审刑事、民事、经济（行政）案件呈现上升趋势，其中2017年的二审民事案件数量相当于1986年的近18倍，2017年的二审刑事案件数量相当于1986年的3.1倍，2017年的二审经济（行政）案件数量相当于1986年的9.4倍。当然，二审案件一般存在维持、改判、发回重审、撤诉、驳回、调解等

---

① 叶睿. "问题教材"暴露了啥问题［N］. 人民日报，2013-12-06（5）.

裁决与处理，由于改判、发回重审、调解等不便统计，研究不好评价改判、发回重审、调解等在其中的占比，但是就二审案件数量而言，说明了一次审判裁决的公正度及不再申请上诉率，从侧面表明目前社会生活中群众信访权利的实现并不轻松。

第四节　关于信访的深度思考

信访制度是基于人民主权、群众路线以及中国传统政治文化而创立的本土性民主制度，是加强党和政府与人民群众密切联系的渠道，是上接天线下接地线监督政治的通道，也是维护群众权益的重要途径。邓小平曾经指出，信访就是要让"群众有气就要出"，要"使群众有出气的地方，有说话的地方，有申诉的地方"。[①] 然而，现实生活中这一安全机制的作用存在发挥不充分的现象，甚至引发消解党和政府合法性的信访次生、衍生问题的出现，这不能不引起人们的警惕与重视。

一、信访制度的不可或缺

基于对信访制度的不同理解，在中国的学界和政界至少存在两种声音，那就是信访制度的留存还是废除，尽管伴随2005年《信访条例》的出台，似乎争论已经沉寂，然而，信访的存废之争却伴随着信访衍生问题案件的曝光不时地进行着暗自较量。

第一种取向是探索"大信访"格局。通过立法统一规范信访工作，扩大信访机构的权力，从而建立高效的信访监督监察机制[②]，使之具有调查、督办甚至弹劾、提议罢免等权力。国家信访局研究室负责人认为，信访机构权力有限是导致信访效率低下的主要原因。杜钢建认为，信访机构实际上代表一级政府在行使权力，信访部门的领导应该是政府的主要领导才行，信访洪峰的出现与信访机构缺少化解问题的权威不无关系。康晓光认为，在中国这样一个行政主导凸显的国家，在"徒善不足以为政，徒法不能以自行"的前提

[①] 邓小平. 邓小平文选：第一卷 [M]. 北京：人民出版社，1994：273.
[②] 赵东辉. 信访的体制瓶颈亟待突破：让民意顺畅上达 [J]. 瞭望东方周刊，2003（40）：23-25.

下，需要信访这样一套没有门槛的反馈系统来了解社会存在的问题，了解民众的需要，并通过赋予信访机构的实实在在的权力，树立信访机构的权威来解决社会问题。①

第二种取向是从国家宪政建设的高度来认识信访制度改革问题。首先要从政治体制现代化的视角来重新定位信访，即在把信访制度作为公民政治参与渠道的同时，要把公民权利救济方面的功能从信访制度中分离出去，以确定司法救济的权威性。其次改革目前的信访体制，可以考虑撤销各部门的信访机构，把信访全部集中到各级人民代表大会，通过人民代表大会来监督一府两院的工作，以加强系统性和协调性。最为重要的是，要切实保障信访人的合法权益，对少数地方人民政府阻碍信访者上访的案件要坚决查处。② 长期从事信访工作的周梅燕等人也认为，对信访制度的改革应与整个社会体制改革联系起来，采取渐进方式实现以法治为内容的信访制度改革。

研究认为，信访制度是基于人民当家做主、群众路线以及中国传统政治文化而创立的本土性民主制度，是加强党和政府与人民群众密切联系的渠道，是上接天线下接地线维护民利、监督政治的重要途径。信访是群众出于信任通过信访程序对政府进行批评、建议和投诉，特别是不足以进入诉讼的事端或一般行政争端向党和政府进行表达和诉求，以避免轻微问题或一般行政争议诉讼化，规避了轻微问题动辄诉讼的扩大化倾向，以及不足以进入诉讼的一般行政争议对簿公堂对党群干群关系的不良影响。西方社会在面对社会矛盾爆炸的情形下，尚且积极探索"非替代诉讼性解决争议的方法"（ADR），其中不乏行政投诉、调解、同行评价、事实认证、早期中立评价、和解会议、仲裁、协商等，尤其是在劳动争议、工商管理、交通事故理赔、环保责任落实等方面的调和与救济作用是不容低估的，那种官方主持的 ADR 制度与中国的信访制度简直别无二致。在现代化不可避免地带来社会的分化与整合、断裂与传承、分层与流动、效率与公平、速度与质量、民主与威权等问题的情况之下，在面对社会矛盾与冲突的蜂拥而至，凡事诉求法律和诉讼的西方社会都出现了息诉、和解、无讼的呼吁，劝说家人或邻友莫要在纠纷上浪费财力和时间，慎重诉讼（Michael D. Bayles，1996），甚至还借鉴和吸收东方文化中非诉讼解决问题的救济机制。所以，在信访制度上我们又何必妄自菲薄呢？

---

① 赵凌. 信访改革引发争议 [N]. 南方周末，2004-11-18（3）.
② 胡荣. 农民上访与政治信任的流失 [J]. 社会学研究，2007（3）：39-55，243.

二、深化党群政群关系

无论是在新民主主义革命时期，还是在社会主义革命与建设以及改革开放时期，中国共产党都坚定地为了群众，一切依靠群众，从群众中来，到群众中去，相信人民，依靠人民，没有克服不了的困难，没有战胜不了的敌人，这是中国共产党人从弱到强成长的宝贵经验，也是领导中国革命和建设取得连续胜利的重要智慧。

新中国成立之初，广大群众满怀热忱地积极参与国事及其管理，在1951—1957年期间，形成了以抗美援朝、土地改革和镇压反革命为主要内容的信访高潮。紧迫的信访形势促进了信访工作机构的建设，立规建制，引导信访，规范治理。1951年6月7日政务院发出了《关于处理人民来信和接见人民工作的决定》，规定县以上人民委员会要有"专职人员"及"专职机构"来处理信访工作。从1951年7月到1954年6月，中央政府各部委和中直机关有12个部门设立了接待室、人民信件组等专门机构。许多大行政区、省、自治区和市先后设置了信访机构，配备了专职干部。① 1952年以后，县级机关普遍设立信访机构，配备专、兼职信访干部，许多县建立了县长、书记定期接见群众来访、解决信访诉求问题的规章制度。1957年5月，第一次全国信访工作会议召开，通过了《中国共产党各级党委机关处理人民来信、接待群众来访工作暂行办法》《关于加强处理人民来信和接待人民来访工作的指示（草案）》。文件第一次把来信来访视为群众的民主权利，信访被正式纳入法规制度体系中来，也就使信访行为依法有据，受理和解决信访有法可依。至于制定颁布《信访条例》（现已废止），上升到行政法规的高度则是在1995年，10年之后也就是2005年则对《信访条例》（现已废止）进行修订，一直延用到2022年《信访工作条例》的出台。信访制度设计的初衷就是加强党和政府与人民群众的密切联系，加强群众对党和政府的监督，从而实现党和政府全心全意为人民服务的宗旨以及人民当家做主的宪政核心。然而，一些信访实践致使信访制度似乎越来越疏远和扭曲党和政府与人民群众的鱼水关系，致使党和政府与人民群众的关系陷入了困境。

信访制度构建和实施之初，在加强党和政府与人民群众的密切联系方面，的确发挥过重要的作用。然而，在今天利益主体多元化、思想复杂化的社会

---

① 中国行政管理学会信访分会. 信访学概论［M］. 北京：中国方正出版社，2005：13.

现实中，信访中出现的问题危害极具转移性、弥漫性、浸润性、侵蚀性的特点，对党和政府在群众心中的尊严、权威以及口碑有负面作用。

三、理论困境与法治隐忧

当代中国信访的困窘现象，在引起人们困惑和思考的同时，也激起了人们在理论上的深刻反思与探究，理论和实践之间的距离到底有多远，能否进行有效的弥合或修补呢？

"法治"最早由亚里士多德提出，亚里士多德认为法治的要义在于，既成法律获得了普遍的遵守或服从，而大家所服从的法律本身应该是制定得良好的法律。"法治"就是法的统治，其核心是法律制度，其外在形式是依法治国，其基本要求是依法办事，其目的在于贯彻和实施宪法至上、法律至上、法律支配权力、法律面前人人平等，来推动社会的运作和管理，以实现国家和社会的长治久安。"人治"就是通过强调个人意志、个人权威、权力支配法律等，实现对社会绝大多数成员进行等级统治的管理模式。

作为治政理事的模式，法治强调其治理的稳定性和权威性，而人治则强调治理主体的自觉性、机智性。其实，在治国理政上没有不希望政通人和、经济繁荣、社会稳定的，只不过是手段和方式上的差别而已。人是最具主观能动性的动物，面对制度的呆板和机械，总是要不断地突破和跨越。历史上最完美的宪法之一——《魏玛宪法》，其结构之严密几乎完美无瑕，其中不乏设想巧妙、思维缜密的条文，看似足以保证民主制度的实行，然而却未能有效遏制极端主义的滋生，尤其是防止纳粹分子希特勒的上台执政。正如我国古代孟子所言，"徒善不足以为政，徒法不能以自行"。王安石也说："制而用之存乎法，推而行之存乎人。"社会治理需要法律，但法律再精巧也有不足之处，法律再全面也有覆盖不足之处，至少在发现问题到推出法律制度进行规范，从法律的出台到普法周知的贯彻执行，从生活反馈到法律修订的至臻完备，总是存在一个时间差，这将导致人们在遵守和执行上的错愕与差异。包案不办案，办案不结案，责任心不强，把问题推向上级、推向同级信访部门，有的对明显错案或重大失误案件责任人追究不力，都说明法治确实需要健全的法律制度，但是更需要无人监督的自觉执行，人治中则需要法治的渗透和弥补，把握好两者的度量和分寸才是治国理政的根本之道。

在中国，宪法和法律是由全国人民代表大会及其常务委员会进行程序严格的制定或修改的，而国务院的职能首要的就是执行人大及其常委会制定的法律，以及根据国家发展状况和形势的需要，依据宪法和法律规定行政措施，颁布行政法规，发布决定和命令。国务院就可以受委托立法，即当某些问题需要由有法律效力的文件加以指导，而制定法律的条件还不成熟时，国务院就可以根据全国人民代表大会及其常务委员会的决定，制定具有法律效力的暂行规定或条例。另外，国务院有领导和管理全国经济、社会事务的职权，具体包括领导市场经济，管理科学、教育、文化、卫生等公共事业，领导和管理民政、公安、司法行政等工作。[①] 就此而言，在行政法学者的视域中，《信访条例》（现已废止）就是不折不扣的行政法规，群众依法反映民情民意，政府及其相关部门合理合法地回应和救济，这既合乎法律的规定，又在当然的情理之中。

不过，就司法实践及其个案来看，由于法律规定不可能极尽其详，也不可能天衣无缝，原告、被告、律师、审判、执行等显然不足以涵盖和解读法治。而信访是群众出于对党和政府的信任，有选择地通过简易程序对行政进行批评、建议和投诉，以及不足以进入诉讼的一般行政争议向党和政府进行表达和诉求，避免轻微问题司法诉讼化、避免一般行政争端行政诉讼化。也就是说群众信访反映和诉求的问题，说大不大说小不小，大到尚不至于提起行政诉讼，与政府对簿公堂，小到难以隐忍心中，不诉说心中颇有不平。面对如此问题，完全诉诸司法诉讼，必然是案卷如山。但是，听而不闻、视而不见，不符合治国理政之道。于是，在行政法律框架之内，本着"汗水自己揩，娃娃自己抱"，给相应的组织和机构以自觉、自化、自修、自正、自补的机会，既符合中国传统政治之道，以及世界范围内流行的非替代诉讼的多元纠纷解决机制，又避免了党群政群关系的公开对立，以及一般行政争端对簿公堂的不欢而散。尽管不少学人认为，当代信访制度就是中国古代司法和行政不分的直诉制度的借鉴和发展，体现的是行政干预司法的现象。但是，自从信访制度构建以来，每一个信访机构都只隶属于该系统本身，接待和回应本系统的来信来访。即便有行政领导批示或建议案件复核，也是要求依法据实进行，决非要求司法系统的枉法推进。司法系统若是依法据实复审、裁决、改判，只能说是实事求是、恢复本真，从这个意义上说，是行政权力发挥了对司法权力的监督作用。如果司法系统仅因领导的批示就对案件进行了改判或撤销，只能说司法制度或法律体系上科学性、严密性不足，否则不应出现唯上而不唯法的现象。就此而言，即便行政领导关切和督促涉诉涉法信访个案，只能看作对该案公正性的一种监督，而不能视为行政干预司法的现象。

---

① 《政治学概论》编写组. 政治学概论 [M]. 北京：人民出版社，2020：106-107.

另外，行政法以及公务员法等的颁布和实施，要求政治体制中的每个环节、每个岗位都应依法行政，恪尽职守，对民众的诉求进行回应和救济是宪法和法律对国家机关及其工作人员的要求，而置人民的正当诉求于不顾才是违法失职的表现。因此，所谓人治是否成为信访回应和救济不力的漂亮借口，这倒是需要长期观察和反思的内容。

法治离不开人的执行和推进，现代法治使用中性的概念进行表达最为适宜，那就是依法治国。就此而言，公职人员依法行政、依法尽职，对民众的信访诉求依法回应和救济。

四、小结

当代中国的社会生活中，矛盾的纷繁芜杂以及冲突的频繁发生，决定了民众利益受伤受损后必然诉诸私力救济或公力救济。私力救济的无济于事、公力救济的渠道狭窄，致使作为司法救济和行政救济补充的信访制度，竟然成了民众的优势选择。信访诉求呈现量大势猛的态势、群体化信访大量涌现、各种信访交织和渗透以及信访的级态化发展，表明当今中国的信访问题出现相当困窘。而信访原问题、次生问题、衍生问题的套叠和梗阻，严重地影响着党和政府与人民群众的密切联系以及社会的稳定与发展。直面现实，对比信访制度设计的初衷及信访工作长期奉行的为人民服务的宗旨，人们不免陷入理论和现实的困惑之中。

第五章 渠道创新后网上信访及其发展状况

以1978年党的十一届三中全会做出改革开放的决策和部署为起点，开启了当代中国现代化社会转型的加速度，中国逐渐从农业社会向工业社会、从乡村社会向城市社会、从封闭半封闭的传统社会向开放型现代社会、从熟人社会向理性社会、从伦理社会向法治社会转变。在现代社会转型发展的急剧变化中，从传统社会到现代社会利益格局上的调整，使建章立制或法律法规的立改废跟进迟滞，社会成员信仰不免错乱失序。国家在利益结构的改革与调整中，顶层设计与基层实践中都不免存在科学性的不够充分，致使部分或少部分群众的利益直接受伤或相对受损。私力救济的无济于事，迫使群众不得不诉诸公力救济。由于司法诉讼受理的门槛高、费用贵、限制多，民众纷纷涌向门槛低、费用少、受理广的信访渠道与机制，信访制度一时几乎承担了民意反映和诉求的全部之重，信访渠道内拥堵不畅甚至淤积堰塞，重复信访、缠访、闹访、集体访不一而足，信访诉求向上涌动和转移，"属地管理、分级负责"的信访治理原则被消解或扭曲，基层信访部门在积极纾解信访诉求的同时，违规甚至违法地截访、压访又屡见不鲜。

在信息技术时代，尤其是互联网技术的成熟与深入发展，为社会生活各个领域的改革与发展提供了技术条件与路径。"互联网+"使得信息通信技术以及互联网平台，与传统的行业产业密切结合，打破了信息不对称，降低了交易成本，促进了专业化分工，推动了传统业态突飞猛进的发展，或者说创造了新的发展生态。也就是说，互联网充分发挥了在生产要素配置中的优化和集成作用，与经济社会各领域的深度融合，也就提升或改造了传统行业，形成了以互联网为基础设施和实现工具的业态新政。为了分解传统信访机制的压力，把信访问题化解在当时当地，各级地方政府借助网络信息传播快、透明化等特点，纷纷推出网上信访以及视频接访等创新举措，期望通过技术嫁接、渠道创新以开创信访工作的新格局。"互联网+信访"至少使得网上信访成为传统信访制度与机制的有益补充，推动了"实现人民的愿望、满足人民的需要、维护人民的利益"信访工作新格局的创建。但是，任何新生事物本身都存在不断地成熟与壮大的过程，网上信访在反映和诉求以及国家机关依法担当救济责任的过程中，还存在或多或少的问题，面临着不少有待克服的困境。

第一节　网上信访的发展现状

2005年的《信访条例》中规定，各地人民政府以及县级以上人民政府的工作部门，应当将信访工作机构的通信地址、电子信箱、投诉电话公开化，公开信访接待的时间和地点、信访事项处理的进展程度以及办理结论等；并且要求信访投诉一般采用书信、电子邮件、传真等形式进行，还应据实署名、写清住址和写清请求、事实、申诉理由以便处置和联系。《信访条例》（现已废止）在不同的章目条款中要求政府设立、公布电子邮箱，同时也要求信访人通过电子邮箱的方式进行反映和诉求。目前，网上信访工作已经在全国各省市全面展开，各地在探索网上信访工作的过程中，存在一些创新，如微博信访、视频接访、信访APP等。总体而言，网上信访是创立有法、行事有据、与时俱进、开拓进取的新生物。

一、网上信访的溯源

2003年8月，云南省德宏傣族景颇族自治州设立"书记州长信箱"，一年之后转交信访部门负责，成立"书记州长信箱"办公室，出台制度规范来信办理程序，建立督办机制，确保每封来信"件件有着落，事事有回音"。德宏出现了3年没有群众到北京上访的情况。2007年3月，胡锦涛同志指出，网上信访经验值得总结，并可部署若干地点进行试点，探索反映民意和诉求的新渠道。[①] 之后，中共中央、国务院下发《关于进一步加强新时期信访工作的意见》，这对信访工作发展具有里程碑意义。2007年4月，国家信访局调研德宏网上信访工作，认为"网上信访"拓宽了信访渠道，超越了传统模式，倡议在全国推广。[②] 到目前为止，全国绝大多数省、自治区、直辖市及其州、

---

① 新信访条例实施3年：信访工作法制化迈出重要步伐［EB/OL］.中央政府门户网站，2008-04-23.
② 伍皓，伍晓阳.云南德宏："网上信访"拓宽信访渠道［EB/OL］.新华网，2007-10-09.

市、县都建立了网上信访工作平台。2014年2月25日，中共中央办公厅、国务院办公厅印发了《关于创新群众工作方法解决信访突出问题的意见》的文件，指出损害群众利益的现象在一些部门、一些地区依然存在，尤其是在征地拆迁、劳动和社会保障等方面比较突出。为了纾解群众的反映和诉求，化解社会矛盾，推进建立和施行网上受理信访制度，构建"网上受理、网上办理、网上转交、网下办理、网上回复"的信访事宜受办程序，促使办理流程和办理结果阳光化，增强信访解决的透明性、公平性和公正性。目前，网上信访已经多点开花，规模效应已经凸显。

二、网上信访的模式

本着创建信访工作新格局、新秩序、新机制，以及制度化、规范化、法制化的"三新三化"总体工作思路，各地以"顺应反映，解决事端"为核心，纷纷探索"市长专线""绿色邮政"等网上信访机制。到目前为止，网上信访在全国范围内主要有四大模式[①]，之后还有率先尝试三级视频接访的毕节模式。

（一）江苏淮安模式

2007年开始，江苏省淮安市在全国率先开通"阳光信访"综合服务管理系统。在构建信访联合接待中心的基础上，通过整合电话、短信、网上信访、视频接访等电子资源，创建了全国首家电子网络信访服务中心。走出了一条破解信访难题的新路子，受到了社会各界和人民群众的好评。

（二）上海模式

上海市从2002年开始，在8年的时间内打造了"一二三四"网上信访工作体系。构建了一个网上信访信息系统；建立了"中国上海"门户网站和"网上信访受理投诉中心"网站；搭建起市信访办，97个区县和市属部门、2200余个街镇和区属部门组成的三级办理平台；在"网上信访受理投诉中心"设置了"来信选登""回复选登""典型案例"和"办理统计"四个公开栏目。

---

① 中国政务舆情监测中心.网上信访四大模式[J].领导决策信息，2014（23）：24-25.

（三）湖北黄石模式

从 2009 年 5 月起，湖北省黄石市整合资源建立了一个市长热线电话、一个网站（一个电子信箱）、一个短信平台，构建全天候的网上受理平台；市网络信息中心与部分市直部门、村社建立点对点的视频沟通网络，民众在村社就可以通过视频向政府有关部门反映诉求，对话"回"复；政府企事业单位等对外公布投诉受理电话、短信、电子信箱，形成多级联网、覆盖全市的网络信访工作格局。

（四）广州海珠模式

从 2002 年开始，广州市海珠区积极搭建网上信访新平台。建立了信访区长专线；构建了网上信访、视频接访、短信信访；设置书记、区长信箱，投诉、咨询等信箱；建立协调联动机制，"从优从宽从快"化解矛盾机制。

（五）贵州毕节模式

2008 年 7 月，毕节试验区为深化中央和省部署的县委书记大接访活动安排，结合地区地理环境、社情民意等特点，投资搭建了视频接访专用通道，探索建立了市、县、乡三级党和政府主要领导轮流排班接访的三级联动视频接访机制，形成了"上下联动、齐抓共管"的信访工作新格局。

三、党和政府肯定创新群众信访工作

（一）习近平总书记论网络信访

党的十八大以来，习近平在历次讲话中，特别突出"人民"的主体地位。在党的十八届三中全会通过的《中共中央关于全面深化改革若干重大问题的决定》中，提出"以保证人民当家做主为根本""实现发展成果更多更公平惠及全体人民""让广大农民平等参与现代化进程、共同分享现代化成果"等。习近平同志讲，"坚持以人为本，尊重人民主体地位，发挥群众首创精神，紧紧依靠人民推动改革，促进人的全面发展"①。改革开放与建设必须紧

---

① 习近平. 坚持历史唯物主义不断开辟当代中国马克思主义发展新境界［EB/OL］. 人民网，2020-01-15.

紧依靠人民群众,这是中国共产党人应有的态度。

我们工作目的是为人民服务,不仅要对上面负责,而且要对群众负责。信访工作的首义,在于时刻把自己看成人民中的一员,把心贴近人民,"关心、济助"每一个需要关心济助的人,这是我们的责任,也是我们的义务。做好信访工作,责任在领导,机制在长效,关键在落实。各地要坚持"分级负责,归口管理""谁主管、谁负责"和"属地管理"的原则,进一步增强工作的主动性、层层落实、层层担当。党和政府主要领导要全面负责、亲力亲为,分管领导要直接负责、躬耕力行,其他领导要主动配合、密切协作,努力形成党委、政府统一协调、齐抓共管的工作格局。

信息技术革命对国际政治、经济、文化、社会、生态、军事等领域发展产生了深刻影响,网络与信息安全关系国家安全和国家发展、关系广大人民群众的工作生活,要从国际国内大势出发,统筹布局,协调各方,创新发展。网信事业要适应人民的期待,满足群众的需求,加快信息技术普及与服务,降低技术应用成本,为群众提供用得上、用得起、用得好的信息服务,让亿万人民共享互联网发展成果。网络空间是虚拟的,但运用主体是现实的,大家都应该遵守法律,明确各方权利和责任。要坚持依法管网、依法办网、依法上网,让互联网在法制的框架内健康地运行。

网络空间是亿万群众的精神家园。网络空间清澈明亮、生态安然有序,符合人民利益。网络空间污泥浊水、生态杂乱无章,不符合人民利益。做好网上舆论工作是一项长期任务,要创新改进网上宣传,运用网络传播规律,弘扬主旋律,激发正能量,大力培育和践行社会主义核心价值观,把握好网上舆论引导的时、效、度,使网络空间清朗起来。哪里有网络,哪里就有群众;哪里有群众,哪里就有民意。群众出现在哪里,领导干部就应该出现在哪里,否则,怎么联系群众呢?各级党委和政府机关的领导干部都要学会上网,经常上网看看,潜潜水、聊聊天、发发声,听听基层声音,了解了解群众意愿,收集收集好的意见,回应网友的关切,解答群众的疑惑。现在,各级领导干部,特别是高级干部,如果不懂互联网,不善于运用互联网,很难有效地开展工作。各级领导干部不仅要学会上网、用网、懂网,更要积极谋划、引导、推动和促进互联网的发展。

(二)党和政府对网上信访机制建设的意见

2014年2月25日,中共中央办公厅、国务院办公厅印发《关于创新群众工作方法解决信访突出问题的意见》。要求推动信访工作制度改革,创新群众工作方法、解决信访突出问题。

国家信访局《关于推进信访工作信息化建设的意见》要求把信息化作为提升信访工作公信力的重要途径，实现信息技术与业务流、信息流、管理流的有机结合，为信访工作提供技术创新的路径，推动信访工作的制度创新，以打造公开、透明、高效的信访工作机制。总体目标是依托互联网建设一个全国统一的网上信访信息系统。具体要做到"三化"，即业务流程标准化、处理过程透明化、统计分析智能化。进一步扩大应用的覆盖范围，把来信、来电、来访、网上投诉等不同途径反映的信访事项，纳入网上信访信息系统统一流转，实现对所有信访形式的全覆盖；把受理办理、交办转送、复查复核、督查督办、统计分析、考核评价、质量评估等信访业务的各个环节，纳入网上信访信息系统统一管理，实现对整个工作过程的全覆盖；把各个层级有权处理信访事项的责任部门的信访工作，纳入网上信访信息系统统一运行，实现对工作范围的全覆盖。

《国家信访局关于印发〈信访事项网上办理工作规程（试行）〉的通知》，要求深入推进信访事项网上办理工作规范化建设，提高工作质量、效率和公信力。工作规程包括总则、登记、信访工作机构的受理办理、有权处理行政机关的受理办理、督查督办、公开和评价、工作纪律、附则。由于群众的反映和诉求仅为网上的呼吁与表达，某种程度上来说，全赖于相应国家机关、组织的自觉履职与依法担当。因此，本规程更多表现为对相应职能部门的规范、要求、督查督办、公开评价等。

在《信访工作条例》颁布实施一周年之际，第九次全国信访工作会议召开。习近平总书记等党和国家领导同志在人民大会堂亲切会见全国信访系统先进集体、先进个人代表。会议要求深入学习领会习近平总书记关于加强和改进人民信访工作的重要指示精神，坚持党对信访工作的全面领导，坚持人民至上，坚持为民解难、为党分忧，坚持改革和完善信访制度，坚持把信访纳入法治轨道，坚持"三到位一处理"工作要求，坚持和发展新时代"枫桥经验"，坚持底线思维，坚持建设高素质信访工作队伍。会议要求深入贯彻《信访工作条例》，着力解决突出问题，更好地为群众排忧解难。着力防范化解风险，助力更高水平的平安中国建设。着力拓展改革成果，把信访制度优势更好地转化为社会治理效能。着力夯实基层基础，筑牢信访工作发展根基。着力强化组织保障，为做好新时代信访工作提供坚强支撑。要持续推进信访制度改革和体制机制创新，抓好加强新时代网上信访工作意见的贯彻落实，解决好群众反映的急难愁盼问题。

信访工作就是履行好服务党和国家工作大局、维护群众合法权益、化解信访突出问题、促进社会和谐稳定。无论是对信访工作流程进行网络的数字化管理，还是在信访实体工作中，信访事项处理的可跟踪化、可督办化、可评估化、可问责化，都将有助于提升信访工作的形象和效能，保障群众合理合法的诉求，依照法律规定和程序能够得到合理合法的结果，让群众有更多的获得感、幸福感、安全感，不断厚植党执政兴国的群众基础。

四、网上信访呈现的优势

网上信访以网络和通信技术为支撑，推动了公民与政府的双向互动交流。无论是独立的网上领导信箱模式、视频信访模式、手机短信模式、微博发文模式，还是综合了上述模式的功能价值为一体的网上信访平台等，都方便了网民与政府的及时沟通，有利于及时疏解心结、化解困惑，促进社会的稳定与发展。

（一）网上信访具有方便快捷的优势

网上信访，无论是参与类信访、求决类信访，还是涉法涉诉信访，都不受时间、空间、地点、诉求人数限制，只要具备电脑网络，只需轻触键盘、轻点鼠标或手写输入，反映和诉求就能轻松快捷地送达。由于建立了涉法信访和行政信访的分流机制，专业管理、专业治理防止了相互干扰、受人质疑。传统的去信和走访常常需要以天计算，而电子邮件、短信或视频接访可能只需以分秒计算，网上信访呈现出方便迅捷的突出优势。根据《中国青年报》联合"中青在线""天涯论坛"发起的网上信访调查，在 2471 名受访者中，70.8% 的受访者有过在政府网站反映情况的经历，34.4% 的受访者选择网络信访是因为"便捷"。

（二）网上信访具有成本低廉的优势

无论是传统信访，还是网上信访，都存在反映和诉求的成本问题，无论何种类型的信访、无论借助怎样的载体，都会产生相应的费用。传统的去信走访，无论是去信邮资，还是不得已走访的车船劳顿、住宿饮食等，都使信访维权困难重重。上访从几年到几十年都很常见，而网上信访真正实现了足不出户、数据跑路，其所产生的费用主要来自电费、网络信息流量费用、设备损耗费用甚至所谓代理输入费用等，但是，这些与传统的去信走访的"海量成本"相比简直可以忽略不计。显然，网上信访具有"数据多跑腿，群众少跑路"的显著成本优势。

（三）网上信访颇具有求必应的优势

在传统信访中，常常存在群众去信如泥牛入海的情况，而走访也常常因为主要负责人的公差出行，使群众舟车劳顿的走访劳而无功，这使有反映和诉求的群众常常"叫天天不应，叫地地不灵"。而网上信访则不同，无论是借助电子邮件、短信、微博的反映和诉求，还是直接视频或邀约的视频接访，网络电子提供的方便快捷优势都决定了必须给予群众的网上反映和诉求以相应的回应与救济。在电子政府时代，相关部门存在摄取反映和诉求信息的便利，以及转告、转办、交办、沟通、协商的便利，都决定了原本严重困扰信访回应与救济的"阵痛过程"，能够得到极大的缓解、缩短或彻底消解，也就促进了政府相关部门在网上信访问题上的"时时有人管，件件有落实，事事有回应"。

（四）网上信访具有接触协商的优势

网上信访，特别是伴随视频连线或应约视频接访的更多出现，在当代中国的基层社会治理中成为一种常态现象，这不能不说是以中国话语、中国叙事在诉说着中国基层民主政治的创新式发展。在中国，这种个人或少数人因自身利益诉求而依法接触有关部门并影响其决策或执行的行为活动，除却传统的去信或走访同政府的依法接触，依法依规的视频连线或应约视频，实现了"面对面"的回应，"面对面"的协商，"面对面"的解决，"面对面"的回访，让访民能有"定心丸""顺气丸""舒心丸"，实现了当面督办、有求必应、当面磋商、妥善解决、当面答复、掷地有声，结果令群众满意，促使每项办理都经得起考验。

（五）网上信访具有公开透明的优势

网上信访面向广大群众，无论其年龄、性别、出身、民族、职业、宗教信仰、教育程度、财产状况和居住年限等如何，都具有借助网络向政府及其相关部门提出批评、建议、投诉、申诉的权利。无论何时何地，访民都可以对反映和诉求的登记受理、办理过程和结果回复进行相应的咨询或查询，甚至无关的第三者都可以对事态的演变进程进行围观、咨询。信访部门对群众提出的意见和诉求，在网上对全社会进行公示，有权处理的责任单位和部门提出的处理意见、工作情况和处理结果，在网上进行公开的回复或反馈，客观上形成了阳光化的监督机制，有利于真正实现"权为民所用、情为民所系、利为民所谋"，有利于化解基层社会矛盾，促进基层社会和谐，促进全面小康社会的构建。

第二节 网上信访发展的态势

随着互联网、移动互联技术以及人工智能等技术的成熟和发展，网络与政府的结合已经成为一种趋势，电子政府建设成为便民服务的重要探索。"互联网+"信访成为党和政府通过信息技术平台，促进群众监督政府、反映生活际遇、表达诉愿诉求的重要途径。据统计，"截至2013年年底，全国已有29个省（区、市）、275个市和1831个县开通了网上信访平台，19个省实现了省、市、县三级平台互联互通，228个地市实现了市、县两级平台互联互通，135个地市信访部门实现了与职能部门的互联互通。以淮安市为例，'阳光信访'历经7年探索运行，共处理信访事项和矛盾纠纷5.7万余件，全市信访事项按期办结率从81%提高至96%，重复信访占比率从22%下降到目前的9%。信访事项平均办理时间由45天缩短为35天"[1]。2022年重庆市着力优化完善信、访、网、电、视频诉求平台，完善信访网上投、事项网上办、结果网上评、问题网上督、形势网上判的服务管理模式。重庆市信访办还将服务群众的政务平台从"网上"向"掌上"延伸，加强与网络问政平台、"渝快办"APP投诉窗口等的协作和融合，畅通群众网上信访渠道。该市网上信访占比超过70%，已经成为群众反映问题的主要渠道。

---

[1] 王昊魁，郑晋鸣．网上传书，解决群众诉求更顺畅［N］．光明日报，2014-06-06（11）．

信访总量持续下降

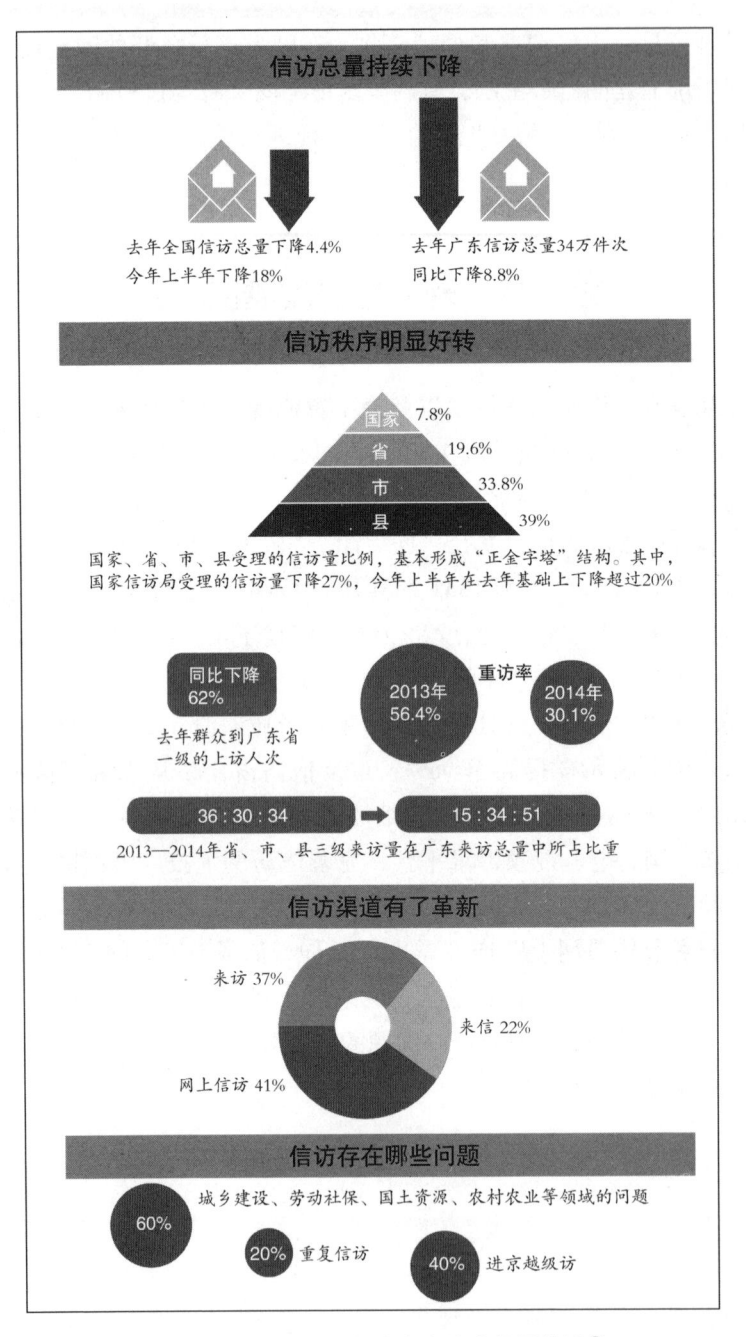

去年全国信访总量下降4.4%
今年上半年下降18%

去年广东信访总量34万件次
同比下降8.8%

信访秩序明显好转

国家 7.8%
省 19.6%
市 33.8%
县 39%

国家、省、市、县受理的信访量比例，基本形成"正金字塔"结构。其中，国家信访局受理的信访量下降27%，今年上半年在去年基础上下降超过20%

同比下降 62%
去年群众到广东省一级的上访人次

重访率
2013年 56.4%
2014年 30.1%

36∶30∶34 → 15∶34∶51
2013—2014年省、市、县三级来访量在广东来访总量中所占比重

信访渠道有了革新

来访 37%
来信 22%
网上信访 41%

信访存在哪些问题

60% 城乡建设、劳动社保、国土资源、农村农业等领域的问题
20% 重复信访
40% 进京越级访

图 5-1　2013—2014 年广东省信访数量统计①

---

① 信访事项要避免形成上下都不受理的"堰塞湖" [EB/OL]. 国家信访局门户网站，2015-12-16.

一、网上信访已占信访总量半数以上

现代化的过程既包括一些陈旧制度和机制的破坏过程，也是系列新生制度和机制的建构过程，必然形成对国家、社会、市场以及个体既有利益结构平衡的冲击。社会的分化与整合、断裂与传承、分层与流动、效率与公平、速度与质量、民主与威权，现代化过程中国家或政府的敢想、敢做、敢当，以及在某些领域的一时无为或心有余而力不足等都在搅动着人们的神经，甚至集结为不解与郁闷的不甘，外化为诉求公平与正义的呼吁与行动。网上信访救济的开辟，分解了信访传统机制的压力，促进了民意反映和诉求的及时回应和救济。目前，"全国网上信访量已占信访总量的43.6%，超过1/3的省份网上信访量占总量的50%以上。今年1—5月，国家信访局转送和交办地方的网上信访事项中，湖南、陕西等地办结率在80%以上。更为典型的是，广州市海珠区自从搭建网上信访新平台，满足了群众'足不出户可信访'后，2010—2012年，网上信访量占信访总量90.4%，全区信访总量下降47.2%"[①]。截至2013年年底，全国已有29个省（区、市）、275个市和1831个县开通了网上信访平台。其中，19个省实现了省、市、县三级平台互联互通，228个地市实现了市、县两级平台互联互通，135个地市信访部门实现了与职能部门的互联互通，一些地方的网上信访量已经超过来信来访量。[②]

二、线上线下的融合发展

网上信访平台的建设，为群众反映和诉求开创了新的通道，极大方便了民情民意的上达，而原创的信访制度和机制在受理、承办、转达、转办、反馈等方面，积极地衔接和回应来自网上的信访反映和诉求，线上线下群众工作机制的融合使群众的反映和诉求得到及时迅捷的回应和救济。从借助计算机和网络的技术支持创建网上信访平台，到创新网上信访技术软件APP的推出，使群众的反映和诉求从电脑走向移动终端，从电子邮箱短信反映到视频直接举报或投诉，民情民意的上达实现了随时随地进行。据了

---

① 张璁. 国家信访局：网上信访量已占信访总量的43.6%[EB/OL]. 人民网-人民日报，2015-06-29.

② 张洋. 全国网上信访信息系统建设时间表正式出炉[N]. 人民日报，2014-04-12(2).

解，自2015年信息系统上线运行以来，基本实现国家、省、市、县、乡五级互联互通，构建了集投诉、办理、查询、跟踪、督办、监督、评价于一体的全国网上信访综合应用工作平台，为打造"阳光信访"新模式提供了保障和支撑。目前国家信访局移动端信访占网上信访量七成以上。各地着力打通网上信访"最后一公里"，山东、湖北在县乡设立网上信访自助服务设施，河南开通短信信访"一掌通"，贵州搭建省市县三级党和政府主要领导直通交流台。①

三、理性反映态势良好

网上信访反映与救济，防止了传统信访接触机制中的非理性因素，规避了激发的次生信访以及恶变的衍生信访的发生。在传统信访机制中，群众多以走访的形式，来表达反映和诉求，接触中不免有不当不适的情绪化情况。而网上信访反映和诉求，主要是键盘对键盘的操作，即便是视频连线或应约视频，无论是"访民"还是"接访官员"都能保持较为理智的态度、平静的心态，避免了非理性因素对网上政治接触过程的干扰，避免了因言语不和、态度不周激发的异化信访。网上信访由于规避了生活中的"从众心理"以及好奇心态引发的看热闹与围观现象，也就使相对忌讳的"集体上访"现象得以消解，扰乱办公秩序、公共秩序等现象得到极大消除。从图5-1可以得出以下结论，以重复信访、缠访、闹访等为主要内容的次生信访下降较大，而且有逐年走低的良好态势。广州市海珠区自从搭建网上信访新平台之后，"2010年至2012年，越级到省、市集体上访批次下降了70%以上，非正常上访降为零，上级转办交办的信访积案化解率达100%"②。

四、全国信访秩序明显好转

网上信访的巨大分流及其积极作用，促使全国信访秩序明显好转。信访秩序的好转，并不否认信访联席会议、带访下乡等举措的积极影响和作用。但是，长期以来，"属地管理，分级负责"的信访治理原则很难落实，以至于后

---

① 梁士斌. 国家信访局网上信访量超过半数 推动网上网下融合网上向"掌上"延伸[EB/OL]. 中国新闻网，2018-07-27.
② 中国政务舆情监测中心. 网上信访四大模式[J]. 领导决策信息，2014（23）：24-25.

来推出了效果适得其反的"信访考核排名"政策。但是，伴随着网上信访在全国成为一种趋势，网上信访的便利、迅捷、透明、低成本的优势，以及"面对面"的回应，"面对面"的协商，"面对面"的解决，"面对面"的回访，实现了当面督办、有求必应，当面磋商、妥善解决，当面答复、掷地有声，极大消解了传统机制中因为时间、距离等因素导致的见信不见人、见事不便磋商、久拖而不决等现象，网上信访的迅捷、高效、透明有利于把民意反映和诉求的问题真正化解在第一时间、第一地点，规避了信访问题在解决不及时情况下的次生衍生。直接表现为全国信访秩序的明显好转，小事不出村镇就能化解，大事不出县域就得以解决，群众反映不敷衍，矛盾纠葛不上交，向上反映的省访、京访直线下降，中央、省、市、县、乡（街道办）在受理和解决群众的信访上呈现出"倒金字塔"式结构，"属地管理，分级负责"的信访治理原则得到了真正的贯彻和落实，"互联网+"为信访治理赋能使得信访机制的隐忧得到极大释放或化解。

第三节　网上信访存在的不足

网上信访减轻了传统信访部门的压力，创新了民意表达与综合机制，方便了群众反映和诉求，提高了相关部门的办案效率，"网来网去"极大地降低了信访成本，群众开始习惯"信访不如上网"。尽管网络信访越来越成为一种趋势，然而受种种现实因素的影响，网上信访让民众又是欢喜又是忧，网上与网下问题的交织，促使政府在深入思考行政效能、科学行政的同时，坚持和完善中国特色社会主义的社情民意制度，坚持推进国家治理体系和治理能力现代化，主要存在以下问题。

一、网上信访虚拟性强真实感少

"社会交换论"的创立者乔治·C. 霍曼斯（Beorge C. Homans）认为，人与人直接的、面对面的互动与交换是人类行为的基本形式，它由功利需要推动，通常交换双方都理性地计算代价与报酬。[①] 网络信访平台极大地克服了官民沟通与交流的诸多壁垒，吻合了社会需要与双方的内在需求。网上信访的

---

① 谭杰，任平，吴振刚. 新编西方文化概论［M］. 沈阳：东北大学出版社，2017：285.

确便捷，群众足不出户就可以反映问题，如果人机结合的网上信访平台能够及时回应、解决问题，"信访不如信网"就将得到极大的强化与认同。但是，由于各地在设计平台时比照了《信访条例》（现已废止）规定，参照了群众来信来访答复与解决的时间，这样从邮件发出到结果回应要经历5~30天，这种等待的时间过程与传统信访机制差异并不大，当初敲击键盘反映时的喜悦就很容易转变为焦灼与不安。尤其是当邮件发出石沉大海之后，民众对网上信访怀抱的真诚希望就可能破灭，由于耽误了反映和诉求直接上达的时间，就会悔不当初和万分懊恼。从传统信访的角度看，国办邮局让信访投书颇有真实之感，尽管同样不免有泥牛入海的情形，而走访与相关部门工作人员的直接对话与互动，让访民缓解或释放了等待中的焦灼与不安。现实生活中，虽然一些地方兴办了网上信访的视频接触，但是应约视频的有限，访民需求较难实现。

二、访民跟不上网上信访的技术进步

在全球信息数字化的进程中，各国、各行业、各社区、受众人群由于经济状况不同，对计算机、网络技术的接触、拥有、应用以及创新存在显著的差异，因此部分人无法使用这一渠道。如老年人、受教育程度较低群体、低收入群体，因为对现代网络信息技术生活的适应性偏低，无法使用这一技术手段。在网上信访的反映和诉求中也存在相似的问题，其实际上是信息技术时代的社会公正问题。网络信息技术，对社会生活中的80后、90后而言，应该比较容易适应与上手。但是，对20世纪50年代—70年代的群众而言，很大一部分人对电脑网络比较陌生，可能从来就没有操作过电脑，即便有所谓的扫描二维码，但是诸如注册、输入等前期活动，对他们来说仍难于登天，然而，这部分人群常常是生活中涉事反映和诉求的主体，迫切地需要政府相关部门的政策解释与救济。网上信访的技术性进步，使得足不出户的网上信访优势只能为年轻一代所分享，这部分人反而是生活中较少的涉事信访人群。社会生活中的中老年人群，基于生计或身体健康等原因，涉事时迫切需要政府提供的方便、畅通、快捷、高效、低成本的表达与诉求平台，却因为网络技术的限制，无力键盘输入，被挡在网上信访平台之外，难以享用创新的机制与渠道。

三、网上答复流于形式的激荡

目前，国内很多地方的政府网站都设有"部门信箱"或"领导信箱"，群众反映的问题各不相同，然而标准化、程式化的答复较多。更有一些信访答复模棱两可、含混不清或者答非所问，不仅没有充分解答信访人提出的问题，反而导致网上信访向传统信访机制回流，重复信访甚至越级信访、泄愤信访时有发生。这种情况让更多的涉事信访人疑惑，任何机制无论技术支撑怎样先进和超越，但是借助技术出海或破题的主体若是对反映和诉求的群众缺乏理解、尊重和关爱，技术的差迟、反应的缓慢、系统的失灵甚至动力的缺失等，都会导致最后的效果大打折扣。《中国青年报》联合"中青在线""天涯论坛"发起的网络信访调查显示"在2471名受访者中，关于信访答复的满意度普遍不高，70.5%的'很不满意'，17.9%的'不满意'，只有3%的'满意'，还有8.6%的认为'一般'。受访者对网络信访心存芥蒂的原因在于'只有官话套话，不解决问题'（占47.7%）；其次是'没有答复或答复时间太长'（占31.4%）"[1]。至于那些"有反映没回应"的网络信访，势必会激起涉事群众的不解、反感和愤懑。故而可以得出结论，置气式信访或回流信访实体机制多是漠视民情、无视民意造成的。

四、多头反映与处理的纠结

在社会生活中，组织机构的开放性与层次性，决定了信访的受理和处理出现多头管理的现象，这也成为信访制度饱受诟病的原因之一。网上信访，本是通过信息技术的应用，实现信访治理创新，但是，后台处理机制的不同，决定了网上信访在电子信箱、电话、短信、微博、视频连线等处理方式上形成各自闭合的独立系统。由于不同的电子路径缺乏互联互通，民众在一个路径的反映和诉求在其他路径难以自动获知，除非有管理主体的主动沟通、监督与协调，电子路径的天然缺陷也就成了网上信访的软肋所在。也就是说，传统信访机制中为人诟病的多龙治水现象，在网上信访的电子路径中同样存

---

[1] 王俊秀. 本报历时一年进行网络信访调查：七成上访者向政府网站投诉过 近九成对答复不满意[N]. 中国青年报，2012-01-11（3）.

在，呈现为多头反映、多头管理、多头交办、重复交办，这就可能造成资源的极大浪费，同时也可能造成行政回应与救济的错乱。

网上信访，以其快捷、高效、透明、远程接触的特征，为备受质疑的信访制度带来了希望。然而，在现实生活中，制度设计与制度实践却出现了很大的差异，理想与现实出现了极大的反差。网上信访机制创立的本意在于分解信访传统渠道和机制的压力，与传统渠道一起疏导和解决转型时期的社会矛盾，做到对群众的反映和诉求及时有效地回应和救济。而网上信访的实践依然是向有关国家机关进行施压和影响，以实现反映和诉求的利益，当预期不能实现时，网上信访则重新回流到传统的信访机制中，群众通过不断走访或群体信访来推动问题的解决。显然，网上信访向传统信访机制回流，说明网上信访化解问题的层次与限度，事关重要利益还是需要走访的表达与推动，这恰恰说明网上信访与传统信访在目前阶段都很重要，虚实机制的并存、衔接、补充，有着极大的必要性。当然，这也可能成为人们再次诟病网上信访多头管理、浪费资源的由头。

五、网上信访系统评价不一

或是各地历史文化的不同，或是各地地理环境的不同，或是各地经济社会发展的程度不同，或是思想解放程度的差异，总之，在网上信访渠道的建设方面，各地有着很大的不同。有的地方依然徘徊在书记信箱、市长热线阶段；有的地方率先推出了视频接访，成为大家竞相学习的典型，但是却没有更新的发展；有的地方建构了同一平台，对多重电子路径进行统一管理，极大方便了群众的反映和诉求，同时也方便了政府的相应管理。当然，到目前为止，依然有市县尚未建立方便群众反映和诉求的网上信访平台。

受网上信访平台建设的程度与差异的影响，民众信访的感受也就有着较大的不同，对地方的网上信访平台的评价也就有了很大的差异。以重庆为例，"现在重庆每年平均受理网上信访5000件次左右，有效回复率达到了98.5%，基本上做到了件件有着落，事事有回应。但目前重庆的网上信访不足信访总量的10%，重庆将逐步把网上信访打造成信访主渠道"①。历经10多年的信访

---

① 徐焱. 重庆将重点打造网上信访渠道 互联网为重庆信访工作带来新变化[EB/OL]. 重庆华龙网，2015-05-08.

改革与发展，重庆市不断优化完善信、访、网、电、视频诉求平台，完善信访网上投、事项网上办、结果网上评、问题网上督、形势网上判，2022年网上信访占比超过70%。另外，全市信访事项及时受理率、按期办结率保持在99.5%以上。在现实生活中，那种横到边、纵到底、全覆盖的网上信访平台，很容易得到民众较好的肯定与评价；那些既给群众反映带来方便，却又存在不足的平台，群众更多提出了希望；至于那些多年没有更新，形同于无的空置平台，自然被民众指责为对资源的浪费。

六、虚实机制协同的不足

网上信访的流程，一般情况下，包括用户注册—输入请求—受理（或不予受理/再受理）—办理（60日内办结，情况复杂可再次延长30日）—答复（责任部门将处理意见书面答复信访人）—录入（责任部门将受理告知书、处理意见书、办理情况报告录入网上信访信息系统）—办结。也就是说，事有大小，程序有繁简，网上信访有受理与不予受理两种情况。同时，办结时间也有明确规定。网上办理与网下办理就是信访反映和解决上的虚实机制，两种机制若能协调或步调一致，电子技术快捷的优势就能发挥出来，但只要存在不协调、不合拍的现象，电子信息技术的优势就可能损失殆尽。显然，信访问题化解或解决的快慢，作为无情感、无倾向性的网络电子技术不起关键作用，即便操作电脑进行回复或答复的行政人员都不是关键，关键是处理问题的有思想、情感、价值倾向的主事行政人员。

由于网上操作的可监督性，推动虚拟机制运转的主体的懈怠不是没有存在的可能，但一定是降至尽可能小的程度。而实体机制中行政主体的不可监督，决定了两种机制的协调只能是理论上理想的状况。就此而言，网上信访的问题不是电子技术的问题，而是来自实体机制特别是与诉求相关的部门问题，问题化解或处理的低效还是高效，都取决于行政体制本身。其中有无所谓的无可奈何，这个不得而知，但是却折射出一个不得不正视的问题，那就是对政府公信力的蚕食和降解。

七、民间网信可能导致的风险

网上信访平台极大地改变了信访原有的生态，成为信访的重要渠道与机制。然而，现有的信访平台多是整合了原有的热线电话、联系信箱、视频连线甚至政府微博、网站等，也就是说，访民舍此平台进行的反映，信访部门一律不予承认和接受。然而，正像中央《关于创新群众工作方法解决信访突出问题的意见》① 所指出的那样，一些地方和部门还不同程度地存在损害群众利益、伤害群众感情的现象，引发了信访问题，尤其是在征地拆迁、劳动和社会保障、教育医疗、企业改制、环境保护等方面的信访问题比较突出，群众反映强烈。例如，一些民众在天涯论坛、猫扑贴吧、微信、微博等地进行实名举报、联名上书，或许其中有一些不实之词、有一些情绪化的表达，投书天涯或发送微信朋友圈以便唤起同情，这常常引发不明就里网友的跟帖吐槽，其中除了表达同情、关切，也不乏强烈的情绪、偏执的情怀，一旦被不良企图者所利用，极有可能失控而引发"网络风暴""网络地震"。显然，网上民间信访有多少不为人知的隐情、内情，在快捷、透明的网上信访平台反映能够得到解决，又何必在一些论坛进行不为政府承认的倾诉，其中有多少的无可奈何，折射了行政场所多少深层的问题？若能认真对待这些问题，可能就是深层改革、促进社会和谐的重要机遇。现在看来，必须警惕网上民间信访，置之不理显然是消极的，意味着政府对不良行政的默认或纵容；在优良的行政大环境形成之前，需要对网上民间信访进行纾解、引导或治理。

由于没有国家信访局关于网上信访的抽查公报，这里难以提供网上信访平台受理和接应民情民意存在问题的官方数据。不过，以《国务院办公厅关于全国政务服务网站抽查通报》为例，2016年抽查发现不合格网站112个。其中有6年未更新的政务网站；有的镇人民政府网站有大量空白栏目；政府部门网部分咨询留言超过半年未回应；等等。② 在年度抽查敦促整改之后，2017年随机抽查平台201个，发现"各地区互联网政务服务平台在信息共享、平台功能、服务信息等方面也存在一些问题，如办事入口不统一，政务信息不共享，事项上网不同步，平台功能不完善等，影响了平台作用的发挥，有的平台甚至办不成事"③。政务服务网站每年都进行一次抽查和公报，对省、

---

① 关于创新群众工作方法解决信访突出问题的意见 [EB/OL]. 新华网，2014-02-25.
② 国务院办公厅关于2016年第二次全国政府网站抽查情况的通报 [EB/OL]. 中央人民政府门户网站，2016-08-10.
③ 国务院办公厅关于全国互联网政务服务平台检查情况的通报 [EB/OL]. 中央人民政府门户网站，2017-11-20.

市、县、乡以及职能部门政务网站的建设和发展是莫大的鞭策，但其中还是不免存在这样或那样的问题，而全国各地的网上信访平台比政务服务网上平台更加不易，毕竟其功能是受理批评、投诉、争端、救济等，而且存在诉情的复杂性以及官民的双向互动。

第六章 信访回应与协同治理的综合策略

现代化是以新技术的发明和应用为标志，以新的发展动能取代或升级传统动能，以新兴产业取代或升级传统产业，以新的社会运行机制取代或升级传统社会结构的发展过程，也是经济、政治、社会、文化甚至人的心态、价值、理念等各个方面发生蜕变与进化的过程。从现代化发展是自发成长多一些还是被计划多一些出发，研究者将现代化分为两种，一种是自发型的现代化，一种是干预型的现代化。干预型的现代化，一般属于后发追赶型的现代化。当代中国正在只争朝夕地追赶现代化的脚步，我们的现代化属于典型的后发追赶型现代化。

后发追赶型现代化国家，主要指的是 20 世纪 50 年代后期开始推进现代化的国家，大多是依靠现代性的因素，尤其是在政府的干预和主导下而追寻实现现代化，多是基于外部挑战而做出的反应。后发追赶型国家在现代化上存在一个优势，这就是对现代化的认知较为清晰、较为准确，省却了一步一步的摸索过程，可以借鉴已经较为成熟的模式、方案、技术、设备以及相应的组织架构，甚至绕过或跨越"中等收入陷阱"等。因此，后发追赶型国家可以有计划、有组织、有步骤、大规模地推进现代化，这必须由政府出面组织进行，不是私人部门能够担当的。后发追赶型国家的现代化事业具有明显的"一揽子解决"的特征，"在欧洲和美国，现代化进程已经持续了几个世纪，在一个时期内一般只能解决一个问题或应付一项危机。然而，在非西方国家的现代化进程中，中央集权化、国家整合、社会动员、经济发展、政治参与以及社会福利等诸多问题，不是依次，而是同时出现在这些国家面前"①。当然，后发追赶型国家的现代化有其发展优势，但是也存在相应的劣势，这种劣势本身是与发展相伴而生的，这就是转型问题、变迁问题、越轨问题的喷涌而出，纷繁芜杂社会问题的蜂拥而至。

---

① 亨廷顿. 变革社会中的政治秩序 [M]. 李盛平, 杨玉生, 等译. 北京: 华夏出版社, 1988: 47.

转型问题，指的是社会结构从一种整体的和全面的结构状态向另一种结构状态的过渡和转变，而不仅仅是某些单项发展指标的实现，其具体内容是结构转换、体制转变、机制转轨、社会形态变迁、利益调整和观念转变等问题。当代中国就存在从计划经济体制向市场经济体制的转变，中国社会从传统社会向现代社会、从农业社会向工业社会、从乡村社会向城市社会、从封闭性社会向开放性社会、从伦理社会向法治社会、从熟人社会向契约型社会的转变和发展。

变迁问题，指在社会基本矛盾运动中，整个社会的制度、结构、物质文明和精神文明变化中出现的问题，不仅包括社会基本形态变迁中的问题，也包括社会基本结构变迁中的问题，也就是社会阶级与阶层结构、社会职业结构、社会组织模式变化等问题，还包括日常生活和人的行为模式变迁，如人们的生活方式、价值观念和日常生活的组织结构等变化中的问题，甚至包括人们的生活环境、生态环境等变化中的问题。

越轨行为，是指被大多数人接受的一系列特定规范的不遵从与逆反行为。《中国大百科全书·社会学卷》则把越轨行为分为不适当行为、异常行为、自毁行为、不道德行为、反社会行为和犯罪行为。[1] 当代中国社会，转型中的越轨行为有着突出的特点：1. 旧社会的卖淫嫖娼、吸毒贩毒、黑社会等死灰复燃；2. 新型越轨行为不断涌现，如艾滋病等；3. 越轨行为主体类别广泛；4. 隐性忧患行为猖獗；5. 越轨行为示恶性严重；6. 影响社会协调发展和人的全面发展的越位行为得以显现。[2]

后发现代化的国家在现代化中有突出的优势，但是也存在十足的难处，这就是犬牙交错系列问题的同时涌现，使政府既要快速推进现代化，又要处理好纷繁芜杂的社会问题，兼顾平衡极其不易。处理时的任何闪失都可能导致得不偿失，可能贻误现代化发展的宝贵时机，毕竟现代社会发展一日千里，机不可失，时不再来，毕竟社会发展的原初动力是人，社会问题影响社会主体的利益得失，而利益直接影响人的生产、工作和学习的积极性。实际上，这就是现代化过程中的效率与公平的问题，这本身就是对立统一的矛盾问题，而问题是由对立双方的主次地位决定的，这就要看政府对问题的复杂程度及决定问题深层原因的判断与认识，能否巧妙地做出差序安排或者进行均衡处

---

[1] 中国大百科全书总编辑委员会. 中国大百科全书：社会学卷 [M]. 北京：中国大百科全书出版社，1991：467.
[2] 李培林，李强，马戎. 社会学与中国社会 [M]. 北京：社会科学文献出版社，2008：752.

理，这绝对是对政府治国理政能力与智慧的考验与衡量。事实上，世界各国在面对这一问题时，为了既不错失发展的重要机遇与黄金时间，同时又不至于导致民众痛苦不堪、影响生产，往往会在民情民意方面做出制度性的安排，加强法律、规章等制度化建设，尤其是制定民意表达与综合的制度和机制，以聆听民情、纾解民困、救济民意、畅达政治。如日本的苦情处理制度，行政机关听取公民对行政的不满，通过简易程序进行非正式救济，避免将一般的行政争议纳入诉讼程序，从而避免国民与行政机关的直接对抗，也可以防止争议的激化，为此专门设立了行政管理厅、行政协商委员会、市民协商室等。另如韩国的民愿委员会制度，负责公民关于行政机关行为的诉愿，从中央到地方都建立了民愿处理相关机构，在中央形成了集处理民愿事务、反腐败、行政复议等诸多事务为一体的专门机构，形成了有对个别人的权利救济，也有预防腐败的综合性韩国型权益保护模式。再如新加坡的民情联系组制度，民情联系组自下而上铺设到政府内部，敦促政策制定过程中聆听人民的声音，听取人民或组织对社会问题或国家政策的意见或投诉，在官僚体制内收集、汇总、分析、整理，然后将最终报告呈交至内阁部长和政府部门，推动相应职能部门尽快回应民众诉求。

任何社会，只要还有民众与管理者之分，就存在"以天下之心为心"，站在人民的立场上立身、处事、立德、立功、立言、立信。古人云："义人在上，天下必治。"有道义的管理者取得治理社会的地位，实行义政，符合道义，天下莫不赞成、拥戴和支持。这正是"天下之势，常系民心。民心顺，一顺百顺，一顺百兴。天下静在民乐。怨不在大、可谓惟人，载舟覆舟、所宜深慎"。但是，怎样才能有道义、得民心、拥民心、安民心，莫不成为每个王朝或政权为之皓首穷经的追问。无论在什么时期的生活、生产，诗书传承的直接承载者，最了解居所的破败之处、最了解政策的错漏之处、最了解经史的谬误之处，建立和健全接地气、达高层的民意反映和诉求机制，也就有助于堵塞疏漏、减少失误、扫除谬误，实现社会治理的顺应民心、安抚民情、厚待民意、达济天下的设计。从受众的视角看，这种制度就是社会治理者打理赞成、拥护、支持、信赖的机制，就是当代所称的公信力制度建设的路径。且不论世界范围内当代各国的民意表达与综合机制，即便是在古代中国传说中的尧舜禹时期，就已经有了古朴的"进善之旌，诽谤之木"，让百姓反映社情民意、直抒胸臆，即便言语尖酸刻薄、即便内容不很确切，也不苛求不责罚。舜治九州，甚至建立了"听下言纳于上，受上言宣于下"的常态机制。此后，历代王朝在此基础上不断将之发扬光大，只为统治能够持久永续。

任何国家或社会，无不希望得民心、厚民心的政权永远存在，无不把政府公信力的建设作为根本之举，无不把深化政府的合法性作为持之以恒的奋斗目标。马克斯·韦伯指出，"一切经验表明，没有任何一种统治自愿地满足于仅仅以物质的动机或者仅仅以情绪的动机，或者仅仅以价值合乎理性的动机，作为其继续存在的机会。毋宁说，任何统治都企图唤起并维持对它的'合法性'信仰"①。而这种合法性就是民众对统治者的存在、沿续、传承的认可，从而铸就了这种统治的民意基础。"一个统治的合法性，是以被统治者对合法性的信任为尺度的。这涉及'信任问题，即相信一个国家的结构、活动、活动方式、决策、政策，以及一个国家的官吏和政治领导人都具有正确性、合理性、善良道德的素质；并且相信由于这种素质而应得到承认。'"②显然，以政府的合法性为核心的公信力建构，不能仅仅为了承袭有据、选举票决甚至强力压服，更为重要的在于为了谁、代表谁，为谁而呼、为谁作为。"在现代民主政治中，统治权力的合法性，不是来源于其他因素，而是直接来源于人民。"③ 正是人民对政权存在与发展的关键影响和作用，决定了不同政权对人民需求和关切的重视，而中国共产党则对此有着更为深刻的理解与认识。正是人民的拥护和支持，使中国共产党从小到大、从弱到强地发展壮大，党和人民的关系是须臾不可分离的鱼水关系、血肉联系，中国共产党把自己执政的基础深深地扎根于人民群众之中，并把全心全意为人民服务作为根本宗旨，而且为了防止脱离群众，还制定和构建了倾听民声、回应民意、维护民利、监督政治的信访制度。

早在新中国成立时期，中央书记处就指定政治秘书室负责处理给毛主席和其他中央领导的群众来信，毛主席要求中央各部、委、局及省区市党委处理好群众来信。1951年6月7日，政务院颁布了《关于处理人民来信和接见人民工作的决定》，规定县以上人民委员会要有"专职人员"及"专职机构"处理人民来信和接待群众来访。1971年，《红旗》杂志刊登《必须重视人民来信来访》一文，第一次把人民来信来访称为"信访"，从此"信访"成为有着确切内涵的政治参与符号。"文化大革命"结束之后，在拨乱反正中，信访制度和机制曾经发挥了极其重要的作用。在改革开放的过程中，国家加强了信访工作的制度建设。在1995年以及2005年，国务院制定或修订了《信

---

① 韦伯. 经济与社会：上册 [M]. 林荣远，译. 北京：商务印书馆，1998：239.
② 哈贝马斯. 重建历史唯物主义 [M]. 郭官义，译. 北京：社会科学文献出版社，2000：287.
③ 林尚立. 选举政治 [M]. 香港：三联书店（香港）有限公司，1993：168-169.

访条例》，对群众信访以及政府相关部门的接访工作进行了规制，使得联系群众、沟通民意、维护民利、监督政治的信访制度走上了法制化的轨道。信访就是指公民、法人或者其他组织采用书信、电子邮件、传真、电话、走访等形式，向各级人民政府、县级以上人民政府工作部门反映情况，提出建议、意见或者投诉请求，依法由有关行政机关处理的活动。

当代中国经济体制深刻变革、社会结构深刻变动、利益格局深刻调整、思想观念深刻变化，中国正在从计划经济体制向市场经济体制转变，中国社会从传统社会向现代社会、从农业社会向工业社会、从乡村社会向城市社会、从封闭性社会向开放性社会、从伦理社会向法治社会、从熟人社会向契约型社会转变，各种矛盾纠纷不断发生，并呈现出复杂性、多样性、专业性和量大面广的特征。在这一历史过程中，虽然司法制度和机制也化解了很多涉法涉诉诉求，由于诉讼周期长、费用高等因素，信访制度原本接纳影响公共决策和公共产品制定的群众对政府的批评和建议，以及不足以提起行政诉讼的一般行政争议，承担起教育群众以及引导诉讼回归司法机制的功能。

当然，伴随着2005年新《信访条例》（现已废止）的实施，"属地管理，分级负责"的信访治理原则得到切实贯彻和执行，越级信访、进京信访等已相对减少，信访涌动的现象得到很大程度的缓解。在此期间，全国各地信访部门加强了利用电脑网络、移动互联网络接受信访反映和诉求的尝试，特别是信访APP移动终端软件的推出以及信访电子邮箱、相关负责人手机号码的公开等举措，年轻人的信访反映和诉求纷纷改道网上信访平台。而且网上信访还有一个巨大的优势，那就是访民反映和诉求的成本相对较低，真正实现了"数据多跑路、群众少跑腿"的设计初衷，以技术创新、机制创新推动群众信访问题的尽快解决，分流传统信访机制沉重不堪的压力。尽管网上信访显示出了便捷、透明、高效等优势，但也暴露出门槛高、多头反映、形式主义、两种逻辑、网帖风暴等不良现象，甚至网上信访反过来回流信访实体机制，造成群众的反映和表达形式猛过寻常的现象。显然，在体制转轨、社会转型、矛盾多发的形势下，网上信访以及网下信访问题不过是改革过程中全部问题的集中投射，需要本着增添经济发展动力、促进社会公平正义、增强人民群众获得感、调动广大干部群众积极性，进行体制机制的综合治理、系统治理。因此，网上信访的治理不排斥"头痛医头，脚痛医脚"的治标，当然也不能缺少网上信访治理的常态化、制度化，而且绝对不排斥"内病外治"的源头治理、协同治理、法治治理。20世纪90年代以来，治理理论取代统治理论，更加强调个人或机构、公共或私营，在利益主体多元化时代对公共事务的相干参与。① 本课题研究认为当代中国网上信访问题是改革中问题的集中反映，化解综合问题自然需要相关部门心往一处想、劲往一处使，共同发力、协同治理、管理创新。正如信访与社会矛盾研究中心主任、南京师范大学法学院教授吴英姿指出的那样，信访不能仅仅停留在"法治化"的表面，而应该通过治理模式的创新来寻求出路。②

第一节　利益反映诉求治理的联动与平衡

任何社会都存在利益的矛盾和冲突，一般情况下都可以依靠社会自身的调解与整合功能进行自我调处和化解。然而，随着社会利益的多元化以及人欲需求的无限性，社会自发的调解与整合功能已经难以适应变化了的形势需要。于是，化解利益冲突的国家政策、法律、制度应运而生。国家政策、法律、制度对利益生成与分配的先后顺序、上下阶梯予以安排，并为各种利益评价问题提供相应答案，以及竞相追逐利益之前就提供了一系列的评价规范。国家政策、法律、制度依据稳定的评价规范对利益冲突进行化解，建构兼具稳定性和有效性的利益冲突化解机制，使得冲突各方在利益关系中能够保持相对稳定的平衡状态。

一、利益是行为的深层动因

"天下熙熙皆为利来，天下攘攘皆为利往。""从当今角度看，利益可以看作人们——不管是单独地还是在群体或社团中或其关联中——寻求满足的需求、欲望或期望。"③ 在法律层面上权利是对人们利益的更为规范的表达，从哲学的维度看，利益就是人们在社会生活实践中的主观需要和客观满足相统一的关系范畴。无论是把利益理解为助益、好处，还是把利益上升为法律层面上人们的权利，或者更直接地把人们受用的好处、物质或福利称为利益，

---

① 治理理论，更加强调治理主体的多元化、更加强调治理的合作与互动、更加强调责任与效率。不过换个角度看，多元化主体参与公共事务的治理既可能促进问题的尽快化解，也不免对公权力的权威构成一定程度的挑战。这迫使任何政府都不得不反思和躬耕践行"顺民心，安民心，厚民生，得民心"。
② 王天翊．"国家治理与信访改革"论坛在南京进行［EB/OL］．新华网，2016-08-27．
③ 庞德．法理学［M］．廖德宇，译．北京：法律出版社，2007：14．

其实说到底，利益就是满足人们生存和发展需要的社会对象或形式。

人类为了生存和发展，首先需要满足衣、食、住、行。因此，人类第一个历史活动就是生产满足这些需要的资料，即生产物质资料和生活资料以及人类自身。因此，人类社会的历史首先就是一部生产发展的历史，正是通过生产发展来满足或实现人类自身及社会的需求。尽管生产劳动创造了人类本身，生产劳动创造和满足了人类生存和发展的基本条件。然而，人们之所以进行生产劳动，其根本的动机在于对利益的欲求与追寻，因为，利益就是促进或满足人们生存和发展需求的客观对象和社会形式。于是，生产劳动与利益的生成和分享也就建立了必然的逻辑关系，而这一切都是围绕人们的生存与发展的需要而展开的。也就是说，在这里，生存与发展是进行生产劳动的目的，谋取其中的利益则是进行生产劳动的根本动机，而生产劳动不过是为了获取利益用以滋养生存或发展的方式与手段而已。就此而言，从人们需求的欲望到愿望实现的角度看，人类社会的历史就是促进和实现利益的生成、分享和拥有的历史，即便是在人类社会之初或发明文字之前。然而，人们在社会生活以及生产关系中的地位状况决定了人们的利益享用及其满足的程度，所以，人们孜孜以求对自己的社会地位以及生产关系中的角色转换和地位改变，也不过是为了获得更多的利益以及对自我的更高程度的满足而已。尽管利益的确切表述是在人类进入文明社会或者说发明文字之后，但是，利益与人类的生存和发展、生产和生活的相生相伴，自始至终，这就决定了利益必然成为人们时刻关注的焦点。列宁指出，利益是"人民生活中最敏感的神经"[1]，无论是在资本主义国家，抑或是在社会主义国家、共产主义社会，概莫能外。马克思在分析人们的思想行为动机时，更是一针见血、一语中的，"人们所为之奋斗的一切，都同他们的利益有关"[2]。历史发展过程中，无论是怎样的社会阶级或集团，其政治纲领和意识形态是怎样地标榜全民性，都难以掩饰其经济利益的根本物质性。因为，物质利益的产生和实现不是主要地受主体主观需要的决定，而是受决定于生产力水平的生产关系发展状况的影响。因此，马克思指出，"人们的一切活动，首先是为了经济利益而进行，

---

[1] 中共中央马克思恩格斯列宁斯大林著作编译局. 列宁全集：第16卷 [M]. 北京：人民出版社，1984：137.
[2] 中共中央马克思恩格斯列宁斯大林著作编译局. 马克思恩格斯全集：第1卷 [M]. 北京：人民出版社，1956：82.

政治权力不过是用来实现经济利益的手段"①。任何制度下，概莫能外，即便社会主义社会的生产目的在于满足人民群众日益增长的物质和文化生活的需要，实际上就是对人民群众生存和发展不可或缺的物质和精神利益需求的满足。只要人类的生存和发展还在绵延不休，只要人们不满足于简单的生存而是要生活得更美好、更精彩，人们就不得不为利益拼搏不息。

二、利益驱动与义利制衡

人类社会产生之后，在相当长时期内生产力水平低下，社会生产处于原始的共同劳动状态。生产力的一定发展引起了社会大分工，交换和分工的发展促进了私有制的产生。伴随着私有制程度的加深，整个社会分化成了以阶级为存在单位的对立集团，并且在此基础上产生了一个阶级统治另一个阶级的国家。如果说，人类最初的利益在于满足生存的需要，那么在社会分工、私有制、阶级以及国家出现之后，利益已经从原始的粗放状态衍变成越发细化的类型。于是，就有了基于不同主体的个人利益、集体利益、集团（阶级）利益、社会利益等，有了以时空定位的眼前利益和长远利益、以呈现程度勘分的潜在利益和现实利益、以制度规定和实现的权利和权益，以及从社会构成出发划分的经济利益、政治利益、社会利益、文化利益等。

人类天生存在着多种愿望和欲求，不同的个体或群体之间不免存在相同的倾向和追求，然而愿望指向的资源的稀缺性决定了追求主体之间对资源占有的竞争，在制度和规则缺失的情况下必然出现弱肉强食的纷争、冲突和部分人对部分人的战争。"先王恶其乱也，故制礼义以分之，以养人之欲，给人之求。使欲必不穷于物，物必不屈于欲，两者相持而长，是礼之所起也。"人类通过对利益主体的思想、行为和活动的规制，极大地规避了人欲无度造成的利益摩擦和冲突，实现了以法律和制度对利益的定纷止争、定纷止乱。

中国古代，通过倡导礼义来影响人们的思想和行为，从而实现了对人们的物质利益寻求的调节。义以生利，利以丰民，不过，更倾向于"义，利之本也"，其本意是不在乎利的多寡，而在乎获利得当与否。然而，"君子喻于义，小人喻于利""书中自有颜如玉，书中自有黄金屋"，在把读书人引入仕途的同时，也加剧了其在义利观上深陷做君子还是小人的心理纠结。儒家在

---

① 中共中央马克思恩格斯列宁斯大林著作编译局.马克思恩格斯全集：第1卷［M］.北京：人民出版社，1956：551.

承认义利的同时，极力地倡导义利有序，"先义而后利者荣，先利而后义者辱""义胜利者为治世，利克义者为乱世"，要求重义轻利、以道取利、见利思义。为了维护既有秩序，儒家同时建议托起黎民生存与发展的利益底线，这就是《孟子·梁惠王》中的"制民之产"，做到户有"五亩之宅""百亩之田"，"七十者衣帛食肉，黎民不饥不寒"。儒家的义利观影响了中国封建社会数千年之久，直到宋明以后才突破了重义轻利的传统。如北宋的李觏认为，"人非利不生"，南宋的叶适认为"君子不以须臾离物"，明朝的王阳明提出士农工商虽异业而道同，皆"有益于生人之道"。

在古希腊时期，思想家们就已经关注和探讨利益问题了。柏拉图在《理想国》中曾说，强者的利益即是公道。德谟克利特认为"需要"决定了社会和国家的起源。古希腊的伊壁鸠鲁把正义与利益联系在一起，认为"渊源于自然的正义是关于利益的契约，其目的在于避免人们彼此伤害和受害"。然而，中世纪的欧洲，神学的盛行和统治导致世俗的利益备受禁欲主义教条的影响。直到文艺复兴时期，思想家们才从对神祇的歌颂转向对人的赞颂，宣扬人道主义，反对禁欲主义，从而逐渐解除了人们利益追求上的精神枷锁。17世纪英国唯物论者托马斯·霍布斯（Thomas Hobbes）认为，每个人的目的都是为着他自己的利益。约翰·洛克（John Locke）认为，利益的统治必然表现为财产的统治。18世纪法国唯物主义者克洛德·阿德里安·爱尔维修（Claude Adrien Helvétius）认为，"利益支配着我们的一切判断"，"为了国民福利而牺牲个人的暂时福利，几乎永远是人们的正确理解的利益所在"。英国古典经济学家亚当·斯密（Adam Smith）在研究交换中认为，交换双方的个人利益在交换中同时得到满足，由此，个人利益和普遍利益可以是一致的。与斯密同时代的西斯蒙第（Sismondi, Jean Charles Lnard Simonde de）认为，财产的不平等分配和由此造成的缔约各方力量的不均等造成了个人利益和普遍利益之间的矛盾。德国古典哲学家黑格尔则把自私和恶劣的欲望视为历史发展的直接动因。恩格斯讲道："自从阶级对立产生以来，正是人的恶劣的情欲——贪欲和权欲成了历史发展的杠杆。"[1] 对利益的寻求与获得在推动着社会的发展与变迁，也意味着寻求合理合法利益实现的正当性，社会当然应当对民众合理合法的利益诉求予以高度关切。

---

[1] 中共中央马克思恩格斯列宁斯大林著作编译局. 马克思恩格斯选集：第4卷 [M]. 北京：人民出版社，1995：237.

三、平衡机制回应各方期待

利益与人们的生产生活密切相关,利益是人们生产、生活以及参与政治的根本动因,每个个体的独立性和差异性决定了其可能因利益的争执而出现纷争的矛盾和摩擦,从而可能引发社会的不安和动荡。因此,从古至今,人们在承认利益的同时也为利益的谋取、分享甚至利益的救济进行了立规树范,设置了相应的制度或机制,以谋求实现"君子爱财,取之有道"以及"义以生利,利以丰民"。通过国家政策、法律、制度的权威,协调和平衡国家社会生活中相互冲突的因素,使冲突的相关各方的利益都受到合理的照顾,彼此在共存和相容的基础上达到合理的优化状态。对于当代中国而言:

1. 坚持以公有制为主体、以按劳分配为主体的同时,积极探索能够极大解放和发展社会生产力、充分发挥全社会发展积极性的体制机制,放手让一切劳动、知识、技术、管理、资本的活力竞相迸发,让一切创造社会财富的源泉充分涌流。①(1)在初次分配和再分配中都处理好效率和公平的关系,再分配更加注重公平。(2)逐步提高居民收入,增加或提高劳动者的报酬在初次分配中的比重。(3)合理调整收入分配关系,努力提高居民收入在国民收入分配中的比重。(4)高度重视第三次分配,倡导扶贫帮困,积极引导饮水思源、先富带动和帮助后富,积极鼓励发展和促进惠及民众的社会公益事业和慈善事业。

2. 以法律规范、制度规定、政策举措、道德准则等形式,对利益的形成、占有、使用、受益、处分进行规范和保护,使人们对利益的分享能够依法、有理、有据、有节制。虽然大量的社会利益决定了法律的增长,而个人利益却是第一个脱胎而出的。社会利益要求对利益予以安全上的整体保障,以避免肆无忌惮的私力救济和私人争战。② 现代西方法理学认为,法律虽然不创造利益,但是能够确认而且保障利益的实现,承认某些利益,由司法过程(今天还要加上行政过程)按照一种权威技术所发展和适用的各种法令来确定在什么限度内承认与实现那些利益,以及努力保障在确定限度内被承认的利益。(1)承认个人的、公共的和社会的某些确定利益。(2)通过司法或行政活动

---

① 胡锦涛. 在纪念党的十一届三中全会召开 30 周年大会上的讲话(2008 年 12 月 18 日)[N]. 光明日报,2008-12-19(1).

② ROSCOE P. Interests of Personality [J]. Harvard Law Review, 1915, 28 (4): 343-365.

对确认的利益予以实现。(3)力求保障在划定范围内所确认的利益。因此，以法律、制度、规章、政策的形式对利益进行规范、维护或保障，不仅有着定纷止争、定纷止乱的作用，也有着对利益背后人们之间关系的调整和安排，使承认和保障的利益得到无损的满足、实现或平衡。

3. 民众的合法利益，不仅在于建立健全关于民众利益的制度、规章、法规、法律，更重要的在于有法必依、执法必严、违法必究。在我国，大约有80%的法律法规，需要通过行政机关去具体贯彻实施。这自然要求国家行政机关依法行政，不仅要贯彻国家的政策、法规落实到位，更要避免在行政和执法中对民众利益的不义伤害。江泽民指出，"干部依法决策、依法行政是依法治国的重要环节"[①]。也就是说，干部在决策或行政过程中出现的违法现象，必须追究其相应的法律责任，以期能够在全社会范围内形成平等地享有权利、平等地履行义务，合法权益平等地受法律保护、违法行为一律受到追究，法外无权，不允许任何人超越于法律之上的法治氛围。当然，这就要不断提高广大干部、群众的法律意识和法治观念，从而形成公民自觉守法、依法维护国家利益和自身权益的良好局面。

4. 建立健全利益的表达、主张以及综合的机制，如诉讼、调解、仲裁、信访等，尽可能使不同利益主体之间的利益保持在均衡、合理、平和的状态，即便发生利益的受损或侵害，都能通过这种表达和综合的机制使利益受损或受害者的诉求得到及时的回应和救济。这种机制本身尽管不能产生利益，但是对受损或受害者的救济或补偿有助于利益均衡的形成、保持和维护。就此而言，这种机制本身绝不是可有可无的，而是于利益主体的人心安定进而于社会的安全稳定有着巨大的裨益。因此，换个角度而言，不仅要建立健全利益的表达和综合机制，而且要经常疏浚和畅通机制本身，以便利益诉求能够及时、就地、有效地解决，从而推动或促进利益均衡的形成、保持以及动态发展。

第二节 网络技术支持信访的协同治理

刁杰成在《人民信访史略》中讲到，在20世纪五六十年代，当时中央办公厅主任杨尚昆同志，就群众信访难题的解决，有一段真诚而朴实的讲话，

---

① 1996年2月8日江泽民同志在中共中央举办的第三次法制讲座上的讲话。

这就是处理人民来信来访的具体工作，可能会有很多问题，涉及很多关系，但终究不像改变生产计划那样不易，是你业务范围内的当然应该解决，不是你业务范围以内的，北京电话多，同那个部门联系一下，请他们解决。[①] 本课题研究认为这次讲话有这样四层含义：一是信访工作千头万绪，涉及的问题多，牵涉的部门广；二是实行票证供给的岁月里最棘手的是生产供应的不足，信访工作再难也不是刚性的生产计划，解决问题还是相对比较容易；三是信访涉及职能部门的业务，相关部门责无旁贷，自然应当尽职解决；四是当时的电话技术为行政部门之间的沟通提供了方便，也为信访问题的解决提供了便捷的手段。当代中国，互联网、电子计算机、移动终端以及电子政府技术，为民众信访难题的解决提供了协同治理的便利条件。

一、电子政府

随着计算机、网络和信息技术的快速发展和广泛应用，世界各国普遍建立了以计算机全网和局域网有条件互联的电子化虚拟政府系统，利用网络电子政务信息系统，为政府机关、社会组织和公民个人提供相关项目的电子公共服务。从本质上讲，"电子政务"就是把集中管理、层级结构的产业化模式转变为适应知识经济和经济社会不断发展变化的新型公共管理模式的虚拟政府。其职能一是通过政务信息化和数字化，大大提高行政效率；二是为公众和社会提供24小时不休不眠服务；三是通过政府信息的数据化推动整个社会的信息化、数字化。

电子政务通过网络发布政府信息、计划和服务，塑造了政府的电子服务形象；电子政务通过提供一定的快捷机制，方便人们通过电子通信手段参与公共决策，塑造了民主政府的新形象；通过电子商务或部门网络向社会公众提供公共物品和服务，形成了电子商务的新平台；利用信息技术改革，完善政府管理，完善工作流程，整合政府信息。电子政务是建立在政府、社会和公众之间的信息服务和办公业务系统。它具有跨地域、跨组织的特点，有利于缩短行政的时间和空间；基于计算机网络的电子政务系统有利于高效率、高质量地服务于社会和公众；大政府的整合和模式化处理，促进了机构电子化下的优化组合，促进了行政体制改革和政府职能的转变。

在网络虚拟社会中，电子政务是信息、服务和行政手段的提供者，其消

---

① 刁杰成. 人民信访史略 [M]. 北京：北京经济学院出版社，1996：107.

费者是公民、社会、机构和政府机关。新时期，计算机、互联网等支撑技术实现了电子政务信息的发布、查询、检索和响应，相关的法律、法规、制度和流程是连接和保障上述各项实施的神经系统。因此，虚拟社会中的电子政务必须以法律、制度、规则和政策的完善为依托，建立和完善电信设施、数据和技术标准，遵循信息使用和共享的规则和机制。当然，电子政务也有一些弱点，即信息输入过载时系统的崩溃，系统受到有意无意的病毒攻击，导致系统运行缓慢等，促使政府加大系统维护力度，建设电子政务防火墙，及时升级支撑平台的网络宽带，使系统平台始终处于最佳运行和服务状态，将电子政务的开放、透明、快捷、高效等优势转化为为人民服务的宗旨和美誉。

二、网络政治

网络政治就是网络信息技术给政治制度、政府管理、国际关系等领域所带来的新型政治现象、政治载体、政治格局和政治特点的总和。在网络民主（cyber democracy）或"赛博民主"以及网络经济学的基础上，关于虚拟社会的政治现象和政治规律的网络政治学（cyber politics）应运而生，这为传统政治学的研究提供了一个新的范式。2003年，戴维·波利艾（David Bollier）在文章《网络政治的崛起：互联网如何改变国际政治与外交》一文中提出，网络政治就是"一种力图利用互联网的强大力量来塑造政治、文化、价值观和个人身份的外交形式"。

随着电脑以及网络的普及，以及公民的信息技术素养和政治素养的提高，网络政治依托于互联网、推特、脸书、微博、微信、QQ、快手等社交新媒体，在局部政治管理乃至全球治理中产生了重要的影响。网络政治促进了公民更好地行使知情权、参与权、表达权、监督权，推动了政务信息的及时、公开、透明，促进廉洁政府的进一步建设，进一步提升政府的公信力。网络政治为公民参政议政提供了极大的便利，任何网民都可以在网上直抒胸臆，直接发表自己的反映、批评、意见和诉求，无需通过他人代言或转达，化解了信息过滤的隐忧。在网络虚拟空间中，任何网民都有着平等的身份和地位，在参政议政上没有差序安排，彰显了政治民主、网络政治扁平化的特征。网络政治有弱化政治权力的倾向，也有消解传统和惯性思维的特征，促使国家在社会生活等方面产生变革，以适应网络政治时代的要求。网络媒体使政治组织、政治动员与政治诉求变得相对容易，只要通过网络平台进行信息公布、微博发布、快手上传等，个体或小众的意见就能借助蝴蝶效应形成风起云涌的舆论场，影响立法、决策、执行、监督等。互联网使公民及利益群体的政治意愿在传播上突破了机构、行业、城市、区域乃至疆域的限制，形成了跨越时空的单向、双向、多向互动。

网络政治作为现代政治中的直接民主，存在众说纷纭、莫衷一是、诉求过激、缺乏深思的现象，需要与间接民主、程序民主等进行有机结合，防止极端个人主义、网络暴力、舆论瀑布等现象的生成。

三、协同治理

无论是在西方还是在东方，协同都有协和、同步、协调、协作之意。协同指协调或调动不同个体，齐心协力地完成既定目标行为的活动或过程。随着社会的发展，协同的外延得以扩张，不仅指人际协作，也包括系统协作、资源协作、设备协作甚至人机协作。协同说到底就是不同元素之间协调与合作的相干性，及其对事物发展的牵动性，从而使事物向积极的方向发展。这种牵动性或相干性就是协同性，它成就了研究相干性的协同理论。1971年德国科学家赫尔曼·哈肯（Hermann Haken）提出了统一的系统协同学思想，认为在系统内部，不同的要素若不是相互合作，而是相互冲突或抵制，系统就可能出现失序或分崩离析；相反，系统内各个要素之间协和有成，就可能凝聚成合力，形成超越各自功能总和的新功能。20世纪末及21世纪初，协同治理在各个领域的研究如火如荼地进行，它不仅指在部门内部，促使或促成要素之间的协作或合作，而且更多地被定位为跨部门、跨行业、跨区域之间的协同合作。协同治理有助于改善治理、深化治理、完善治理，促使治理与善治目标的实现。

"国家是社会在一定发展阶段上的产物；国家是承认：这个社会陷入了不可解决的自我矛盾，分裂为不可调和的对立面而又无力摆脱这些对立面。而为了使这些对立面，这些经济利益互相冲突的阶级，不致在无谓的斗争中把自己和社会消灭，就需要有一种表面上凌驾于社会之上的力量，这种力量应当缓和冲突，把冲突保持在'秩序'的范围以内，这种从社会中产生但又自居于社会之上并且日益同社会相异化的力量，就是国家。"[①] 在国家依然堂而皇之地存在和发展阶段，国家作为产生于社会又自居于社会之上的一种力量，

---

① 中共中央马克思恩格斯列宁斯大林著作编译局. 马克思恩格斯文集：第4卷 [M]. 北京：人民出版社，2009：189.

表面上采取了一种公共的形式，看似是公共利益代表的政治机构或政治系统。社会生产的变化与发展使与之相应的国家机构与组织也不得不为之而调整，这由生产关系一定要适应生产力、上层建筑一定要与经济基础相适应的客观规律所决定。一定时期国家运行的变化与调整，必然带来政策、规章、制度、法律乃至于体制与机制的变化，而这种变化必然出现利益的加减乘除，自然可能引发基层社会的紊乱甚至骚动。胡德认为，"任何一个行动者，不论是公共的还是私人的，都没有解决复杂多样、不断变动的问题。所需要的所有知识和信息，没有一个行动者有足够的能力有效地利用所需的工具；没有一个行动者有充分的行动潜力单独地主导一个特定的政府管理模式"[1]。毕竟，利益关乎人们的生存与发展，利益是人们的敏感神经，也就注定了在一定条件下出于利益维护的期待与需要，行政部门之间、司法部门之间、政法部门之间以及平民与国家之间基于平台支持展开诉求解决的协同与互动。

但是，依据协同优势理论，协同本身也存在协同惰性，这就是：目标达成一致过程中时间的消磨，以及个体目标与集体目标的冲突与偏离；在协同治理中，权力发挥着根本性的支配作用，而权力节点失去动态性，就可能导致一家独大或陷入命令服从的窠臼；组织过分关注分散的公民利益，大多数民众的共享利益就可能被疏忽；多元主体合作协同往往基于利益的最大化，采取非常明确的倾向性行为，可能导致相互之间的信任感被侵蚀与分解；协同成员之间的模糊性、复杂性、动态性等，导致了成员行动中的认知困境，进而引发行动上的不协调、不统一。协同治理是一个复杂的集体行动过程，它不仅涉及主体互动、机制运作、结构搭建等常规性要素，更需要内嵌于国家治理体系整体的架构之中。莫拉维斯克（Moravcsik）曾为"共同体联系"设定四个标准：1. 互相尊重；2. 关注彼此福利；3. 在共同问题上相互信任；4. 互相关照。[2] 这些标准的设计恰恰就是因为共同体运作中的不足而需要进行相应的关照与弥补。而金太军、鹿斌认为：协同治理不仅要获取行动者自身的认同，更要上升到国家层面，进入中央政府的决策层面，才能获得自上而下、从局部到整体的政治意义；基于协商治理参与成分越多越难以达成协议，建议以相对较少的组织或单元来完成协商协同治理；效率主义不仅可以刺激行动者的主观能动性，而且可以在合理的范围内实现超常规的存量收益

---

[1] HOOD C. Paradoxe of Public-Sect or Managerialism, Old Public Manahement and Public Service Bargains [J]. International Public Management Journal, 2000, 3 (1): 1-22.

[2] MORAVCSIK J. Communal Ties [Z]. Proceedings and Address of the American Philosophical Association, 1988, 62 (suppl. 1): 211-225.

与增量收益；通过制度建构，来规避集体行动的困顿，以实现集体的协同，保障集体行动的顺利进行。①

第三节 新时期信访治理的原则

无论民众是通过传统的信访机制表达和诉求，还是诉诸网上信访机制进行，信访是送上门的民情与民意，是基于信任有选择地通过简易程序对行政进行的批评、建议和投诉，以及不足以进入诉讼的一般行政争议向党和政府进行表达和诉求，避免轻微问题司法诉讼化、避免一般行政争端行政诉讼化。基于此，"完善社会矛盾纠纷多元预防调处化解综合机制，把非诉讼纠纷解决机制挺在前面，引导人们理性平和协商解决矛盾纠纷"②。对群众网上信访或传统机制的表达和诉求，应当深化和重构信访治理的遵从与坚守。

一、信访诉求有理推定

信访是送上门的民情与民意，是基于信任有选择地通过简易程序对行政进行批评、建议和投诉，以及不足以进入诉讼的一般行政争议向党和政府进行表达和诉求，避免轻微问题司法诉讼化、避免一般行政争端行政诉讼化。

诉求有理推定，信访有解推定，是在信访上的一种政治态度、价值取向，这与毛泽东所说的满足群众合理合法的要求在精神上是一致的。信访是公民行使国家宪法和法律赋予的权利；信访的发生往往是涉事群众利益受伤受损后，私力救济无济于事后的无奈选择。如果当时当地能有效解决，也就没有人愿意劳心劳力去信上访，如果到县里、市里、省里走访能解决，何必跋山涉水走得更远？上访不是一种愉快的旅游或消遣，而是向党和政府提出请求。涉事群众在上访过程中也不乏犹豫，他们也害怕耽误生计、浪费开支，最后一事无成。当然，群众上访首先是笃信党和政府会进行公平正义的主持，其次他们相信宪法和法律赋予的权利。因此，我们必须坚持"寻求合理推定，解决请愿问题"的原则，必须坚持"诉求有理推定，信访有解推定"的原则。

---

① 金太军，鹿斌.协同治理生成逻辑的反思与调整[J].行政论坛，2016，23（5）：1-7.
② 中共中央办公厅、国务院办公厅印发《关于加强社会主义法治文化建设的意见》[EB/OL].中央人民政府门户网站，2021-04-20.

本课题研究认为，新时期，如果"两有"推定的原则能够被信访工作者和行政人员所恪守的话，信访体制中的官僚主义、功利主义等可能很少有立足之地，信访机制中曾有的信访次生问题、衍生问题就很难发生。①

二、依法办理原则

虽然，信访是群众基于对党和政府的信任，有选择地通过简易程序对行政进行批评、建议和投诉，以及对不足以诉讼的一般行政争议向党和政府进行表达和诉求，避免轻微问题司法诉讼化、避免一般行政争端行政诉讼化。也就是说，群众信访反映和诉求的问题，真实地存在于群众与政府之间，问题说大不大说小不小。大到尚不至于提起行政诉讼，与政府对簿公堂；小到难以隐忍心中，不诉说则心中颇有不甘。因此，群众反映和诉求的问题，不论事情大小巨细，都需要高度重视，这关系群众的生存与发展，关系群众的喜怒哀乐，关系群众的平静生活，绝不能掉以轻心，更不能置之不理。群众反映的事情再小，对群众来说也是生活中的不甘心之事，不能想当然地敷衍，或者随意糊弄。即便真的事情不大，也要认真对待，否则就成了小问题折射官僚主义的大作风，这是我国党和政府坚决反对的，因为它脱离群众，败坏党和政府的形象与合法性。因此，对于群众反映和诉求的问题，首先，无论巨细都应放在心上，这是党和政府关于信访工作一向的态度与原则。其次，对反映和诉求的问题，不论大小都要依法处理，依照《信访条例》（现已废止），依法受理登记、分流交办，信访事项直接答复、归口办理，涉法事项由公、检、法、司、交、森等相关部门办理答复，矛盾纠纷由村委、乡镇、片区调解委员会处理到位。再次，依法回应与答复到位。也就是说，诉求合理的解决到位，诉求无理的思想教育到位，生活困难的帮扶救助到位，行为违法的依法处理到位。最后，切不可听不得一点批评意见，更不愿做自我批评，甚至向提意见的群众"戴高帽""穿小鞋""揪辫子""打棍子"。

---

① 中央要求对诉求合理的解决到位、诉求无理的思想教育到位、生活困难的帮扶救助到位、行为违法的依法处理到位，拓宽工作思路，创新工作方法，做好信访工作，维护社会和谐稳定。这一工作方针涵盖了本课题研究提出的"诉求有理推定，信访有解推定"。

三、就地处理原则

"属地管理、分级负责,谁主管、谁负责"是信访事项处理的基本原则。

"属地管理、分级负责"就是在信访事项的处理上,先由事项发生地政府解决,若事发地政府解决不了,也可以由其上一级政府解决,下级政府不能将矛盾直接推给上级政府。生活中的信访事项,可能存在三种情况,一是本地政府可以解决的,二是需要上级政府料理的,三是需要跨区跨地联合解决的。第三种情况指的是信访事项的处理可能存在一定的难度,这涉及谁牵头、谁主管、谁协调、谁负责、谁答复。

"谁主管、谁负责"就是在明确信访事项归哪一级政府负责后,主管此项工作的政府部门应当承担具体办理的责任,对口问题对应部门解决。不过,在需要跨地区跨部门联合解决的情况下,"谁主管、谁负责"可能又成了一个棘手难题。

为了防治"属地管理、分级负责,谁主管、谁负责"中可能产生的歧义,本课题研究认为,以就地处理为出发点,属地政府牵头,确实无力解决,向上一级政府反映,横跨地域的信访事项,由事项发生地政府发起,上一级政府主持,相关部门参与,同心协力共同办理。

四、及时处理原则

群众信访诉求的问题,不论大小巨细,都需要重视,这关系群众的生存与发展,关系群众的喜怒哀乐。群众反映的事情再小,对群众来说也是生活中的不甘,或者说就是群众迈不过去的槛。不能想当然地敷衍,不能随意地糊弄,更不能拖拉推诿。因为,信访事项涉及时效性、有效性、实效性。同一性质的信访事项在不同的时间发生,性质上存在很大差异,这种差异性就是时效性。按照《信访条例》(现已废止)的规定,信访事项本身存在一定的有效期,超过时效则带来事项的不可溯及。信访的实效性涉及群众对事项诉求的可能性、可行性、目标性、效果性。群众信访事项存在的时效、有效、实效,决定了信访反映和诉求的处理,不容拖沓磨蹭、解决迟缓,需要核实问题,甄别责任,及时处理。否则,就可能因为处理滞后导致信访次生问题、衍生问题出现,致使小问题拖成大问题,一般性问题演变成信访突出问题,信访的小雪花就可能滚成了大雪球。更为严重的是本届政府期间的信访问题拖给了下届政府，甚至使信访问题变成了历经数届政府的历史疑案，这种工作效率使群众工作非常被动，极大消解党和政府的合法性，严重影响党和政府的形象与口碑。

五、协同处理原则

群众信访反映的问题，有批评、意见、建议、投诉，以及一般的行政争议，总的而言是较为简单的问题，只要秉承"属地管理、分级负责，谁主管、谁负责"的原则处理到位即可。不过，社会生活是复杂的，群众反映和诉求的问题，可能涉及政治系统的宏观问题，不免存在基层政府难以阐释、无力回应，需要上级政府进行办理；那种跨省市跨区县的信访问题，由于关涉的部门较多，可能令回应和办理更加棘手。当然，那种涉及两届以上政府的信访历史积案，该有多令人搔断白发。这些难度不小的信访积案，视而不见听而不闻不合适，任由岁月打磨也不合适，因为消解的是对党和政府的信任与口碑。

虽然，网上信访的反映和诉求，也需要网上与网下的合力办理和回应，不过相对于跨省市区的信访案件、久远的信访历史积案，乃至于需要上级办理的信访案件，网上网下的协办真的不是疑难问题，当然不排除网上网下的衔接不力，致使反映和诉求问题成为难题。重温20世纪五六十年代，当时中央办公厅主任杨尚昆同志，就群众信访难题解决的真诚讲话，处理人民来信来访的具体工作，可能会有很多问题，涉及很多关系，但终究不像改变生产计划那样不易，是你的业务范围内的当然应该解决，不是你的业务范围以内的，北京电话多，同那个部门联系一下，请他们解决。在过去的岁月里，协同治理的技术支持也就是个固定电话，社会发展到今天，除固定电话之外，还有移动电话，有电脑和互联网，有天眼和大数据。这些技术都为协同处理提供了最强有力的支持，只要以人民为中心的信念不倒，今天一切事情的原委、曲折都可能梳理得清清楚楚。

六、溢出效应防治

信访制度是基于人民主权而创立的本土性民主制度，是中国政治传统、执政党宗旨、人民利益诉求与行政权力运作等交互作用的产物，是中国特色社会主义民主政治制度的重要补充，是中国特色社会主义法治体系的有机组成部分。信访工作就是通过简易程序依法、就地、及时地回应民情、救济民意，避免将影响决策或公共产品制定的批评、建议、投诉以及不足以诉讼的一般行政争议纳入诉讼程序，是中国特色多元纠纷解决机制的重要组成。对群众诉诸信访渠道反映和诉求的问题进行及时的化解，促使群众恢复生活的获得感、幸福感，强化群众对党和政府的信任与口碑，这不存在溢出效应。

但是，如果对群众的信访问题听而不闻视而不见，或者因为问题不大而置之不理，抑或因为问题需要惊动上级，可能对本部门的形象产生不太好的影响；或者因为需要跨地域跨部门的联合办公，或者因为问题经历了数届政府，调查和处理需大费周章，结果对诉求的问题拖拉推诿、工作滞后，可能造成群众的大惑不解、难以理解，致使问题被广为传播，甚至被内外一些不良媒体断章取义地利用，那就可能发生溢出效应，给党和人民的事业造成不良影响。因此，信访工作需要秉持以人民为中心的理念，急群众之所急，想群众之所想，忧群众之所忧，做到"权为民所用、情为民所系、利为民所谋"，要综合运用法律、政策、经济、行政等手段和教育、调解、疏导等办法，把群众合理合法的利益诉求解决好，依法、就地、及时地把党和政府对人民群众的关心和温暖送到群众的心坎上。

第四节　网上信访制度的跟进与协同

国家行政学院法学部杨小军教授曾经挂职国家信访局，对当代中国的行政问责制度进行调查研究，他认为，网上信访有法可依，网上信访大势所趋，网上信访方便群众，但是，网上信访，更需跟进和落实。[①] 也就是说，网上信访要实现真正惠民的话，那就必须有一系列的制度、落实举措相伴相行。既要有岗位性制度，也要有法规性制度。因为，制度具有指导性与约束性、引领性与惩戒性、鞭策性与激励性、规范性与程序性。制度是一个组织共同遵守的行为规范，在保证组织有效运转、达成组织目标的同时，也是组织公平、正义不可或缺的要件，既有助于组织、社会的发展，更有助于形成公序良俗。当然，从制度价值实现的角度而言，推崇、遵守、贯彻和执行是制度的价值和功能发挥作用的关键所在。

---

① 杨小军.网上信访便民，更需跟进落实［J］.中国党政干部论坛，2013（8）：38.

一、以网上信访透明机制促进诉求尽快解决

信访制度建立的初衷就是联系群众、沟通政治、维护民利、监督政治，落实宪法所规定的群众对党和政府机关及其工作人员的批评、建议、投诉、申诉的权利，是以人民群众根本利益的实现为出发点，这就需要经常疏浚和畅通信访的各种机制和渠道，为群众的反映和诉求提供方便与快捷的服务，切实保障和推动人民群众反映和诉求权利的实现。目前，网上信访尚处于开拓发展时期，大家对计算机网络技术及网上信访寄予更高的要求和期待，也就决定了网上信访需要推倒更多的障碍壁垒，建立网上信访的透明机制，真正做到先进技术助力信访诉求的尽快解决。

网上信访的透明机制能够向公众传达制度自信，信访机关及政府相关部门相互协作，能在最短时间内积极回应群众问题、解决群众的实际诉求，这易于获得信访群众的认可与赞许，使政府与信访群众获得双赢局面。其次，网上信访透明机制自带度量器。一是要求相关部门限时回应信访、限时办结诉求；二是要求解决问题的总时限，这既是对政府相关部门的期望，又是信访群众的希望。再次，网上信访透明机制自带监督功能，回应时限、限时办结的规定，促使信访工作以及相关部门的回应和解决问题的效率提升。因此，透明机制是解决行政工作中拖拉推诿、效率低下的最好办法。

借助网络、网站、电话、短信、电子触摸屏等电子信息技术手段，对信访投诉、受理、转达、回复等进行创新，推动群众信访权利阳光、快捷地实现。这就需要：1. 构建集信访投诉、查询、服务、督办、分析、管理等功能于一体的"透明信访"服务系统，借助技术务求从反映诉求到问题解决全面覆盖，至少在局域系统甚至全网系统内不使一处无阳光，不使一处不透明；2. 设置网上信访投诉系统、网上矛盾纠纷排查系统、网上人民建议征集系统，把网上信访的触角从单纯的过程治理、末端治理，前移到信访事前事发的环节；3. 依托四大网络电子政务网络、电信公众网络、互联网络、无线通信网络，实现网络系统的全部链接与衔接，为群众网上信访提供便捷，防治硬件或技术鸿沟对群众网上信访权利实现的排斥；4. 构建录入终端、查看终端、查询终端、互动终端、评价终端，实现终端的无缺失，连接无中断，端端有回应，诉求有期盼。

总之，通过推进网上信访透明机制，促进信访反映、投诉、受理、查询、反馈、建议，排查矛盾、维护民利、监督政治等的系统化，疏浚与畅通信访

渠道和机制，实现网上信访与网下解决的有机结合，疏解民情，解决民困，维护群众合理合法的利益。

二、以垂直察看与巡视敦促属地管理落地

由于网络存在互联网与局域网之别，这使得网上信访平台因为网络差异在公开和透明方面有着很大的不同。某一区域，一般是方圆数千米范围内，多台计算机通过网络服务器、网络工作站、网络打印机、网卡、网络互联设备等，以及网络传输介质、网络软件，相互联系形成局域计算机组。而互联网则是由成千上万台计算机通过一组通用的协议，将网络与网络串联成庞大的单一的巨大国际网络。局域网上的每一台电脑（或其设备）都有一个或多个局域网内的IP 地址（或者说私网、内网 IP 地址），局域网通常要比广域网具有高得多的传输速率，如局域网的传输速率为 10Mb/s，光纤分布式数据接口的传输速率为 100Mb/s。广域网上的每一台电脑（或其他网络设备）都有一个或多个广域网IP 地址（或者说公网、外网 IP 地址），而广域网的主干线速率在国内仅为 64kbps 或 2.048Mbps，最终用户的上限速率通常为 14.4kbps。这种局域网与广域网或内网与外网在技术支持、传输速率等方面的差别，决定了基于不同技术支持的信访平台在服务群众、满足群众诉求的功能和效率上的优劣凸显。

网上信访系统除了覆盖局域之外，国家、省、市、县、乡的信访系统之间应该建立纵向联系，至少国家网上信访平台系统可以轻易地对省、市、县、乡网上信访平台进行监督，从而实现网上信访的垂直察看与巡视，否则就会出现原来实体机制中，巡视不足下分级负责的痼疾。这个世界很少有人能够始终做到无人监督的自觉，毕竟人非圣贤，更不要说虚拟的网上组织与机构。如若能加强垂直察看和巡视，使"属地管理，分级负责"信访治理原则真正落地，及时有效化解群众为之焦虑的反映和诉求，那么无论是在网上信访还是实体信访中，既得利益集团对草根声音的埋没问题就可能得到很好的解决，至少顶层能够借助技术本身对地方的民意诉求洞若观火，防止了地方既得利益集团因为政绩和仕途，有意无意埋没或无视民众声音和诉求。

三、以技术升级化解网信诟病

在网上信访中，最为人诟病的缺陷有两个。一个是电脑键盘输入技术对部分信访群众存在高挺的门槛。由于不熟悉电脑操作，虽然人们有很多事情

需要得到尽快的反映和救济，却因为技术鸿沟的排斥而难以尽享现代网络信息技术带来的便捷。另一个是集多种电子反映通道为一身的网络信访平台，由于各个管道之间不存在自动的联通，也就留下了多头反映的技术缺陷。这两大缺陷决定了人们对网上信访的毁誉参半。

这种情况也不只是中国的民意表达与综合网上平台存在的问题，国际社会中这样的问题比比皆是。如新加坡政府曾经搜集网络民意，发现网上绝大多数是年轻人的心声与诉求，虽说青年代表国家和民族的未来，但是青年诉求不能代表所有人的心声，政府调查发现是因为网络数字技术鸿沟限制了年龄较长国民的网络发声，随后政府加强了网络技术的普及及相应技术的优化，以促进民众跨越网络技术鸿沟以充分表达民情民意。再如日本的政府内阁实行新政，矛头直指行政体系内的官僚主义，设置官僚主义网上举报邮箱，短短数个小时之内形成了铺天盖地的举报瀑布，网上举报邮箱因邮件超载严重而崩溃，政府不得不暂时关闭邮箱与网页。

面对我国网上信访平台中出现的问题，我们不能视而不见听而不闻，至少不能让创新机制陷入传统模式的窘境，那么就需要与时俱进，不断革新和升级网上信访平台。其一，随着 AI 技术、人机互动以及软件业的发展，开发更为便捷的信访软件，引进 AI 信访引导员，提供 24 小时不间断人机互动的信访咨询服务；其二，在信访输入终端机上，除了配备常用的键盘之外，配置语音输入打字软件，降低中老年信访人群电脑信息输入的技术门槛；其三，对网上信访邮箱进行升级扩容，防治邮件过量的崩溃现象；其四，5G 时代，及时升级网上信访平台配备的宽带，减少网速偏低、流量不足导致对网上信访机制的误解，尤其要化解技术因素误以为的官僚主义、形式主义在线；其五，引进 AI 网上信访甄别员，有效化解多头反映现象，提升回应群众诉求、解决群众问题的效率。

四、以作风优化协同技术优势

信访工作作风指在信访工作或群众工作过程中表现出来的行为特点，它是贯穿于信访工作或群众工作全过程中的一贯的风格。主要包括：联系群众、服务人民；真抓实干、务求实效；艰苦奋斗、勤俭节约；顾全大局、令行禁止；发扬民主、团结共事；秉公用权、廉洁从政；生活正派、情趣健康；等等。

群众信访工作目标的实现，不仅要依靠制度、措施和方法，更为关键的是有赖于全体工作人员"雷厉风行，行之必果"的工作作风，依据群众工作的规章、制度、法律等，对群众反映和诉求的事项做出快速的反应和准确的判断；秉持"负责到底"的精神，自觉履职，勇于负责，不推卸责任，忠诚于职责，勤勉工作；认真严谨，团结务实；兢兢业业，鞠躬尽瘁。这不仅是推动群众工作的基础，也是促进网上信访能够更加惠民利民的根本，群众少跑腿，数据多跑路的网上信访优势，其背后的支撑来自每个信访工作者扎实而优良的作风与担当。

网络无非是传递与送达信息的高速公路，传感技术是人的感觉器官的延伸与拓展，通信技术就是承担传递信息的人的神经系统的延伸与拓展，计算机技术承担着对信息进行处理的人的大脑功能的延伸与拓展。之所以借用网络通信计算机技术与信访的结合，看中的就是电子运动的快捷，不慵懒、不懈怠、不任性、不折腾。不过，将网络技术应用于信访上，人类必须保持谨慎的超前意识，充分考虑技术生态以及技术系统工作环境，否则就可能陷入技术失灵的被动及"不可控制性"的惶恐当中。换句话说，人类必须清醒地认识到技术不能完全替代人的功能，技术只能是对人进行辅助，特别是在信访评价、判断等方面，技术只是个工具和手段，指令错误、判断失误等不能诿过或迁怒于技术或机器的机械执行。显然，网上信访若只依赖于所谓技术，而忽视信访工作主体的积极主动、密切配合、协同行动，其理论上的优势再怎样突出也很难发挥出来。

网络信访渠道与工作机制构建之后，关键之处就在于岗位主体责任的担当，最后半公里受阻，一切效益都会受到稀释。"可是在基层一些地方，由于不良作风作祟，改革针对的积弊换位挪移，上面通了，下面堵了。大循环热腾腾，微循环冷冰冰，改革在'最后一公里'受阻，效益被稀释。就像某些网络一样，外面是宽带，进小区、入家庭又变成'窄带'，网速犹如蜗牛爬行，宽带名不副实。所以，作风不佳，改革白搭。改革是一个配套工程。作风改善犹如给改革效果做加法；反之，就是做减法，甚至是除法，不仅难以发挥正效应，还会产生新的副作用。"①信访工作作风建设中就是要反对形式主义、官僚主义，在尊重群众、联系群众、服务群众方面做加法，把握好作风建设的"加减辩证法"，尽可能最大程度地释放网上信访的红利，最大程度地便利群众、惠益群众。

---

① 张志锋. 作风不佳 改革"抓瞎"：今日谈·抓作风不放松［N］. 人民日报，2015-01-18（1）.

五、推进各级机关党政兼任信访长制度

《吕氏春秋·慎势篇》有文："今一兔走，百人逐之，非一兔足为百人分也，由未定。由未定，尧且屈力，而况众人乎？积兔满市，行者不顾，非不欲兔也，分已定矣。分已定，人虽鄙，不争。故治天下及国在乎定分而已矣。"短文大致意思是，一只兔子在原野上东奔西跑，上百之人在其后拼命追捕，一只兔子不可能满足上百人的需要，只是因为兔子的物归所有权不确定。所有权不明不定，纵然是尧舜这样的圣人在世也无法解决，更何况是普通的民众呢！如今成百上千的兔子堆放在集市路旁，路人甚至都不愿正眼看上一眼，并非人们对兔子不垂涎欲滴，而是这些兔子已经物有其主了。确权定分之物，即便是粗野鲁莽之人，也不争不抢。家国天下、治国理政，最根本的方法是确权、定名、定分。

信访制度和渠道是党委政府密切联系群众的桥梁，是观民情、听民声、集民智、促进科学民主决策、妥善解决群众诉求、快速化解矛盾与纠纷的重要渠道，也是党委、政府与市民和社会进行沟通和互动的平台。信访问题的有效化解将直接影响行政的效率、形象乃至合法性。中国共产党是以马克思主义思想为指导的政党，笃信人民群众是物质财富、精神财富的创造者，人民群众是改革成败的决定力量。无论是在过去的战争岁月还是今天的和平生活中，中国共产党始终认为党与人民的关系就是须臾不可分离的鱼水关系，始终高举人民万岁的旗帜，形成了一切为了群众、一切依靠群众和从群众中来、到群众中去的群众路线。所以，中国共产党人深知"人民群众是政党生命的源泉"，得出了"人民就是江山，江山就是人民"的理解与判断。面对信访体制与机制中出现的群众诉求得不到及时有效的回应和解决，党和政府借用计算机网络的优势开创了网上信访平台，以方便群众的反映和诉求。但是，在群众来信来访的工作中依然有不尽如人意之处，很大程度上是因为在信访工作上分工不明、责任不实，所以当明确"属地管理，分级负责"的信访治理人时，也就杜绝了信访工作中的拖拉推诿、官僚主义等现象。

中国与其他社会主义国家相比，在过往的历史和实践上存在诸多不同，在道路、理论、制度、文化方面有相同之处，但更具中国特色，最本质的区别是中国共产党的领导。国家的立法、司法、行政机关，经济、政治、社会、文化组织和人民团体，都接受中国共产党的领导。党领导下的一切机关，都有服从和服务于党的合法性建设的神圣责任与担当。因此，在全国范围内推

行各级机关的党政一把手直接抓信访工作，兼任正副信访长。按照《信访条例》的规定，信访反映和诉求的对象是各级人民政府及其相关部门，生活中实际上也包括各级党委、人大、法院、检察院以及县级以上的国有企业等，各级机关的党和政府正职直接抓信访工作，很容易化解信访蜕变对党和政府合法性的侵蚀问题。这也有助于彻底贯彻党和政府联席会议制度、定期接访制度、定期下乡送访与巡视制度等，有助于依法、及时、就地、高效地解决群众诉求，有助于密切党群政群关系，深化党和政府的合法性，深化群众对党和政府的赞成、认可、拥护和支持。

六、以健全制度保障信访权利实现

制度，指国家机关、企事业单位等组织，依据国家宪法、法律、政策而制定的具有规范性、约束性与指导性的应用文件，是各种行政法规、章程、制度的总称。制度一般分为岗位性制度和法规性制度，前者又称岗位责任制度，后者则有法令性的特征。制度具有指导性与约束性、引领性与惩戒性、鞭策性与激励性、规范性与程序性。制度是一个组织共同遵守的行为规范，在保证组织有效运转、达成组织目标的同时，也是组织公平、正义不可或缺的要件，既能助力于组织、社会的发展，更有助于形成公序良俗。从制度价值实现的角度而言，遵守、贯彻和执行是制度的价值和功能发挥作用的关键所在。因此，需要言必信、言必行、言必果，制度面前人人平等，建立必要的评估与跟进制度等，这是制度开花结果的根本保障。

邓小平曾经指出，"制度好可以使坏人无法任意横行，制度不好可以使好人无法做好事，甚至会走向反面"①。制度可以有效解决人的主观意志以及与其相伴而行的行为变动不居，从而使得组织内的任何成员都能够在组织的制度、纪律、规章的约束下，共同努力实现组织的宗旨、目标、路线、任务。在网上信访平台建设过程中，需要构建网上信访受理的制度。1. 网上信访的权利与义务。参照国务院《信访条例》（现已废止）明确告知信访人所享有的宪法和法律所赋予的权利，同时要求信访人必须履行相应的义务，不得有法律禁止的言论、行为、活动等。2. 网上信访受理的有限性，换句话说就是实行网上信访清单制度。属于人大、法院、检察院职权范围内的；已经或依法应当通过诉讼、仲裁、行政复议等法定途径解决的；信访已经受理或者正

---

① 邓小平. 邓小平文选：第二卷 [M]. 北京：人民出版社，1994：332.

在办理期限内的；信访已有处理意见且正在复查期限内的，或者已有复查意见且正在复核期限内的；信访已有复核意见的；在规定期限内未申请复查、复核的；匿名以及事实不清、责任主体不明的。除此之外无不受理。3. 网上信访受理的程序。要求信访人按系统提示如实注册；注册后，以身份证登录用户名，输入密码、验证码，进入网上信访受理（投诉）中心页面；填写信访目的、标题、内容、是否愿意公开等；根据所注册的用户名、身份证及密码等信息，查询信访事项的办理进程及答复意见。4. 信息分流报送制度。对注册输入的信访信息，进行无疏漏的分类处理，归类信息报送领导阅示，重要信访信息随收随报。5. 网上信访专家专职管理制度。由熟悉互联网技术业务、信访工作业务并具备相当的政策法规及文字工作能力工作人员，专职管理计算机网络的维护以及信访事项的受理、转办、交办、回复、查询、终结输入、网站内容更新等。6. 网上信访办理结果的发布制度。本着件件有着落、事事有回应的精神，按照《信访条例》（现已废止）等相关规定的要求，在每一件信访案件办结后，征得专职领导的同意，及时告知处理意见、回复群众反映。7. 网上受理时限制度。网上信访终究与传统的信访机制有所不同，毕竟是以电子信号取代了信件或公文的传递，因此，网上信访的受理以及办理再参照《信访条例》（现已废止）规定的15日、60日（60+30）、30日执行，极大缓冲和拖累了电子运行的速度，可否依据网上信访电子的迅捷性，把受理、办理、复议的时间都减去三分之二，充分体现信息技术时代的节奏。8. 网上信访督办与评价制度。按照网上信访办结的时间，以时间的三分之一、过半、三分之二、办结为序，对涉事处理的相应部门进行系统提示、四次短信提醒、语音提醒，督促相关部门恪尽职守、履职担当；对提前解决信访问题的单位与部门在网上由信访人、主管部门进行评价，并把积极配合与纾解信访的工作部门纳入单位绩效评优考核，将依法及时就地解决群众诉求、积极维护党的合法性的工作人员纳入晋升与提拔的梯队和程序。

七、以网格化管理促进信访的自治自化

党的十八届三中全会《关于全面深化改革若干重大问题的决定》提出，要改进社会治理方式，创新社会治理体制，以网格化管理、社会化服务为方向，健全基层综合服务管理平台。网格化管理是一种新型的城市管理模式，它通过搭建城市网格化管理系统信息平台，采用网格化管理和"城市部件管理法"相结合的方式，实现了城市管理的信息化、标准化、精细化和动态化，

极大地提高了城市管理效率。这种管理方式在中国广大农村地区同样也不无重要的价值和作用,只不过农村地区是以镇、乡、村、户为基本网络,以互联网、"互联网+"等为依托平台,以农户、村落为基本支撑单元设置网格员,推进乡村社会信访的管理与创新。

网格化管理通过网格员对辖区范围内的人、地、事、物、组织等五大要素进行全面的信息采集管理,收集地理位置、小区楼栋、房屋、单位门店、人口信息、民政救济、党建纪检、工会工作、计划生育、劳动保障、综治信访、安全生产、特殊人群、治安信息和消防安全等信息,将过去被动应对问题的管理模式转变为以网格员为管理和服务前哨的积极发现问题和化解问题。由于信息更新快,社会管理与服务更加敏捷、更加精确和更加有效;由于管理更加标准和流程更加规范,管理和服务更加具有科学性与长效性;由于克服了多头管理、重复管理以及不必要巡视的人、车、财、物等成本,社会管理和服务的成本极大下降。网格化管理员在终端的接地气管理和服务中,密切了党和政府与人民群众的联系。

群众出于信任有选择地通过信访的简易程序对政府进行批评、建议和投诉,以及对不足以进入诉讼的一般行政争议向党和政府进行表达和诉求,避免轻微问题司法诉讼化、避免一般行政争端行政诉讼化,要求政府及其相关部门进行回应、处理或救济,这种现象在现代化的过程中层出不穷,而且问题的复杂性使治理颇为棘手,使政府不得不创新治理机制,推出网上信访平台以分流信访实体机制的压力。无论是城市的网格化管理,还是乡村的网格化管理,其接地连天的价值和功能,有利于"属地管理、分级负责""谁主管、谁负责"信访治理原则的落地生根,恰好对应信访治理彻底贯彻的不足。网格化管理把扎进泥土、深入城乡居民中间的"网格信息员"、对应组别的"网格主任"、统辖的"网格主管专员",以及"中网格主任"垂直地联系在一起,对辖区内的"人、地、事、物、组织"进行分门别类的信息管理,按照生产、消费、物流、生活、卫生、教育、福利、保障等功能对辖区进行平面化的网格划分,使网格化管理员、专业管理部门、网格化管理监督中心、城市综合管理委员会、乡村综合管理委员会,以及区政府、镇政府、街道办事处、社区居委会、村委会、驻地单位和门前三包负责人等四级责任主体都能够纳入其中,并且各安其职、各守其分、彼此相望、相互联通。当有尚不至于诉讼或对簿公堂的行政纠纷或争端,或者群众之间的矛盾冲突与摩擦发生时,网格信息员、网格主任、网格主管专员、中网格主任,甚至辖区内相关组织或部门的主管,都能够携起手来形成合力,共同化解辖区内的大小事宜，尽可能实现辖区内大小事宜的自治与自化。

基于整体观与系统论而对信访进行网格化的治理，有助于破解治理中各个部门或系统的各自为政形成的碎片化状况，在整体性架构下完成治理资本整合与政府跨部门作业的协同与联动，致力于"横向到边、纵向到底、全部覆盖、不留死角"的整体化治理。但是，在这种自上而下"技能控"的官僚主义治理架构中，如若网格信息员出现作风、工作效率甚至技术懈怠等问题，或者中间众多的联系环节出现松懈，就可能致使耗资百万千辛万苦构筑的治理框架流于形式、功能退化，甚至使网格信息员、治理员在信访信息的源头上就进行选择性的输入或无视，从而导致基层信访治理堕入官僚式"技能治理"的悖论。也就是说，我们只能赋予网格化管理信访治理的功能，不能完全指望网格化管理实现"无讼""无访"的期待或目标。换句话说，当代中国纷繁芜杂的信访问题，与中国后发后起的追赶型现代化不无关系，因为现代化既被视为经济社会繁荣发展的源头，也被视作社会不稳定的源头，更是信访制度不堪重负下被祛魅与责难的肇端。当然，信访问题与民意表达与综合的制度完善和机制畅达不无关系，与群众权利觉醒的行事风格和行政人员的行政做派不无关系。行政技术的提升固然可以促进群众信访的回应和救济，但是完全指望一种技术或架构化解信访难题显然也不现实，毕竟系统性问题需要付之于整体性、综合性、长效性的治理举措。也就是说，本着"未病先防，已病防变，已变防渐"的精神，信访的治理不排斥"头痛医头，脚痛医脚"的治标，当然不能忽视信访治理的常态化、制度化建设，而且绝对不排斥"内病外治"的源头式治理、过程中的协同治理。

八、以大数据云计算打捞民间沉淀信访

在互联网时代，大数据大体分为企业数据、机器和传感器数据、社交数据等，无论是第一产业、第二产业还是第三产业，每天都在生产、生活、交往、管理中产生了大量的数据，对这些数据进行相关性分析，可以对每一事项运行和发展态势进行一定意义的预测与判断。

目前，网上民间倾诉不在网络信访系统的受理范围之内，这可能存在多种原因。我们不鼓励网上的民间信访，但是，总要给网上民间信访一个妥善解决的出口。研究认为制约信访回应和解决的关键因素有二：一是群众反映和诉求的确切与否，争议的核心是什么，对其进行调研需要人力物力财力，自然也要耽误不少时日；二是输入信访机制之后，是否发生异变，异变责任

认定，解决问题与信访问责，这些也都需要时日。在今天的大数据时代，尤其是万物互联，特别是"天眼"工程，这使人们对一切问题的认定变得简单起来，只要愿意界定问题性质，只要愿意解决问题，这些技术支持的绝大多数往往能够得偿所愿，这个背后虽然存在时间成本，调查费用问题，但是其真实性、确切性、可靠性不仅胜过传统的田野调查，而且其再现、复原、还原的功能也使争议的双方不容丝毫抵赖与狡辩。

在今天的网络信息技术时代，打捞网上民间信访已经不存在任何技术问题，天眼、大数据、云计算等为我们提供了相应的技术支撑。另外，人民群众也是不眠不休的天眼，群众的眼睛是雪亮的，织密群众监督之网，开启全天候的探照灯，让隐身人无处躲藏。虽然网络上有局域网和广域网之别，群众明晰身边发生的信访事件，自然会对网上民间信访进行点击，点击率的攀升程度意味着群众对问题的关注状况，这可以成为相关国家机关打捞民间信访的依据，也是重塑党和政府合法性的一个重要机遇。如若发现材料为假，可以借此以正视听；如若发现材料真实，可以借此处理以正党风政风。当然，如若对此不闻不问，任由网上民间信访发酵，很可能对党和政府的形象、权威、尊严造成更为严重的损伤。

第五节 利益相对均衡，减少信访元输入

当代中国，无论在网上信访还是传统信访机制中，官民双方都为信访不堪其烦，不堪其累。若要减少信访机制中的原信访，就需要从源头上实现"义利制衡"，保持利益的相对均衡，防范利益的失衡，减少或化解社会的矛盾与冲突。目前，在我国"95%的上访是政策法律或政府的原因，很少是公民之间的侵害造成"[①]。这把问题直接指向依法行政、科学执政、科学发展、全面发展。

一、扎实贯彻以人为本的科学发展

1978 年，我国国内生产总值只有 3679 亿，从 1978 年到 2017 年我国锐意

---

① 陈晓莉. 信访维稳的现实困境与出路：基于基层调研的分析 [J]. 云南行政学院学报，2011，13（5）：56-59.

改革，扩大开放，经济快速发展，国内生产总值年均增长9.5%，高于同期世界经济的年均增速，人均国内生产总值不断刷新，国家的财政实力不断增强，从外汇短缺发展到世界第一外汇储备大国。城乡的生活环境以及人民群众的生活水平得到了极大的改善和提高，人民从追求生活温饱发展到追求生活的品质、品味、质量。不过，在今天的中国社会生活中依然存在5000多万的贫困人口①，发展的全面不足、平衡不够、协调不足、持续有限的问题依然存在。

目前，要破除我国经济社会存在的突出问题，就需要摒弃极端的经济增长主义，追求效率与公平的内在统一，把提高人民的幸福感、获得感、人际信任感作为发展的重要目标，坚定不移地贯彻落实"绿水青山既是自然财富也是精神财富"的科学发展观。1. 坚持以人为本。人是社会中的主体，既是生产的主体，也是消费的主体，任何发展本身都应以人的健康需要和全面发展为目标，任何无视人的健康需要的发展都是有违社会共识的。2. 以人民幸福为目标。经济增长固然可能带来化解其他问题的经济前提，但是，罔顾人民生命健康的发展，只顾眼前不顾子孙后代的发展，透支生态与资源以换取一时奢华的发展，都是与人民的永远幸福相背离的。因此，发展必须是质量和速度的统一、眼前利益和长远利益的统一，人民的满意和幸福才是发展的根本归宿。3. 以经济建设为中心，社会全面进步是指针。经济建设至关重要，绝不是要把重点论演变为一点论，经济发展不能代替社会发展。换句话说，社会发展以经济作为唯一的衡量标杆或导向，很容易产生无视家国情怀、不顾公平正义、不顾公序良俗的负面作用，这意味着无尽的社会隐忧与危机潜伏其中，因此要坚决反对片面追求经济增长，不顾社会全面进步的现象。4. "五个协调"是发展的路标。协调发展是经济、社会、政治、文化和生态的协调，是"两种生产"之间的协调，谋求城乡发展协调、区域发展协调、经济社会发展协调、人与自然发展协调、国内发展与对外开放协调，促进生产力和生产关系、经济基础与上层建筑的协调和发展。5. 坚持可持续发展。坚持生产发展、生活富裕、生态良好的文明发展道路，实现速度和结构质量效益相统一、经济发展与人口资源环境相协调，使人民在良好生态环境中生产生活，实现经济社会的永续发展。在科学的发展过程中，或许社会矛盾与冲突仍将不免发生，但是冲突与摩擦可能规避到最小的程度，社会将更加和谐，

---

① 《2015年国民经济和社会发展统计公报》显示：2015年我国农村贫困人口从上年的7017万减少到5575万。

二、推行信访前置介入制度

一般情况下,任何重要计划或事项的制定或决策,都是在调查研究的基础上,由专家学者进行科学的全面的论证,然后由决策部门在民主集中制的基础上讨论和决定,进行公示告知并且征询意见和建议,在广聚民意的基础上修订、推出与执行。这样的计划和决策一经推出,往往受到群众的欢迎和支持,因为这样的计划和决策中渗透着广泛的民意、彰显着绝大多数人的根本利益。

在关涉广大民众利益的重要事项和决策上,要么进行充分的实地调查,广泛听取民情民意,让民众自由参与反映和建议,无论是自上而下的民意调查,还是自下而上的民众参与,都将有助于避免不顾实际的决策或头脑一热的激情决断,社会主义现代化毕竟是前无古人的事业,"社会主义建设,从我们全党来说,知识都非常不够。我们应当在今后一段时间内,积累经验,努力学习,在实践中间逐步地加深对它的认识,弄清它的规律。一定要下一番苦功,要切切实实地去调查它,研究它"[1]。所以,在重大重要的事项决策前,充分地听取群众意见,广泛地征求群众的建议,决策后充分地依靠群众落实和执行,这正是中国共产党人"从群众中来,到群众中去"群众路线的体现和运用,这已经成为当代中国政治生活中重要决策出炉的不二法门。

在政策的制定和决策中,任何无视群众存在、不顾群众利益的先斩后奏,都可能导致群众的不理解、不满意甚至抵触、抵制。在一些地方生活垃圾场的规划和建设中,虽然已经过了专家和部门的反复勘察和缜密论证,却忽略了或者压根就没想征求当地群众的意见,结果引起群众的不解,引发了群众集体上访。无论地方智囊团或决策者怎样权衡与考虑,这样的做法终归是对群众知情权、参与权、表达权、监督权的无视,甚至是对群众生存发展权利的忽视。为了能够防范此类事件的发生,重要决策之前进行先期的信访评估,叩问决策的公平正义和预测不良的倾向以及可能的应对举措,从而规避利益失衡导致的矛盾和冲突,防治恶性信访诉求的发生。[2] 同时,处理好重要决策

---

[1] 中共中央文献研究室. 毛泽东文集:第八卷 [M]. 北京:人民出版社,1999:303.
[2] 刘振勇,李玉华. 后发赶超中信访前置介入的制度预警与流变防范 [J]. 领导科学,2017(5):16-19.

上的还权于民，充分尊重民众的知情权、参与权、表达权、监督权以及生存和发展等权利，在重要决策上创造充分的机会以满足群众进行利益表达和诉求，同时创造充分的条件供群众对关涉切身利益的重要决策过程进行监督。唯有如此，方能避免重大决策上的脑袋一热给群众利益的伤害以及引发信访的发生。

三、防范与打击越轨行为

在我国的社会生活中，民众利益受到侵蚀或伤害，可能源于政策或制度制定中的疏漏，也可能来自变迁中的负面影响，更有可能是越轨行为对群众利益的侵害，这就很有必要讨论对社会生活中越轨行为的遏制，防范其引发更多的信访诉求。

越轨行为，是指被大多数人接受的一系列特定规范的不遵从与逆反行为。《中国大百科全书·社会学卷》则把越轨行为分为：不适当行为、异常行为、自毁行为、不道德行为、反社会行为和犯罪行为。[1] 社会学上的越轨指对道德伦常、制度规章乃至法规法律的僭越，其对群众利益的侵害不像违法犯罪那样任性、鲁莽与直接，这种多发于社会转型时期的失之于宽、松、软的社会现象，为减少信访诉求乃至司法诉讼，维护广大民众的根本利益提供了一种观察的视角和治理发力的途径。大家知道，人类行为主要分为自控和他控两种，自控源于对社会伦理或规章的理解和评价的自省与慎独，他控则源于法律制度的束缚或强力的理性控制。这就为管控越轨行为指出了相应的路径。1. 加强思想道德建设。首先，在"五爱"的基础上，将"三德"建设作为整个社会主义道德建设的着力点。其次，坚持与弘扬社会主义核心价值观和社会主义核心价值体系，坚持中国特色社会主义共同理想以及社会主义荣辱观。最后，加强社会诚信体系建设，规范失信制度，严惩坑蒙拐骗偷等违法犯罪行为。2. 建立健全社会制度规范体系。首先，规范制度体系的立、改、废；其次，加强制度体系建设，全覆盖、无疏漏；最后，制度实施的阳光化、透明化，制度执行不折不扣，制度面前人人平等。3. 强化法治建设。坚持不懈、坚定不移地贯彻和执行社会主义法治的"十六字"方针；树立依宪治国、依法治国的根本信念，将以德治国和依法治国相结合；坚持法律面前人人平等，

---

[1] 中国大百科全书总编辑委员会. 中国大百科全书：社会学卷 [M]. 北京：中国大百科全书出版社，1991：467.

绝不允许任何人凌驾于宪法和法律之上;构建公正执法的司法队伍和体制,严守社会公平正义的底线,努力让人民群众在每一个司法案件中都能感受到公平正义①;严惩违法犯罪,预防和教育群众。4.健全权力运行制约和监督体系,有权必有责,用权受监督,失职要问责,违法要追究。健全民众监督制度,让"隐形人"无处藏身。②

第六节 以信访体制变革回应信访协同治理

在这里,我们不讨论涉法涉诉信访,因为涉法涉诉信访的外延限定在诉讼程序和实体自身,在性质上属于涉诉争议事项,与行政信访根本不同。③ 由于网上信访或传统信访的诉求对象是政府及其相关部门,问题的解释或解决还需要信访部门牵头组织相关部门依法进行。问题解决的速度、解决的程度、解决的效果,既取决于政府及其相关部门的行政效能,也取决于信访部门协调、督办、考核的力度,与网上信访协同、协作也就少不得信访工作体制改革的同步。

一、依法规范信访,以法疏解诉求

在社会生活中,制度、规章或法律都是相对稳定的,好的制度、规章或法律可以使坏人无法任意横行,不好的制度、规章或法律也可能使好人无法充分做好事,甚至会走向反面。要保障人民民主,就要"使民主制度化、法律化,使这种制度和法律具有稳定性、连续性和极大的权威"④。在社会生活中,蒙受委屈、不公、不平的访民,确实需要同情、帮助和救济,为其伸张公平正义,但是绝不能因此就在信访诉求上有恃无恐丧失理性与克制。尽管每个访民都希望诉求问题能够依法就地及时解决,但是毕竟任何制度都存在

---

① 在首都各界纪念现行宪法公布施行30周年大会上的讲话[N].人民日报,2012-12-05(2).
② 刘振勇.民众监督制度的健全与防治腐败研究[J].云南行政学院学报,2012,13(5):66-69.
③ 应勇."涉诉信访"不等于信访:关于涉诉信访问题的若干思考[J].中国党政干部论坛,2011(6):9-12.
④ 中国共产党第十一届中央委员会第三次全体会议公报[EB/OL].中央政府门户网站,2019-10-13.

程序化的安排，都需要经历调查、核实、复核、裁决、协调、救济的环节与过程，绝不能把公共财产当成信访情绪发泄的对象，更不能迁怒于信访工作人员。虽然一些次生信访案件与个别工作人员的素质、态度与作风不无关系，但是与访民自身的情绪冲动、情绪失控也不无关系。信访诉求的结果，是由事情本身的曲直以及相应法规制度决定的，绝不是像橡皮筋一样任由拉扯，绝不可假借体制中的漏洞、疏忽而漫天要价。对于群众诉求问题的解决，正像毛泽东指出的那样，要正确区分群众的合理诉求和纠缠闹事，群众合理合法的要求要满足，致使群众诉求发生恶变的管理责任要严肃追究，纠缠闹事的法律责任也要严肃追究。这就需要以《信访法》的形式对信访反映和信访工作进行规范和治理。一方面维护诉求群众的信访权利，同时积极教育和引导诉求群众，信访反映要依法有据；另一方面积极规范信访工作，使群众依法信访反映，使诉求更加顺畅有序。自然，对于基层不免存在的重复信访尤其是缠访、闹访等，参照司法诉讼程序中的两审终审制，国家推行或贯彻两访终结制，通过信访听证以及社会告知等制度形式，让信访终结得到较好落实。至于牟取非分超高利益的闹访，在教育、告诫、严重警告之后依然不收敛的，参照"失信人"制度进行根治。

  2010年12月，最高人民法院制定了《人民法院涉诉信访案件终结办法》。对全国重点的重复信访案件，由最高人民法院进行程序终结；对地方的信访老户案件，由各高级人民法院进行终结，报最高人民法院登记备案。两级法院终结的案件，统一报中央政法委和国家信访部门，终结的案件不再重复办理，人民法院将协助责任单位做好化解稳控工作。也就是说，涉法涉诉信访案件由最高人民法院进行终结的制度，一方面提升了信访终结的权威性，另一方面有助于化解信访案结尾结不掉的现象，有助于破解借政府工作的瑕疵而不断抬高诉求目标的贪婪现象，也有助于从程序和实体正义上真正实现信访的官民双赢。但是，也要防止另一种情况的发生，那就是一些擅权者凭空制造疑难信访的终结程序，使群众诉求永无回应和救济，从而导致群众对公权力的失望、幽怨、愤懑甚至对抗。这就必须坚决贯彻和实行错案责任终身追究制以及信访责任制和问责制，这既是对工作人员的保护，也是对涉事群众权益的维护，更是对体制之内存在的行政慵懒、拖拉推诿、胡乱作为等迟滞群众信访权利实现的严肃惩戒、严厉告诫。

二、深化信访的三段治理

信访是群众通过简易程序对政府进行批评、建议和投诉，以及对不足以进入诉讼的一般行政争议向政府进行表达和诉求，以避免轻微问题或一般行政争端诉讼化，规避了一般问题滥用诉讼对司法资源的浪费，以及不足以进入诉讼的一般行政争议对簿公堂下对党群干群关系的撕裂与影响。信访制度是中国特色社会主义民主政治制度的有益补充，是中国特色社会主义法治体系的有机组成部分，回应群众反映，维护群众利益，做好信访工作，应从多方面着手。1. 信访前置介入管理。在中国，密切联系群众的信访部门，如同其他行政部门一样也实行了官僚科层体制，但是，信访制度建立的初衷是加强党和政府与人民群众的联系、加强与群众的政治沟通以及方便群众监督政治、便于维护群众权利，绝不能任由撕裂党群干群关系的官僚主义、形式主义、功利主义的存在。因此，在聆听群众声音、解决群众诉求上，送访下乡、带访下乡，让群众参与规划和建设中的事项，对群众表现出来的不满、不平及时搜集、及时反馈，促使战略项目或重大项目制定更加科学，利益更加协调、更加均衡，从源头上预防和化解信访的发生。2. 信访诉求过程的管理。重视、关切和落实"诉求有理推定，信访有解推定"。只要诉求合理合法，就一定要帮助群众解决，如若暂时无法解决，耐心恳切地向群众解释说明原因，真正做到信访就是让群众蒙受了委屈、不公、不平，一定有说话、倾诉、申诉的地方，并且本着"属地管理、分级负责，谁主管、谁负责"的信访治理原则，积极推进群众诉求问题的依法、就地、及时、有效的解决。3. 信访终结后的落地管理。信访实际上是送上门的群众工作，依法办理、解决和阐释，努力使群众满意、高兴、赞成是信访工作努力的方向和目标，当然绝不是在信访上群众怎样要求就怎样解决的民粹主义，而是要依据法、情、理及时就地有效解决信访反映和诉求。因此，对结访、息访的事项要努力巩固其落地成效，加强开展对原信访人的回访，帮助他们搞好工作生活，以使党的关怀和政府的关切真正送到群众的心坎上。

三、推进信访考核的三方参与制度

任何规章制度都存在执行与落实的期望与实际的比较，也当然地存在对执行和落实的考核问题，因为没有考核的督促无人监督的自觉很难在普通的公务人员中间长期地坚持下去。但是，内部考核不免存在从宽从软从松从简之嫌，而完全由外部考核又不免被人指责为民粹主义。显然，在考核成员的构成上，由内部人士、外部人员以及无关的第三方人员共同组成考核监督机构，对规章制度的执行和落实进行考核可能要胜过纯粹的内部或外部考核。毕竟，"知屋漏者在宇下，知政失者在草野，知经误者在诸子"。在关涉基层民情民意的考核上，没有群众的参与显然不是完整的考核，至少不是科学的、民主的考核。既然信访制度是密切联系群众的制度，信访考核以及信访问责就是为了把信访治理"属地管理、分级负责"的原则真正落到实处，实现依法、及时、就地解决好民众信访。现行的信访考核，不免存在单方观察与考量，以及充斥一些不言自明的因素，使信访考核结果备受质疑、受尽诟病，信访责任制与问责制很难不陷入进退两难境地。因此，本课题研究认为在解决考核的公正问题上，构建"三三制"的信访考核委员会是一个破局之道。在考核机构人员的构成上，实行"三三制"原则，三分之一人员为去年或当年信访群众的代表，三分之一为政府认定的社会名流和热爱公益事业的人士，三分之一为涉事相关部门主管代表。把考核的权力交给信访诉求的互动双方以及关注和关切公共利益的第三方，这就能够极大避免考核中的当事人缺失、信息失真、程序不明、单方结论，规避了所谓考核的官官相护，也有效地杜绝了失信于民、有违民心，从而把关涉信访行政人员的陟罚臧否真正建立在民主、科学、法治、诚信之上。

四、责任不虚化，问责不打折

当代中国信访问题的错综复杂，既与经济至上主义下的信访无足轻重论密切相关，也与信访责任制和问责制的虚置流变不无关系。信访监督制度一旦沦为"稻草人"或"纸老虎"，监督对象势必更加视信访为无足轻重，信访不作为、慢作为、乱作为、违规违法必然相继发生，不免引发访民的失望、理性渐失或者激起强烈抗争，"联系党群干群关系，满足群众合法要求"的信访制度必然会被扭曲流变。因此，贯彻信访责任制、问责制不仅要有"抓铁有痕，踏石留印"的决心，更重要的是要有"违规绝不姑息，责罚绝不折扣"的原则和精神。否则，追究访民闹事闹访的法律责任，而不追究地方官员信访不作为、慢作为、乱作为、违规违法的责任，必然导致法律制度的权威被弱化。干部若不作为、乱作为，以权压法、以言代法，且不追究法律责任，司法公正、社会公正就会受到群众质疑，法律的权威会被破坏，损害了党的形象。我们必须明确，要让群众遵纪守法，领导干部必须以身作则、率先示范。领导干部树立法治思维、依法行政、依法用权，法律公正实施，社会规范运行。在信访上缠访、闹访、扰乱公共秩序的行为必须追究法律责任，以儆效尤，而一些领导干部公心不足、用心不够，将群众反映和诉求的信访小问题拖大、大问题拖变，也应同样追究相应的法律责任，唯有如此，权力与责任、权利与义务、法治理念、法律精神、法治思维才能深入人心。

五、健全信访一体化中心

利益关乎人们的生存与发展，诚乃人们敏感的神经。对访民而言，他们无不希望诉求利益的实现，以及诉求利益的完整获得。而信访收益或利益是由诉求事项本身内含的价值决定的，也就是说，其本身有确定的阈值，访民一次反映诉愿就能得到解决，信访收益几近完整无缺。但是，"最多跑一次""只进一个门""办结所有事"，这种承诺和做法理想化地实现了信访次元的破壁，不过即便多跑了不止一次，即便不止进过一个门，群众诉求问题得以顺利解决，没有什么节外生枝，无论是涉事者还是旁观者，很少有人不理解政府相关部门的不易。实际上，生活中但凡有信访反映和诉求，很少能够跑一次就办结的，这就使随着信访频率和强度的加大，大量边际成本的支出必然带来信访收益的下降或流失。访民足不出户的网上信访或者在自己家门口就实现了信访受理与解决，抑或行政机关的集约化办公省却了访民东奔西走背后的费用，也就降低了距离衍生的信访成本以及因此对信访收益的流失。因此，通过有线无线通信或电脑网络进行的信访，信访组织机制的触角深入街道社区、村落农户，抑或工商、税务、卫生、劳动、城建等政府职能部门关系民生的主要科室集中办公，形成"一站式接待，一条龙办理，一揽子解决，一竿子插到底"，如此直接调处的信访工作机制，都将极大地减少访民的信访成本，促使访民诉求利益实现最大化。

六、信访工作队伍的建设与提升

信访工作是联系党和政府与人民群众的桥梁，倾听群众呼声的窗口，体察群众疾苦的重要途径，有助于促进信息沟通和民主监督，有利于保障和维护群众的权利与权益，放大点说，巩固和深化党和政府在信访上的合法性，密切党群政群关系，信访工作至关重要。群众信访工作如此重要，当然需要一支忠诚可靠、专业素质良好的队伍，敬畏人民、替民解忧、替党分忧、知法守法、依法办事的高素质队伍，在协同信访治理的过程中，信访工作队伍的建设还需在几个方面进行加强与提升：1. 增强信访工作人员勤政爱民、爱岗敬业的职业道德和岗位技能建设，把信访工作真正建设成为党的群众工作的窗口、党和政府密切联系人民群众的桥梁与纽带；2. 逐渐实现信访工作人员律师化，提高工作人员解读法律、导引信访、纾解信访的能力，提高其依法解释政策、制度、法律的能力和水平，提升其以法治思维进行政策建议的水平；3. 通过严进宽出的信访工作流动机制以及信访工作水平末位淘汰制，推动高素质、高技能、高觉悟的信访工作队伍建设，防止工作人员与时俱进的不足导致的工作水平低下；4. 加强信访工作人员职业技能的定向与定时培训，以及政治素养的不断提升，把信访工作人员队伍真正打造成为巩固和提升党和政府合法性的排头兵与先遣队。"各级党委要加强对信访工作的领导，关心、支持、爱护信访干部，建设一支对党忠诚可靠、恪守为民之责、善做群众工作的高素质信访工作队伍，不断开创信访工作新局面。"①

七、诚邀大众媒体监督信访工作

进入21世纪以后，新闻媒体发展迅猛，规模成倍扩张，对受众的影响也越来越深刻、越来越广泛。无论是传统的报纸、书刊这样的纸质媒体，还是广播、电视等电子媒体，抑或今天的数字杂志、数字报纸、数字广播、移动电视、网络、桌面视窗、数字电视、触摸媒体等新兴媒体，尤其是官方媒体，在把握正确的舆论导向上，始终坚持以马列主义、毛泽东思想和中国特色社会主义理论体系重要思想为指导，以科学的理论武装人，以正确的舆论引导人，以高尚的精神塑造人。在引导社会舆论走向，抨击时弊与鞭挞丑恶，维护和促进社会公平正义，推动社会健康发展等方面发挥了积极的影响和作用。正因为如此，大众媒体被视为与立法、行政、司法并立的一种社会力量，而且具有制衡三种政治权力的作用，被夸张地称为"第四种权力"。

在中国，新闻传媒主要为国办、政府筹办或者为政府批准、受新闻出版署监督的组织机构，在新闻自由和内容上都具有靶向性与把控性。正是由于政府的主导以及新闻审核，我国新闻媒体在内容和传播上可信度极高。这就

---

① 张璁. 习近平对信访工作做出重要指示强调：千方百计为群众排忧解难　不断开创信访工作新局面[N]. 人民日报，2017-07-19（1）.

决定了，围绕党和政府的群众工作，关于群众的信访诉求，我国新闻媒体不仅可以有所作为，而且可以大有作为。在政府新闻出版机构的审核和监督中，群众信访反映的正当利益，特别是诉求问题的疑难节点，通过新闻媒体的报道和传播，既防止了民声的异化，又防止了民声的沉没，督促政府及其职能部门密切关注、紧密配合、协同治理，积极回应和解决群众的反映和诉求。新闻媒体具有信息灵、传播快、影响远的优势，新闻媒体参与信访治理，势必唤起悠悠众口，鞭挞无理诉求，教育广大群众，窒息体制中的消极因素，为群众合理合法诉求的解决创造条件。

在国际社会中，大众传媒在民意表达和综合上的作用已经得到一些国家的重视。我国新闻媒体对司法诉讼的正面影响已受到社会的普遍认可，也越来越引起国际社会的瞩目。所谓的"和事佬""市民这些事""向前一步""金牌调解""办实事，解难题"等都是全国各地方新闻媒体进行的积极而有益的探索。这种有益性体现在三个方面：一是发挥了媒体对行政和司法的监督作用，因为任何权力都惧于公告天下；二是对群众合理合法信访的确认，也是对群众诉求边界的划定，更是对无理无法诉求的当面回怼；三是通过个案的积极报道，教育了当事群众和受众，也震撼了政界与司法界。当然，新闻媒体参与信访诉求绝非包打天下，媒体也不能不重视自己工作的边界，尤其是关系到所谓隐私等权利时，在问题的处理与解决上，无力也替代不了政府职能部门或司法部门的依法回应和救济的责任。因此，在民众正当利益的反映和诉求上通过媒体的广而告之，其后的工作就不能缺少信访机关和政府及其职能部门的积极接力，促进群众合理合法诉求的依法、及时、就地、有效解决。

八、党团组织协同信访工作

党团组织作为社会主体是社会结构的重要组成，在管理内部事务及促进社会自我调节中发挥着积极的作用。"社会主体不是社会秩序的被动受用者，而应当是重要的参与者，发挥主体的自主性、能动性、创造性等，通过广泛、有序的公民参与，与政府、市场等共同解决社会问题，增进社会公共利益，为有效地化解社会风险、营造和谐安定的社会环境创造条件。"[①]

在中国，党团组织的组建都是经过了国家相关部门的注册、备案和批准，

---

① 马西恒. 当代中国社会发展的逻辑［M］. 上海：上海人民出版社，2020：159.

进而获得从事社会组织活动的法人资格或身份。在现代社会中，几乎每个社会成员都能找到自己的群团组织，可能属于一个或同时属于几个群团组织，无论是党员、团员、工会成员，还是其他组织成员，都站在自己认同的组织旗帜之下。生活中每个群团及其成员受组织章程的约束，具有自组织性、自运行性、自规范性、自发展性、自我治理性。在社团内部，都有自我教育、自我协助、相互帮扶的义务。

党团组织与政府有着天然的联系，决定了群团成员在问题的反映和诉求上可以通过两个通道，一是群团成员自己直接向政府及其相关部门反映和诉求；二是可以向群团组织反映问题，请群团组织代为出面，代为向上反映诉求。而群团组织反映问题，可能更能引起政府相关部门的重视，具有个人反映不能拥有的沟通协商优势。一是借助群团的渠道和力量推进民意反映和诉求，可以避免信访声音的弱化或沉没，避免了信访诉求在政治系统中的拥堵与失序；二是群团反映可以使政府意识到问题的非同寻常，可能带有群体性，触及了群体利益，能够促使政府更谨慎地考虑，更快地回应和解决；三是群团可以发挥自我救济的功能，对涉事的群团成员进行一定的帮扶，有助于消解群团成员失望与无助滋生的冲动或无理性，当然也为问题的社会调节做出了积极的响应；四是群团的自我灌输与教育，有助于避免目前信访实际中的案结事不了、尾大不掉的上访专业户现象。在中国规模和影响力较大的群团组织有各党派、共青团、工会、妇联、工商联等，且不说发挥所有群团助力信访的作用，有着党员9400万之众的中国共产党，只要发挥好党员干部联系群众、教育群众、帮助群众的作用，外加其他组织及其成员积极联系群众，助力信访反映和救济，这样的集体合力算不算得上所向无敌，还能有什么问题不能自化，还有什么问题不能解决？显然，群团组织的协力作用，推动民意表达与综合的多元机制建设，以积极反映群众的现实需求，切实维护人民群众合法合理的利益，发挥好与政府部门的桥梁作用，完全可以对群团助力协同信访反映和诉求的救济或治理寄予热切的希望或期待。

第七节　以行政体制改革协同信访治理

信访制度是中国特色社会主义民主政治制度的有益补充，是中国特色社会主义法治体系的有机组成部分。1951年6月7日，政务院正式颁布了《关于处理人民来信和接见人民工作的决定》，对群众来信来访的处理原则和机构设施等做出了规定，被视为信访制度确立的起点。1957年5月28日至31日，全国第一次信访工作会议通过的《中国共产党各级党委机关处理人民来信、接待群众来访工作暂行办法》以及国务院《关于加强处理人民来信和接待人民来访工作的指示（草案）》两个文件，第一次将信访视为群众的民主权利，信访被纳入正式的法规体系之中。1971年，《红旗》杂志刊登《必须重视人民来信来访》一文，第一次公开地把人民来信来访称为"信访"，把处理人民来信来访工作称为"信访工作"。从此"信访"成为有着确切内涵的政治参与符号，指人民群众致函或走访政府及其相关部门，反映、建议、批评、投诉、申诉，并要求政府相关部门解决问题。信访是公民、法人或者其他组织向各级人民政府、县级以上人民政府工作部门反映情况，提出建议、意见或者投诉请求，依法由有关行政机关处理的活动。研究认为，信访的实质就是通过简易程序救济民情民意，避免将影响决策或公共产品制定的批评、建议、投诉及不足以进入诉讼的一般行政争议纳入诉讼程序，这在很大程度上分流了社会转型时期司法诉讼系统人少案多沉重不堪的压力。这在新中国成立初期、社会主义建设以及改革开放的过程中，都发挥着积极而重要的作用，获得了社会的广泛肯定与认同。无论是线上信访还是线下信访，目前存在的问题需要信访系统加大改革的力度，尤其是借助新技术支持创新信访工作，推进群众反映和诉求的尽快解决。但是，"我们所有的改革最终能不能成功，还是决定于政治体制的改革"[①]。说到底就是解决好行政权力、行政人员和公众诉求的问题。信访体系就是由信访机关组织和督办的，由政府及其相关职能部门协力进行核实、核查、解决、救济的系统。群众反映的不少问题属于综合性问题，不是单个部门可以独立解决的，需要相互联系的职能部门相互配合、持续发力、协同治理。

一、权力公开及权力运作的阳光化

从社会契约论的角度来看，公权力是由民众将自己权力的一部分委托或让渡而形成的，公权力存在的理由就是维护、保障和增进人民的利益。但是，权力一经获得就会试图按照自己的逻辑发展，作为对他人支配的权力具有"自我扩张"的本性，存在征服和统治一切生命意志的冲动，既不乏扩张"自

---

① 中共中央党校邓小平文选辅导教材：第三卷[M]. 北京：中共中央党校出版社，1993：336.

我利益"的冲动,也不乏抵制增进人民利益的消极怠工性。"人们要使其权力足以攫取私利,往往就不惜违反正义。弱者常常渴求平等和正义。强者对于这些便都无所顾忌。"① 面对权力的慵懒、懈怠、不思进取以及权力的折腾或腐败,最有效的方法就是将权力在阳光下进行曝光,置权力于群众的探照灯(法眼)之下,并且建立滥用权力终生追究责任的制度。这才有可能增进和保护群众的利益,同时迫使权力谨小慎微,防止权力自我扩张。那么,在公权力的完全公开化以及权力运作流程完全阳光化之后,民众的反映和诉求输入信访机制,诉求问题被受理的进度、解决的程度、耗费时间等也就一目了然,在访民与信访部门的审视与追问之下,在众目睽睽的探照之下,一切慵懒、懈怠、不作为、乱作为必然受到遏制。显然,在关涉群众诉求权利的维护与实现上,没有比权力的公开化与阳光化建设更让人有获得感。

当前,在公开涉访部门的权力以及权力运作的流程上,还需要充分满足和实现群众的多方面权利:1. 充分满足群众对诉求事项解决进程、解决程度的知情权,防止诉求的问题从小雪花变成大雪球,让群众对信访诉求问题的解决有一个贴近实际的预期;2. 充分满足群众的表达权和参与权,在聆听、互动的基础上,推进利益诉求的非零和博弈,实现群众诉求的依法、就地、及时解决;3. 充分满足当事人和普通群众对诉求事项解决进行的查询、围观和监督,减少或杜绝由于权力部门化和部门权力个人化对群众诉求利益实现的堰塞、沉没或二次损伤。

二、权力的分工、协作与制约

与任何产业的建设与发展一样,权力的运作也存在分工和协作,分工怎样、协作如何以及制约状况,对权力的驱动与发展有着重要的影响,也影响到权力服务群众的效率与质量。"事实上这种分权不过是为了简化和监督国家机构而实行的日常事务上的分工罢了。"② 当然,权力应当为委托人服务,而不是为受托人服务,而且权力有自我任性的倾向,以及堕落腐败的趋势,特别是权力的颐指气使,以及权力慵懒与怠惰,都可能致使群众的信访反映和诉求大受影响。"一切有权力的人都容易滥用权力,这是万古不易的一条经

---

① 亚里士多德. 政治学[M]. 吴寿彭,译. 北京:商务印书馆,2009:322.
② 中共中央马克思恩格斯列宁斯大林著作编译局. 马克思恩格斯全集:第5卷[M]. 北京:人民出版社,1958:224-225.

182

验。有权力的人们使用权力一直到遇有界限的地方才休止。"①

在现实生活中,群众信访解决中的效率与成本等,都直接反映了权力部门决策和管理的效率与效能。这在信访诉求的处理上则充分表现为行政部门投入的人、财、物以及其他各种资源,与所取得的成果或收益之间的比值。由于群众诉求问题的解决需要各个部门的配合与协作,所以,行政机关的分工科学、配合密切以及必要制约,也是依法就地及时解决群众诉求问题不可缺失的条件。然而,在网上信访或传统信访中,信访权利的实现存在不易,权力分工的科学与否,权力协作的和谐与否,以及必要的权力制约与否,都与群众信访权利的尽快实现具有强相关性。在破解群众信访权利实现不易上,权力的分工、协作、协调和制约需要进一步增强。(1)权力科学分工,行政效能提升。科学地配置权力和制约权力,防治职能交叉、人浮于事的现象,又要杜绝部门人手不足的现象,促使权力的科学配置、有条不紊地运转。(2)加大相互协作,共解信访困局。群众信访反映的疑难问题,往往是跨地区、跨行业、跨部门的问题,不是个别部门的勤政为民就能解决的,跨地区、跨行业、跨部门的主事联手推进方能化解疑难信访,如通过信访联席会议制度、信访一体化中心建设、国家以及地方网上信访平台系统的互联与协同等。(3)实行向人民汇报制度,促使权利制衡权力的贯通。人民监督是群众在宪法与法律的保障下进行的民主监督,这种监督具有直接性、现实性、广泛性,这与古人所说的"知屋漏者在宇下,知政失者在草野,知经误者在诸子"相吻合。所谓实践是检验真理的唯一标准,社会政治实践中有无疏漏、状况怎样,人民群众最具有发言权。通过强化人民监督系统,完全置权力于群众的探照灯下,彻底打通权力体系的任督二脉,实现权力机制的协同、畅通、无碍、高效,促使整个权力运作体系效能大力提升,彻底化解生活中群众信访权利实现的"惊天动地"。

三、完善公务员管理制度

在现代政治生活中,无论国家政治的运作是依赖领袖的人格魅力,还是依托为人认同的世袭权力,或者是依靠宪法和法律保障下的民主选举,抑或是党和政府的经天纬地,行政主体的法人或自然人都是其中不可或缺的组成。然而,人性的善恶、人性的变动不居,往往与利益联系在一起,利益又往往

---

① 孟德斯鸠. 论法的精神[M]. 张雁深,译. 北京:商务印书馆,1982:154.

受欲望的驱动和指使,这就决定了所谓岁月静好的背后要防治不当贪欲的出笼与施虐,那就必须通过制度和机制对法人或自然人的思想、观念和性情进行规范和约束。也就不难理解学界或政界在话说经世济民上对依法治国的钟情,希望通过法律制度规范国家的政治生活,不因领导的变换而变化、不因领导人看法的改变而改变。然而,"天下之事,不难于立法,而难于法之必行;不难于听言,而难于言之必效"。有道是,"徒善不足以为政,徒法不能以自行"。依法治国也不能不靠人的自觉遵守、忠实执行、认真推进,尤其是执掌公权力的行政人员,就此而言,行政机关公务员队伍的状况、素质以及建设目标也就成了依法行政、科学行政成功的关键。

"所任者得其人,则国家治,上下和,群臣亲,百姓附;所任非其人,则国家危,上下乖,群臣怨,百姓乱。"(《淮南子·卷九·主术训》)古训表明,在我国当前的政治生活中,建立一支忠诚于党和人民,具有较高的法律素养、较高的行政技能的公务员队伍就显得分外重要。因为:(1)由于受我国传统政治文化中"为民做主"思想的影响,大多数公务员的民主思想和民主意识不强,很容易在行政过程中自觉或不自觉地滋生官僚主义的思想意识;(2)从执政党到公务人员抑或普通群众,受输入型"民主思想"的影响,都不免存在对民主认识的分歧和理解的不足,以及在运用时的忘却或下意识的忽略;(3)权力源自权利,公权力存在的唯一理由就是维护和促进人民的利益,但是现实生活中权利得不到应有的尊重,甚至出现了权利为权力所赋的荒谬,淡化了为人民服务的宗旨和理念。

当前在我国,必须整肃公务员队伍,从多个方面加强队伍的建设。(1)在公务员队伍的管理上实行严进宽出、末位淘汰的制度和机制。通过逢进必考的层层考核,把有着坚定理想信念、德才兼备、为人表率、遵纪守法的人才选拔进公务员队伍,破除公务员选拔中的唯学历、重资历等偏颇之势;对现有的公务员队伍进行全面的培训、考核和整顿,坚决破除"三分之一的人在干,三分之一的人在站着看,三分之一的人在胡捣乱"的不正常现象;通过"三方参与的考核机制",对考核末尾的在警告之后仍不思悔改的公务员直接进行淘汰。(2)进一步完善公务员的晋升流动制度。在加强对公务员的"德、能、勤、绩、廉"考核的基础上,将工作业绩与社会评价结合起来建立相应的激励与鞭策机制。通过定岗定员、竞聘上岗、优化组合等资源配置机制,为优秀人才创造向上流动发展的机会,从而形成正向激励,同时也敞开横向或向下的流动机制,让不能胜任当前工作的公务员流动到合适的岗位上甚至直接淘汰出公务员队伍。(3)进一步健全和完善公务员工作责任制与问责制。对因为疏忽大意、用心不足而造成失职、渎职的公务员，实行相应的问责追责，对领导不力发生工作事故以及善后处理不足的公务员，敦促自请降职、自请辞职、自请免职等；对公务员依法履职不足或履职有误，造成管理和服务对象的合法权益受到损伤，依据情节轻重进行公开批评、书面告诫、全系统的通报，或降格使用、下岗培训、安排调离、自请辞退或引咎辞职等，涉及违法犯罪的，移送司法机关追究刑事责任。

总之，在公务员队伍建设以及干部的任命和使用上，坚持品行为本，用靠得住的干部；坚持责任为重，用敢负责的干部；坚持务实为要，用肯实干的干部；坚持民意为上，用口碑好的干部；坚持廉洁为贵，用严以律己的干部。切实做到"五个坚持"和"五个使用"，为推进社会主义现代化事业以及深化党和政府的合法性提供坚实的基础和可靠的保证。

四、拔除冗余，高效行政

在我国，群众诉求不排除属于司法机关管辖范畴的涉法涉诉，但是绝大多数反映和诉求应属于行政系统管辖，这种情况的重要成因在于：一是中国现代化是典型的后发后起的追赶型现代化，改革开放是在党和政府的主导下进行的，不免存在一些伴生现象，这就使得兴天下之利，除天下之弊，成为党和政府不可回避的责任；二是受传统的经世济民思想以及计划体制观念的影响，政府职能的自我加压、不忍分流，本应社会分担的功能，政府也勉力担责，不堪重负之下担当不够，甚至存在依法行政、科学行政的不足。显然，减少群众在信访中与政府及其职能部门行政人员的冲突，需要从政府的简政放权开始，政府应该承担的责任绝不能推卸或回避，政府不应该担当或者可以不担当的职能，应该还权于社会、还权于市场，让政府从繁忙的事务中解放出来真正管理好公共事务、担当好经世济民的责任。这恰如老子在《道德经》中所言："以正治国，以奇用兵，以无事取天下。"

目前，我国在建设社会主义市场经济体制，推进廉洁政府、效能政府、法治政府、阳光政府的工作上还需要从多个方面进行加强和落实。1. 实行顶层设计，推进科学发展。基于科学发展、依法发展、民主发展的需要，在全面深化体制改革中，推进全面的系统的完善的顶层战略设计。在以人为本全面统筹的科学发展中，从源头上减少或消解信访诉求事项的发生。2. 构建规模适度的效能政府。在行政机构改革中，推进政府的健身计划，实行权力清单制度，减少审批权限。压缩机构，精简队伍，精干人员，干练办事，提升效能，降低行政费用。3. 培育社团组织，弥补"两个"失灵。健全和完善社团制度，邀请社团组织参与公共事务的管理，充分发挥党、团、妇、工会以及其他组织对信访事项的辅助解决，填补公共事务治理的盲区，弥补市场失灵和政府失灵的两个不足。4. 通过信息和计算机互联网技术对政府的管理和服务进行网络集成，优化政府工作的流程，提升政府的监管能力、办公效率和公共服务水平，消除体制内的消极因素，提升政府的形象，深化党和政府的合法性。5. 扎实推进依法行政。加强行政人员人生观、世界观、价值观、法制观的教育和改造，不断提高其依法行政的意识和能力，倾力打造"守法、奉献、亲民、廉洁"的行政队伍；加大依法行政的监督力度，抓苗头、堵源头，防微杜渐；严厉查处行政不作为、慢作为、乱作为、不法行为，无论行政违法人员是普通行政人员或是领导干部，以抓铁留痕、踏石留印的决心和精神，彻底消灭行政上的违法乱纪现象，以赢得群众的认可、赞成、拥护和支持。

第八节　以法治中国建设协同信访治理

信访问题的化解需要官民同治，尤其是政府及其职能部门多些应然的依法履职、回应和救济，反映和诉求的合法利益就不难实现，当然民意反映和诉求也需要一定的规制。如若从源头上和过程中极大减少或杜绝信访原问题、信访次生问题的发生，那就需要：1. 破除利益均衡缺失，消除信访肇因；2. 完善信访制度，畅通信访机制；3. 官民双方依法寻求信访问题的解决。前者与群众参与、集思广益的民主制度联系在一起，后两者则直接指向法治下的良法和良好守法。

一、坚持"一个原则""一个方针"

就民主法治的健全、完善和发展而言，非常重要的一项原则是"法律面前人人平等"。尽管这已是尽人皆知的法律信条，但是一些现象却常常把这一原则侵蚀得斑驳陆离，"茶杯门"强化了官民有别，"打错门"彰显维权受打压，"抓错门"尽显执法犯法，而"老百姓要公平是臭不要脸"则彻底猥亵和蹂躏了"法律面前人人平等"的原则。尽管法律是阶级统治的工具，但是法律一旦被理解为用于治民的手段，势必助长生活中的官民不一、官民对立。① 古人尚且懂得"法不阿贵""绳不挠曲""刑过不避大臣，赏善不遗匹夫"，那么当代中国也必须在法律的基本原则上形成牢不可破的共识，法律规定、确认和保护的公民权利人人平等以及承担义务上没有高低贵贱之分，任何组织或者个人都不得有超越宪法和法律之上的特权或豁免责任。

社会主义法治建设的方针和目标自从1978年提出之后，就成为中国政府法治建设长期坚持和奉行的圭臬。对只争朝夕地奔向现代化的中国而言，没有民主就没有社会主义，没有法治就没有社会主义现代化，民主与社会主义不可分离，法治与社会主义现代化不可分割，有法可依就成为社会主义民主与法治建设必不可少的前提或首要条件。而对民主法治的健全和发展来说，有法必依则更为至关重要和关键，否则就容易导致民主法治建设的流于形式或败坏。而执法必严是民主法治建设至关重要的条件和必不可少的保障，而且对民间有以身作则、率先垂范的积极作用。至于违法必究，无论是对违法犯罪的当事人，还是对广大普通群众，以及执牛耳的行政人员，都有着"惩前毖后，治病救人"的教育教化作用。

二、坚持民主法治思维

就社会生活中民主法治建设的驱动或牵动之力量实行区域党政机关一把手联合负责制，共同对区域最高国家权力机关发布的区域民主法治指数进行回应或负责。通过自上而下、党政机关联合的责任机制，把党的民主执政、科学执政、依法执政和政府的民主行政、依法行政、科学行政结合起来，共同对区域民主法治的状况担当第一责任。当代中国，国家政权不能没有中国共产党的领导，对政府干部的组织与调配是党治国理政的重要途径之一。因此，现实社会对民主法治的崇尚和践行程度，党和政府无不负有神圣的责任与使命。而民主法治建设的区域党政机关一把手联合负责制，为一手抓经济建设、一手抓民主法治建设落实了责任主体，也就防止了认识模糊和责任不明下的推诿、扯皮、拖拉，以及不作为、慢作为、胡乱作为。

对当代中国而言，不仅要使人们形成当家做主以及自觉守法的思想意识和良好习惯，更为重要的是要使官民双方都形成民主法治的思维，遇事用民

---

① 刘振勇，李玉华. 当代中国行政体制改革路径的应然选择：以结构性信访问题破局为视角 [J]. 广西社会科学，2015 (9)：155-158.

主法治的方式进行处理或化解，纵然无人监督也能自觉地践行或贯彻。要达到这种水平或境界，就必须建立民主法治的教育教化和践行贯彻机制。首先，在最高国家权力机关组建民主法治教育教化委员会，定期不定期地宣传和普及民主法治的知识和观念，使人们形成民主法治的信念和习惯；其次，通过地区法治指数、司法公正水平以及自觉守法状况等指标衡量区域范围内官民民主法治意识的思维水平和践行状况，并与民主法治的宣传和普及的目标进行比较；最后，对区域民主法治的思维水平及践行状况进行及时的反馈和进行相应的指导与整改。

民主与法治思维，除了要求民众关心国家与社会，积极参与国家和社会事务的管理，那就是要求政府创造条件充分实现群众的知情权、参与权、表达权和监督权；除了要求群众遇事寻求法律依据，冲突寻求法律救助，维权通过法律途径之外，那就是要求政府公职人员提升法治思维，以化解改革中的矛盾与冲突。一是从"经济GDP"转向"法治GDP"。"责任政府作为法治的要义，不只是从正向增进社会福利总量，而重在从反向抑制与消除社会不公、社会矛盾。"[①] 与经济学思维不同，法治思维不是奉行经济是GDP的唯一指标，它看重社会的自由、公平、正义、和谐，关注人的权利、福利和幸福感的提升，倾向于综合性的发展指标体系，以法治思维去谋划、以法治方式去推动经济，从制度上为经济发展创造优良的公平环境。二是从"权力主治"转向"权力受治"。经济学思维强调权力的主动性和高效率，忽略了权力有任性妄为的一面。法治思维要求将"解放"的权力收敛约束起来，对权力进行合法性评判，促使官员的思维焦点从权力行使的后果转向权力行使的方式。三是从"实体人治"转向"程序法治"。程序法治具有限制恣意、保证理性选择、促进沟通合作以及反思性整合等多项功能，要求官员必须走程序法治之路，同时程序法治也反过来强化主政的法治思维。[②]

三、完善民主监督体系

民主监督凸显"自下而上"的非权力性监督，主要是诉诸意见、建议和批评以协助党和国家机关改进工作，提高工作效率，克服官僚主义。由于不具有法律的约束力和纪律的强制性，其价值和作用往往不被人们所理解，在

---

① 汪习根. 论法治中国的科学含义 [J]. 中国法学, 2014 (2): 108-122.
② 傅达林. 从"经济学思维"到"法治思维" [J]. 民主与法制, 2015 (2): 26-27.

政治实践中往往被一些领导人和工作部门所忽视。然而，有鉴于人性的弱点以及自律与自我监督天生不足的实际，就民主法治建设的水平和状况，让广大群众来进行监督、反映和告诫，而不是民主监督实施就必须反复博弈，甚至付出生死的代价。[①] 这就需要做到以下几点。1. 创造良好的条件和更多的机会，让广大群众充分行使监督的权利。（1）畅通信访批评、举报、投诉、申诉的制度渠道与机制；（2）完善人大代表、政协委员联系群众制度；（3）完善纸媒、电媒、网媒的舆论监督制度；（4）完善监督听证会、民主评议会、网上评议政府等。2. 建立、健全和疏浚关于民主监督的反映和接应机制。（1）对民众的心声、呼声和要求进行受理、甄别、梳理、核实；（2）及时回应和接应，防止挫伤群众积极性。3. 就民主法治建设的民众监督权利进行规范和保护，建立民众监督的法律制度，划清民众监督的权利边界，既要防止民众监督权利的滥用，造成对他人隐私权利的侵犯，又要防止受监督者对民众监督的打击和报复。

当代中国，区域发展的不平衡性以及区域历史文化的差异等因素，造成了区域民主法治建设的水平和状况存在较大的差异。尽管各地可以根据国家的根本大法和基本法律来制定适用于本区域的地方性法规，但是毕竟是在根本大法和基本法的指导下来进行的，这就为区域民主法治建设的竞赛提供了客观的依据。而区域民主法治建设的实际与国家民主法治建设的目标之间的差距为民主法治建设水平的考核和奖惩提供了可能。坚持推进国家民主法治委员会和广大民众参与的民主法治水平的考核，对官方和民间两大考核主体的意见和建议进行适当的权重分配，进而实行对民主法治建设动力责任区域的第一责任人进行适度的告知、奖励、警告、惩罚。同时，对民间的道德模范、监督模范进行褒奖、宣传和鼓励，对违法犯罪分子依法进行严厉惩处，绝不因为违法轻微、罪恶较小或所谓身份地位等而罔顾公平、亵渎法律。

四、回应群众诉求的治理善治

在政治学说史上，政治清明、决策恤民、政令畅通常常被称道为善政，也就是所谓的良善政治。善治不过是民间所理解的擅于治理，治理良好。在当代政治学中，善治原本是世界银行在对非洲国家发放贷款时的附加要求，

---

① 刘振勇，李玉华. 法治中国向度民众监督的博弈规制与价值弘扬 [J]. 广西社会科学，2015（11）：149-154.

后来作为一种理论受到了欧美的追捧，成为一种时尚的治理范式。其强调公民参与、携手治理，官民共同管理公共事务，是市民社会与政府、国家之间的一种新颖关系。在西方相当一部分学者的观点中，善治就是在法治的框架内做到尊重法律、保证公民的权利，行政组织与机构做到依法行政、科学行政、有效行政，政治领导人以及公职人员能够做到权为民所赋、权为民所用、情为民所系，公民对政治具有知情权、参与权、表达权、监督权。

原中央编译局副局长俞可平认为，要做到善治，必须落实法律程序和政治程序，使政治本身具有天然的合法性。在公序良俗、法律制度面前，人人平等，没有官员与平民之分，只有分工之别，都是公民。无论是政府信息，还是公共信息，必须做到公开、透明。在民主与法治的原则之下，人们各安其职、各尽其能、各尽其责。公共管理人员和管理机构能够对公民的反映与诉求做出及时负责的反应与反馈。构建公民有序政治参与的制度和机制，畅通参与的渠道，不是忧心失序而堵塞参与的渠道。谋求国内的和平、生活的有序、居民的安全、公民的团结、公共政策的连贯等。在法治、透明的制度与机制之下，打造和建立清廉高效的政治体系；社会生活中，无论性别、阶层、种族、文化程度、宗教和政治信仰，做到公民在政治权利和经济权利上的平等、公平、正义。

善治于社会，就是要形成社会成员对公序良俗的认同和遵从。公序良俗，即公行有序与民俗良善。公序，即包括国家利益、经济社会秩序和社会公共利益在内的社会一般利益的公开运行有序。良俗，即良好的道德与尊崇的时俗，包括公共道德、商业道德和良好风尚等。在我国现行的法律制度中，虽然没有采纳公序良俗的表述，但是却体现在《民法通则》（现已废止）《合同法》（现已废止）和《物权法》（现已废止）中关于遵守公共道德、尊重公共利益和维护社会经济秩序的规定中，也就是说实际上认可或认同了公序良俗的原则。由于立法不可能预见一切损害行为、侵权行为，公序良俗原则在确保公共利益、公共秩序，以及协调各种利益的冲突与纷争、保护弱者的权利、维护社会的公平正义等方面发挥了重要的作用。

善治在传统文化中指的是"善于治理"或"良政"，这里的善治特指政府与民众对社会生活的合作管理、协同治理，以谋求公共利益的最大化，是现代政治中国家和公民社会的新颖关系、良好状态。而善治的实现需要具备相应的条件或要素：1. 合法性，即社会秩序和公共权威受到了人们的自觉认可和遵照服从；2. 通过宪法和法律来治理国家；3. 权力的公开以及权力运行办事流程的阳光化；4. 责任性，主要是管理者对自己的行为自负其责；5. 回应，即公共管理人员和管理机构必须对公民的诉求做出及时的负责任的反应；6. 有效，即管理的效能很高；7. 参与，即公民广泛地参与政治和社会生活；8. 稳定，即政通人和、安定天下、政治稳定、政策连续、规范有序、安享太平；9. 廉洁，即官员依法行政，奉公守法，清正廉明；10. 公正，即社会生活中的平等、公平、正义。①

信访无论是出于个人利益受损的诉求，还是出于对公共利益关心的反映，实际上，信访就是公民在国家公共生活中影响政策制定及执行的政治参与。无论是网上还是传统信访，都有增强和促进党和政府合法性的作用，都有促进政策制定或执行的科学、公平、正义的作用，都有推动民主法治建设进程的作用。从某种意义上说，信访就是依法推动公序良俗建设的力量。当然，信访的顺利解决也是公序良俗深入人心以及政府及其相关部门回应公序良俗建设的结果。政府的法度严明，吏治清廉，行政高效，行政良好，是群众诉求依法及时就地解决不可或缺的条件，而无论是网上还是传统的依法信访，恰恰促进了政府善治的守法、法治、责任、回应、公正等。显然，网上或传统的依法信访与政府善政善治的结合，对于社会主义和谐社会的构建具有重要的价值。

五、小结

网上信访在回应群众反映、解决群众诉求中，渐次成为信访的主渠道，以至于在群众中形成了"信访不如信网"的观念。然而，网上信访也暴露出技术门槛、形式主义、多头反映等不足。这决定了必须对网上信访进行相应的治理。在阳光信访系统构建、各级机关党政兼任信访长制度、垂直察看与巡视、数据打捞沉冤等推进之后，尤其是组织行政部门解决群众诉求的信访体制改革的同步，以及解决信访问题的主要责任部门行政体制改革的协同，法治中国的建设，必然使信访问题在内治外治的共同作用下得以顺利破解，党群政群关系因此而密切，党和政府的合法性因此而深化。

---

① 俞可平. 善治的十个要素 [J]. 求知，2008（12）：47.

结语与展望

现代化是社会发展的目标和趋势,作为一种世界现象和国际潮流,大致起步于18世纪,扩散于19世纪,流行于20世纪和21世纪。中国的社会主义现代化是世界现代化的重要组成部分,但是中国现代化的起步比西方先行国家晚了一百多年,属于典型的后发后起追赶型现代化。

中华人民共和国成立之后,中国人民在中国共产党的领导之下,进行了艰苦卓绝的社会主义工业化,以及对个体农业、对城市个体手工业、对民族资本主义工商业的社会主义改造,"一化三改"奠定了社会主义制度的经济基础,为我国进入社会主义社会创造了经济条件。此后,我国进入了社会主义建设道路的探索和发展阶段,1964年周恩来总理在政府工作报告中第一次提出了四个现代化,"在不很长的历史时期内,把中国建设成为一个具有现代农业、现代工业、现代国防和现代科学技术的社会主义强国"。从此,"实现四化"成了中华民族梦寐以求的目标。1979年,邓小平提出到21世纪中叶基本实现国家的现代化。2005年党的十六届五中全会,通过了"工业化、城镇化、市场化、国际化"为特征的"新四化"概念,这被认为是实现1964年提出"四个现代化"的必由之路,是保持中国经济较快发展的重要条件。

后发后起追赶型的现代化有着自己突出的优势,可以在政府的干预和主导下追寻现代化的脚步,可以借鉴已经较为成熟的模式、方案、技术、设备以及相应的组织架构,甚至绕过或跨越"中等收入陷阱"等。因此,后发型国家可以有计划、有组织、有步骤、大规模地推进现代化。后发型国家的现代化事业具有明显的"一揽子解决"的特征,亨廷顿认为,"在欧洲和美国,现代化进程已经持续了几个世纪,在一个时期内一般只能解决一个问题或应付一项危机。然而,在非西方国家的现代化进程中,中央集权化、国家整合、社会动员、经济发展、政治参与以及社会福利等诸多问题,不是依次,而是同时出现在这些国家面前"①。这就需要同时同步化解诸多问题，这对治国理政来说是严峻的考验。

受现代化的影响，在转型时期，主体多元化、观念复杂化、要求多样化以及矛盾的错综复杂，决定了社会冲突与摩擦的加剧，西方国家无不寻求多元途径如中国的仲裁、调解、信访等以应对"诉讼爆炸""诉讼喷涌"。然而，我国的一些学人和政治人居然感染了法律至上主义，对中国特色的调解、信访等多元纠纷解决机制不是妄自菲薄，就是心存疑虑地诟病不已。其实，信访就是要让群众有出气、说话、申诉的地方，是"了解民情、集中民智、维护民利、凝聚民心"的重要机制，是中国特色社会主义民主政治制度的重要补充，是中国特色社会主义法治体系的有机组成。面对改革中出现的诸多摩擦、冲突或利益受损，相关群众不是不想发起法律诉讼，一是法律成本太高难以接受，二是法院对改革中的宏观问题无力裁决，三是一般的行政争端或行政争议不足以行政诉讼。但是，对群众而言，利益流失不忍，心中有气不甘，纷纷涌入党和政府密切联系群众的信访机制以反映和诉求，信访机制一时几乎承担了改革问题的全部之重，不免出现渠道的淤堵不畅甚至末梢环节的栓塞梗阻。

为了分解传统信访渠道不堪重负的压力，把群众诉求按照《信访条例》（现已废止）规定的"属地管理、分级负责"的信访治理原则，依法及时有效地化解在当时、当地，全国各地方人民政府依托网络信息传播快、透明化等特点，纷纷推出电子邮箱、网上信访以及视频接访等创新举措，开创了信访工作的新格局。研究发现，当代中国的网上信访在发展上，既有技术方面的问题，也有虚实机制协同不足的问题，更有原来信访体制、行政体制中久治不愈的顽疾，网上信访问题不过是庞大的政治系统问题的集中反映。这就需要本着增添经济发展动力、促进社会公平正义、增强人民群众获得感、调动广大干部群众积极性，进行体制机制的综合治理、系统治理、协同治理。通过网上信访的"内病内治""内病外治"，也就是完善制度跟进化解网上信访问题，同时通过科学发展、民主发展、依法发展，信访体制改革的协同、行政体制改革的同步以及法治中国的打造，促进网上网下信访的疏导与解决，密切党群政群关系，促进和谐社会建设。

40多年春风化雨、春华秋实，改革开放极大地促进和推动了中国现代化

---

① 亨廷顿. 变革社会中的政治秩序 [M]. 李盛平，杨玉生，等译. 北京：华夏出版社，1988：47.

发展的进程，改变了中国社会发展的面貌、中华民族的精神面貌、中国人民的生活面貌。中华民族迎来了从站起来、富起来到强起来的伟大飞跃！中国特色社会主义迎来了从创立、发展到完善的伟大飞跃！中国人民迎来了从温饱不足到小康富裕生活的伟大飞跃！2013年，习近平总书记在党的十八届三中全会将全面深化改革总目标设定为"推进国家治理体系和治理能力现代化"。这被外媒称为从上层建筑的层面来减少"四个现代化"进一步发展的阻碍，是建立在"四个现代化"基础上的现代化。这不仅是国家机构、官员素质的现代化，也是执政党的现代化，是中国政治发展的重要里程碑，是实现中国梦的关键。随着"全面建成小康社会、全面深化体制改革、全面依法治国、全面从严治党"战略的推进，对政治系统中"形式主义、官僚主义、享乐主义和奢靡之风"整顿的深入，以及落实深入基层、调查研究，精简会议、改进会风，精简文件、改进文风，规范出访、严控随行，改进警卫、利于交通，新闻报道、简洁而行，厉行节约、廉洁从政等，在反腐倡廉、扎紧制度笼子的同时，推进"既严以修身、严以用权、严以律己，又谋事要实、创业要实、做人要实"的作风建设，使党风、政风、民风、社会道德风风清气正。"守初心、担使命、找差距、抓落实"的"不忘初心、牢记使命"主题教育，促进全党更加自觉地为实现新时代党的历史使命不懈奋斗，随着"全面建成小康社会"告一段落，开启了全面建成社会主义现代化强国的新征程。

为了贯彻落实党中央、国务院关于深入推进"放管服"改革的重大部署，加快推动实现政务服务在全国范围内的一网通办，异地可办。自2019年5月31日，全国一体化政务服务平台上线试运行以来，随着平台"统一身份认证""统一证照服务""统一事项服务""统一政务服务投诉建议""统一好差评""统一用户服务""统一搜索服务"的"七个统一"主体功能建设的初步完成，实现了国家平台与部门、地方平台的互联互通，实现个人办事、法人办事、公共服务的基本涵盖，为各地推进一体化在线政务服务发挥了强有力的示范作用。[①] 政务服务平台基本实现了网上政务服务模式由分散向整体转变、由管理向服务转变、由单部门办理向多部门协同转变。"十三五"期间，在不少地方的行政服务大厅，群众发现：更多局域网走向广义互联网，部门之间打通联网、共享信息的越来越多了；街面上执法的民警身上佩戴了执法记录仪，"教科书式"的执法频频得到群众点赞；大量的政务服务搬上了网络，"最多跑一次"甚至"一次不用跑"成了许多地方的常态，真正实现了

---

① 中国政务服务平台上线试运行 [J]. 电子政务，2019（6）：12.

"数据多跑路，群众少跑腿"[①]。随着枢纽功能不断强化，全国一体化政务服务平台初步实现了政务服务的"多层纵向贯通、多面横向联通"，推动了政务服务平台从分头建设向集中管理、从信息孤岛向协同共享的转变。依托国家政务服务平台，各地创新型服务模式不断涌现，以"智能化、移动化、一体化、便利化"为标志的政务服务新模式不断涌现，群众服务满意度显著提升。

根据《2020联合国电子政务调查报告》，我国电子政务发展指数从2018年的0.6811提高到2020年的0.7948，排名比2018年提升了20位，取得历史新高，达到全球电子政务发展"非常高"的水平。其中，作为衡量国家电子政务发展水平核心指标的在线服务指数上升为0.9059，指数排名大幅提升到全球第9位，国家排名位居第12位，在线服务达到全球"非常高"的水平。伴随国家电子政务体系一体化的完善，电子政务标准规范体系的优化完善，数字政府技术创新等发展，中国政务的服务效率与水平越来越高，那么徜徉于行政体制内的官僚主义、形式主义等将越来越缺少生存的空间，群众对政府的建议、批评、申诉、投诉以及不足以进入诉讼的一般行政争议将越来越少，虽然这并不意味着群众元信访或信访原问题的绝对下降，但是群众输入政治系统的信访原问题、在诉求解决过程中的信访次生问题，以及违规违章甚至违法的信访衍生问题一定下降或消灭，而信访次生问题、信访衍生问题的降解或消灭，则意味着信访领域中行政戾气、任性、慵懒的杜绝，官僚主义、形式主义的灭绝。当然，如果我们建议的网上信访平台能够实现全国范围的纵横联网，接地气连天线，反映迅捷回应及时，这将和全国政务一体化平台一样，让群众在反映和诉求中"只进一个门""最多跑一次"，信访次元壁垒真正不攻自破，群众的获得感提升，党和政府合法性深化，携手共圆中华民族崛起与复兴的百年梦想。

[①] 张璁，金歆.用法治给行政权力定规矩、划界限 法治政府建设取得重大进展："十三五"，我们这样走过[N].人民日报，2021-03-20（1）.

参考文献

一、著作

[1] 中共中央马克思恩格斯列宁斯大林著作编译局．马克思恩格斯选集：第1卷［M］．北京：人民出版社，2012．

[2] 中共中央马克思恩格斯列宁斯大林著作编译局．马克思恩格斯选集：第2卷［M］．北京：人民出版社，2012．

[3] 中共中央马克思恩格斯列宁斯大林著作编译局．马克思恩格斯选集：第3卷［M］．北京：人民出版社，2012．

[4] 中共中央马克思恩格斯列宁斯大林著作编译局．马克思恩格斯选集：第4卷［M］．北京：人民出版社，2012．

[5] 中共中央马克思恩格斯列宁斯大林著作编译局．列宁选集：第1卷［M］．北京：人民出版社，1995．

[6] 中共中央马克思恩格斯列宁斯大林著作编译局．列宁选集：第2卷［M］．北京：人民出版社，1995．

[7] 中共中央马克思恩格斯列宁斯大林著作编译局．列宁选集：第3卷［M］．北京：人民出版社，1995．

[8] 中共中央马克思恩格斯列宁斯大林著作编译局．列宁选集：第4卷［M］．北京：人民出版社，1995．

[9] 中共中央文献研究室．毛泽东文集：第五卷［M］．北京：中央文献出版社，1999．

[10] 中共中央文献研究室．毛泽东文集：第六卷［M］．北京：中央文献出版社，1999．

[11] 中共中央文献研究室．毛泽东文集：第七卷［M］．北京：中央文献出版社，1999．

[12] 中共中央文献研究室．毛泽东文集：第八卷［M］．北京：中央文

献出版社，1999.

［13］邓小平．邓小平文选：第一卷［M］．北京：人民出版社，1993.

［14］邓小平．邓小平文选：第二卷［M］．北京：人民出版社，1993.

［15］邓小平．邓小平文选：第三卷［M］．北京：人民出版社，1993.

［16］习近平．习近平谈治国理政：第一卷［M］．北京：外文出版社，2014.

［17］习近平．习近平谈治国理政：第二卷［M］．北京：外文出版社，2017.

［18］习近平．习近平谈治国理政：第三卷［M］．北京：外文出版社，2020.

［19］王伟光．利益论［M］．北京：中国社会科学出版社，2010.

［20］习杰成．人民信访史略［M］．北京：北京经济学院出版社，1996.

［21］李慕洁．应用信访学［M］．北京：华龄出版社，1991.

［22］中国行政管理学会信访分会．信访学概论［M］．北京：中国方正出版社，2005.

［23］中央办公厅信访局，国务院办公厅信访局．信访学概论［M］．北京：华夏出版社，1991.

［24］李秋学．中国信访史论［M］．北京：中国社会科学出版社，2009.

［25］罗荣渠．现代化新论［M］．北京：商务印书馆，2004.

［26］李江凌．马克思主义的民生思想与实践［M］．北京：中央编译出版社，2015.

［27］李小宁．民生论［M］．北京：人民出版社，2015.

［28］李培林，李强，马戎．社会学与中国社会［M］．北京：社会科学文献出版社，2008.

［29］林尚立．选举政治［M］．香港：三联书店（香港）有限公司，1993.

［30］李斌．网络政治学导论［M］．北京：中国社会科学出版社，2006.

［31］吴忠民．社会公正论［M］．济南：山东人民出版社，2004.

［32］于建嵘．抗争性政治：中国政治社会学基本问题［M］．北京：人民出版社，2010.

［33］应星．''气''与抗争政治：当代中国乡村社会稳定问题研究［M］．北京：社会科学文献出版社，2011.

［34］朱丽峰．网络民意与政府回应问题研究［M］．北京：中国社会科

学出版社, 2013.

[35] 娄正前. 诉求与回应：当今中国能动司法的理论与实践：主要以江苏法院司法实践为例［M］. 北京：法律出版社, 2011.

[36] 陈瑞华. 看得见的正义［M］. 北京：北京大学出版社, 2013.

[37] 朱丹. 程序正义与人的存在［M］. 北京：经济管理出版社, 2014.

[38] 夏纪森. 正义与德性［M］. 北京：电子工业出版社, 2009.

[39] 季卫东. 通往法治的道路 社会的多元化与权威体系［M］. 北京：法律出版社, 2014.

[40] 强世功. 法制与治理［M］. 北京：中国政法大学出版社, 2003.

[41] 张炜. 公民的权利表达及其机制建构［M］. 北京：人民出版社, 2009.

[42] 蒋冰晶. 重复信访行动研究［M］. 北京：知识产权出版社, 2012.

[43] 汪永清. 信访条例释义［M］. 北京：中国法制出版社, 2005.

[44] 范愉. 非诉讼纠纷解决机制研究［M］. 北京：中国人民大学出版社, 2000.

[45] 廖永安, 胡仕浩. 新时代多元化纠纷解决机制：理论检视与中国实践［M］. 北京：中国人民大学出版社, 2019.

[46] 何兵. 和谐社会与纠纷解决机制［M］. 北京：北京大学出版社, 2007.

[47] 邢朝国. 普通人的江湖：村庄里的怨恨、冲突与纠纷解决［M］. 北京：社会科学文献出版社, 2019.

[48] 赖先进. 论政府跨部门协同治理［M］. 北京：北京大学出版社, 2015.

[49] 金太军, 赵军峰. 风险社会的治理之道：重大突发公共事件的政府协调治理［M］. 北京：北京大学出版社, 2018.

[50] 刘志欣. 风险规制视域下我国政府应急管理回应模式研究［M］. 上海：上海交通大学出版社, 2018.

[51] 李伟权. 地方政府对网络公共舆论的应对管理与回应机制建设研究［M］. 北京：社会科学文献出版社, 2018.

[52] 王有强, 叶岚, 吴国庆. 协同治理：杭州"上城经验"［M］. 北京：清华大学出版社, 2015.

[53] 许亚敏, 原珂. "三社"联动机制建设与协同治理［M］. 北京：社会科学文献出版社, 2019.

［54］王东京，田清旺，赵锦辉．国家治理：中国政府转型［M］．重庆：重庆大学出版社，2019．

［55］马西恒．当代中国社会发展的逻辑［M］．上海：上海人民出版社，2020．

［56］俞可平．治理与善治［M］．北京：社会科学文献出版社，2000．

二、译著

［1］艾森斯塔德．现代化：抗拒与变迁［M］．张旅平，沈原，陈育国，等译．北京：中国人民大学出版社，1988．

［2］韦伯．经济与社会：上册［M］．林荣远，译．北京：商务印书馆，1998．

［3］哈贝马斯．重建历史唯物主义［M］．郭官义，译．北京：社会科学文献出版社，2000．

［4］亨廷顿．变革社会中的政治秩序［M］．李盛平，杨玉生，译．北京：华夏出版社，1988．

［5］亨廷顿，纳尔逊．难以抉择：发展中国家的政治参与［M］．汪晓寿，吴志华，项继权，译．北京：华夏出版社，1989．

［6］罗尔斯．正义论［M］．何怀宏，何包钢，廖申白，译．北京：中国社会科学出版社，2001．

［7］亚里士多德．政治学［M］．吴寿彭，译．北京：商务印书馆，2009．

［8］洛克．政府论：上、下［M］．叶启芳，瞿菊农，译．北京：商务印书馆，1964．

［9］奥肯．平等与效率［M］．王奔洲，译．北京：华夏出版社，1987．

［10］贝克．风险社会：新的现代性之路［M］．何博闻，张文杰，译．南京：译林出版社，2018．

出版后记

　　世界是变化中的世界，世界上的任何事物都处于不断的运动、变化和发展，人类心心念念的现代化是这样，一个社会的经济、政治、法律、文化也是这样，政策、制度及其机制也是如此。因此，唯物辩证法告诉我们，世界不是既成事物的集合，而是过程的集合体。运动、变化和发展是这个世界显著的特征，中国的现代化依然在积极地推进和发展，当然，现代化中的分化与整合、断裂与传承、分层与流动、效率与公平、速度与质量、经济增长与社会发展等依然在铺陈与转圜之中，经济发展与社会动员依然在冲击和重塑着社会成员的心理架构，当社会利益平衡机制不能充分纾解社会成员的心理郁结时，信访反映诉求不时发生甚至有时会频繁一些。

　　2022年1月24日中共中央政治局会议审议批准，2022年2月25日中共中央、国务院发布了《信访工作条例》，并于2022年5月1日起正式施行。这样，由国务院于1995年制定、颁布和实施，并于2005年修订和实施的《信访条例》（现已废止），结束了对当代中国信访及群众工作长达27年的规范和引导。《信访工作条例》认为，信访工作是党的群众工作的重要组成部分，是党和政府了解民情、集中民智、维护民利、凝聚民心的一项重要工作，是各级机关、单位及其领导干部、工作人员接受群众监督、改进工作作风的重要途径。与2005年国务院发布的《信访条例》（现已废止）相比，《信访工作条例》既是中央政府的行政法规，又是中国共产党的重要党内法规。原《信访条例》（现已废止）仅适用于行政机关，新条例适用于各级党的机关、人大常委会机关、行政机关、政协机关、监察机关、审判机关、检察机关以及群团组织、国有企事业单位等信访工作。新条例规定，信访工作的领导由行政机关升级到党组织，新条例在信访的方式中增加了"信息网络"专项，要求信访部门向社会公布网络信访渠道、通信地址、咨询投诉电话、信访接待的时间和地点、查询信访事项处理进展以及结果的方式等，在信访接待场所或者网站公布与信访工作有关的党内法规和法律、其他法规、规章，信访事项的处理程序，以及其他为信访人提供便利的相关事项，要求各级党委和政府加强信访工作信息化、智能化建设，依规依法有序推进信访信息系统互联互通、信息共享，便于群众提出信访、了解信访、完成信访。因此，新的《信访工作条例》具有层次高、覆盖广、党领导、便利群众等特点。新条例本着坚持党中央对信访工作的集中统一领导，提高新时代党领导信访工作的制度化、规范化水平。新条例坚持以人民为中心的发展思想，构建群众提出批评、建议、申诉、控告或者检举的通道，充分发挥信访了解民情、集中民智、维护民利、凝聚民心的作用。新条例在新的历史起点上纵深推进信访工作制度改革，进一步理顺信访工作体制机制，及时反映群众呼声，着力化解突出问题，推动信访工作高质量发展。正像课题研究预判的那样，在党委统一领导、政府组织落实、信访工作联席会议协调、信访部门推动、各方齐抓共管、协同治理的情况下，群众信访工作的新局面必然出现。另外，新条例将信访区分为建议意见类、检举控告类、申诉求决类事项，分属不同的部门进行受理与治理，随着时代的发展，尤其是党政的齐抓共管、协同治理，群众信访必然由民情反映与利益诉求逐渐转向以参政议政和政治监督为主。

就在专著出版之际，特别感谢出版社责任编辑、版面设计、内容审读人员的辛苦付出；特别感谢教育部人文社会科学研究规划基金项目的资助和支持；以及曾经就读过的山西大学、西安交通大学对我耳提面命的各位专家，是他们的亲切教导和严谨指导坚定了我对民意诉求与综合治理的研究；感谢工作单位在课题研究上提供的方便与支持。这里还要特别感谢课题研究调研走访过的多家群众工作中心，以及知名不知名的接待人员和政策研究室人员，在此一并予以诚挚的谢意！

刘振勇

2022 年 5 月 31 日